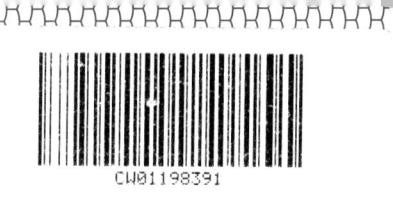

ومضات البسملة

الطبعة الأولى

١٤٣٣هـ ـ ٢٠١٢م

طباعة بيت العلم للنابهين

ص.ب ٥٧٣٣ ـ ١٤ ـ المزرعة ـ بيروت ١١٠٥٢٠٧٠ لبنان ـ هاتف: ٠١/٥٥٠٩٩٢

ومضات البسملة

تفسير الآية بأسلوب جديد

آية اللّه
الشيخ حسن رضا الميثمي الغديري

بيت العلم للنابهين

بسم الله الرحمن الرحيم

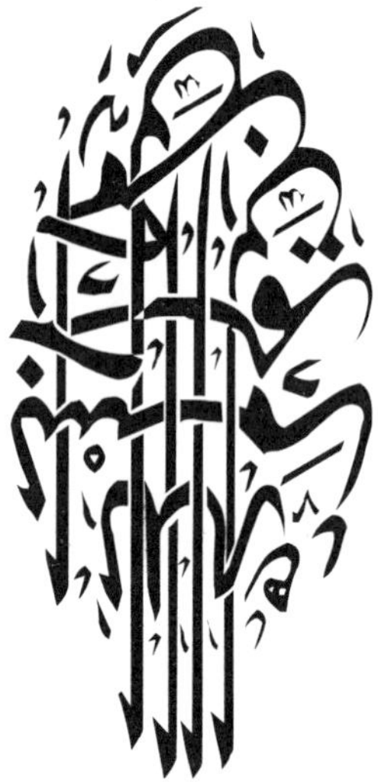

مقدمة الناشر

مما لا ريب فيه، أن المولى العلي القدير جعل كتابه العزيز القرآن الكريم من أعظم الكتب السماوية وأجلّها وأعزّها، لأنه سبحانه وتعالى أكد على ذلك في كتابه الكريم نفسه وآياته العظيمة، فهو الكتاب الذي أنزله عزّ وجل على نبيه محمد ﷺ تصديقاً لما بين يديه سبحانه وتعالى، وجعله تبياناً لكل شيء وهدًى ورحمة وبشرى للمسلمين، وهو كتاب لا ريب فيه هدًى للمتقين، وقد أخذ عز وجل على نفسه حفظه وصونه من التحريف والتبديل إلى يوم الدين.

وهذا الكتاب الكريم الذي آياته محكمات بيّنات مفصلات أهم وأعظم آية فيه هي البسملة التي افتتح بها الباري كتابه العزيز.

ومن هنا فإن عنوان هذا الكتاب يوحي بمضامينه، وموضوع بحثه، فالبسملة، وهي مقدمة الكتاب الكريم، هي أفضل آية من أفضل سورة وهي الفاتحة، وقد ارتأى مؤلفه سماحة آية الله الشيخ حسن رضا الغديري حفظه المولى أن يضع له هذا العنوان (ومضات) لما سيجده القارىء فيه حقيقة من بريق عظمة هذه الآية الكريمة وكمالها وشرف حروفها ومنزلتها خاصة "الباء" الذي يستدل المؤلف حفظه المولى من خلال الروايات المتواترة عن أهل البيت عليهم السلام أنه له ميزة خاصة وشرف عظيم يعلو به على سائر حروف الآية، وكذلك الاسم المبدوء به الآية ومثله الرحمن الرحيم.

فهذا الكتاب المميز بكونه يتناول تفسير آية واحدة فقط من آيات القرآن

الكريم بأسلوب جديد، يهتم بتوضيح وتبيينٍ لماذا أصبحت هذه الآية أفضل آية من أفضل سورة من سوره، مستشهداً بالكتاب الكريم نفسه والأحاديث والروايات الشريفة، ومستعرضاً الآيات المباركات التي تحدثت عن التسمية، والمعارف الإلهية المستقاة من وحي البسملة، والأقوال الحسنة بباء البسملة الواردة عن أهل البيت عليهم السلام وأهمية وفائدة التوسل باسمه المبارك، مؤكداً أن البدء باسم الله يرسم مسيرة الحياة، ولم يفت المؤلف حفظه المولى البحث في الباء والنقطة التي تحته ومدلولاتها ولفظ الجلالة، خاتماً كتابه بقبسات من أنوار الأدعية في التوسل باسم الله الأعظم، وفقه البسملة، وأربعين حديثاً عن فضل البسملة ونظرة سريعة إلي هذه الأحاديث.

وتبركاً بهذه الآية المباركة والعظيمة القدر والمنزلة، ورغبة منا في أن يطلع القارىء أو الباحث المسلم على ومضات هذه الآية، ويغرف من معين فضلها وبركاتها، قمنا بطباعة هذا الكتاب، راجين رحمة المولى العلي القدير وبركاته ونعمه، إنه نعم المولى ونعم الوكيل.

بيروت

٢١/ ٢/ ٢٠١٢م

٢٩/ ربيع الأول/ ١٤٣٣هـ

بِسْمِ ٱللَّهِ ٱلرَّحْمَٰنِ ٱلرَّحِيمِ

﴿إِنَّهُۥ مِن سُلَيْمَٰنَ وَإِنَّهُۥ بِسْمِ ٱللَّهِ ٱلرَّحْمَٰنِ ٱلرَّحِيمِ﴾ [**النمل**: ٣٠]

صدق الله العلي العظيم

حديث شريف

عن النبي ﷺ قال: أول ما كتبه القلم ﴿بِسْمِ ٱللَّهِ ٱلرَّحْمَٰنِ ٱلرَّحِيمِ﴾، فإذا كتبتم كتاباً فاكتبوها في أوله.

وقال ﷺ: اكتبوا ﴿بِسْمِ ٱللَّهِ ٱلرَّحْمَٰنِ ٱلرَّحِيمِ﴾ في كتبكم، فإن كتبتموها تكلموا بها، ومَن كتب ﴿بِسْمِ ٱللَّهِ ٱلرَّحْمَٰنِ ٱلرَّحِيمِ﴾ فلا يعورها كتب الله له ألف ألف حسنة ومحا عنه ألف ألف سيئة.

وصدق رسوله الكريم

[خزينة الأسرار للنازلي، ص ٩١]

الإهـداء

إلى العبد الذي أنزل الله الكتاب على قلبه مصدقاً لما بين يديه لا ريب فيه هدًى للمتقين.

إلى خاتم الأنبياء والمرسلين، سيد الأولين والآخرين، الذي بعثه الله تعالى رحمة للعالمين.

إلى كتاب الله الناطق ونفس النبي الصادق والنقطة تحت الباء، أبي الأئمة أمير المؤمنين.

إلى أصحاب الكساء المطهرين وعباد الله المُكرَّمين وأوليائه الصالحين الأئمة الصادقين.

إلى أمة الله الطاهرة المطهرة، الصديقة المصدقة، سيدة نساء العالمين أمّ المعصومين.

إلى آية الله العظمى وحجة الله الكبرى، صاحب العصر والزمان، وارث القرآن المبين.

من العبد المسكين المستكين، المتمسك بالثقلين كتاب الله وعترة النبي الأمين والمتوسل بأسماء الله الحسنى الذين

هم الأئمة الهداة المهديين والمحتاج إلى رحمة الله رب العالمين وشفاعة النبي ﷺ وآله يوم الدين حسن رضا الميثمي الغديري، رزقه الله العلم وتوفيق العمل بالقرآن المبين، واتِّباع سيرة الرسول الأمين وآله الطاهرين الطيبين المعصومين صلوات الله عليهم أجمعين.

كلمة في البدء

بسم الله الرحمن الرحيم

الحمد لله الأول بلا أول كان قبله، والآخر بلا آخر يكون بعده، الذى بدأ التكليم باسمه العظيم الأعظم الأجل الأكرم، كما بدأ التكوين باسمه النور النير المنور، فالمبدأ الكلامي هو الاسم المبدو بالباء والمبدأ التكويني هو الاسم المبدو بالنور المحمدي، والصلاة والسلام على النبي الرحيم أبي القاسم محمد صلى الله عليه وعلى آبائه الطاهرين وعلى آله آل الله المعصومين المطهرين الذين أذهب الله عنهم الرجس وطهرهم تطهيراً.

أما بعد: فقد منَّ الله سبحانه وتعالى على عباده بإرسال الرسل إليهم وإنزال الكتب والصحف لأجلهم، وهذه سُنّة إلهية جارية منذ بدء خلق الإنسان وإلى أن رفع روح نبيّه الخاتم ﷺ إليه ستبقى ومضات ما أنزله من الحكم والآيات إلى نهاية العالم، الذي ينتهي بنهايته البشر ليستفيد من النعم التي أنعمها الله تعالى عليه في هذه الحياة، ولينتهل من منهل الأنبياء والرسل والذي بلغ عددهم ـ كما في الروايات الصحيحة ـ مائة وأربعة وعشرين ألفاً، وبالأخص أولي العزم منهم والذي بلغ عددهم خمسة أنبياء ونخصّ بالذكر الشخصية الأسمى ألا وهو النبي الخاتم الذي جعله الله تعالى الأفضل والأكمل والأولى والأول مقاماً ومنزلةً هو محمد بن عبد الله ﷺ، وهذا الرسول الذي منه بدأ الله عز وجل خلقه كما شهد بذلك النبي الأعظم في قوله: أول ما خلق الله

نوري وبه ختم النبوة والرسالة، فهو رسول الله وخاتم النبيين، حيث قال جل وعلا: ﴿مَّا كَانَ مُحَمَّدٌ أَبَآ أَحَدٍ مِّن رِّجَالِكُمْ وَلَٰكِن رَّسُولَ ٱللَّهِ وَخَاتَمَ ٱلنَّبِيِّـۧنَ﴾ [الاحزاب: ٤٠].

وأما بالنسبة إلى الكتب المنزلة على الأنبياء ﷷ والتي بلغ عددها أربعة كتب وهي، التوراة والزبور والإنجيل والقرآن إلى جانب الصحف الأخرى، فإنه تعالى قد فضّل القرآن عليها وجعله الأفضل والأكمل من غيره، ومن هنا فهو خاتم الكتب السماوية، كما كانت شريعة المصطفى ﷺ خاتمة الشرايع والأديان، والذي أنعم الله على نبيّه بيان معارفه وحقائقه، فهو الأعلى والأكمل والأفضل على سائر الأديان الربانيّة، ونشير من القرآن الذي جعله الله تعالى هدًى وموعظة للمتقين ومباركاً ونوراً مبيناً وشفاءً ورحمةً للمحسنين، إلى سورة هي من أفضل السور وأجمعها وأشرفها وأقدمها والتي سميت بفاتحة الكتاب، والتي بدأ الله بها كلامه عز وجل، وتعتبر هي كمقدمة لكتابه جل وعلا، ففيها أودع مجمل المعاني المودعة في سائر السور وتبلورها، ولهذا عُدّت عِدل القرآن وفيها كل الأُسس التي تناشرت في سائر السور القرآنية، وإذا ما أردنا أن نشير إلى آية من هذه السورة المباركة فلا بد من الإشارة إلى آية هي الأشرف من بين الآيات وأكملها وأعظمها وهي: ﴿بِسْمِ ٱللَّهِ ٱلرَّحْمَٰنِ ٱلرَّحِيمِ﴾، وقد ابتدأ بها سبحانه وتعالى كتابه الكريم، وبالطبع فإن حرف "الباء" من البسملة له مزية خاصّة وشرف عظيم يعلو به على سائر الحروف في الآية، ومن أظهر هذه الخصوصيات التي تميز بها أنه المبدوء به كلام الخالق جل وعلا، وهو سرٌّ من أسرار الله تعالى الذي لا يعلم كنهه إلا الله والراسخون في العلم الذين جعلهم الله أمناء على علمه، وكذلك الاسم المبدوء به الآية هو من أسرار الرب الكريم، وبه تمّ بدء الخلق كلّه وعليه قوام العالم بأسره، ومثله "الرحمان الرحيم" في الشرف والمقام من حيث المعنى والمفهوم، فقد وفّقني الله تعالى للإمعان في هذه الآية المباركة بالإجمال في جمالها وكمالها، فتشرفت

بالاستلهام من كلماتها والاستنارة من أنوار معانيها، وبعد الغوص في بحر عظمتها استخرجت اللآلىء من عرفانها على ما أمتلكه من جهدٍ متواضع، فهذه ومضة من ومضات البسملة لكل مَن يريد بصيصاً من نور الهداية ومعرفة حقيقية من حقائق الآيات الربانيّة.

أرجو من الله القبول، ومن المؤمنين بكلامه تعالى الدعاء لمزيد التوفيق في فَهْمِ معاني كتابه العظيم، وما هذا العرض إلا مقالات كنت قد كتبتها لإحدى المجلات الإسلامية كسلسلة موضوعية في تفسير البسملة والتي نُشرت تحت عنوان "من نور القرآن"، وكان لي الشرف بعرضها على أهل الإيمان والمعرفة، ورزقني الله تقديمها مع شيء من الإضافة في معالمها ومعارفها اتماماً للمقصود، والله من وراء القصد وهو المعين والمستعان.

العبد حسن رضا الميثمي الغديري

لندن المملكة المتحدة

٥/ ٢/ ٢٠٠٥م

استهلال

اللهم إني أسألك باسمك بسم الله الرحمن الرحيم..
أنت الذي لا إله إلا أنتْ..
عنت لك الوجوه..
وخضعت لك الرقاب..
وخشعت لك الأبصار..
ووجلت منك القلوب..
وذرفت منك العيون..
أن تصلي على سيدنا محمد وآل محمد..
وأن تجعل النور في بصرى..
والبصيرة في ديني..
واليقين في قلبي..
والإخلاص في عملي..
والسلامة في نفسي..

والسعة في رزقي..

والشكر لك أبدا ما أبقيتني..

وأسألك عافيتك في أُموري كلها..

باسمك يا كريم.

التقديم إلى صاحب النَّعيم

﴿بِسْمِ ٱللَّهِ ٱلرَّحْمَٰنِ ٱلرَّحِيمِ﴾ كلمة طيبة ألقاها المتكلم الحكيم وآية بيِّنة أنزلها الرب الكريم على النبي العظيم ﷺ ليُبيِّن للناس ما نُزِّل اليهم، وهي تشتمل على ثلاثة أسماء من أسماء الله الحسنى التي أمر الناس أنْ يدعوه بها، فالأول هو العلم للذات المقدسة، لا يجوز إطلاقه على غيره، ولا تسمية أحد به، والثاني هو اللَّقب يقوم مقام العلمية، وهو كالأول في الحُكم من حُرمة إطلاقه على مَنْ سواه عز وجل، والثالث هو اسم صفة من صفاته العليا، ففي هذا المثلث أسرار عظيمة لا يعرف حقيقتها وحقائقها أحد إلا الله والراسخون في العلم الذين جعلهم الله عَيْبةَ علمه ومخازن حكمته من الأنبياء والمرسلين والأئمة المعصومين سلام الله عليهم أجمعين خلفاء الله على الخلق إلى يوم الدين أولهم آدم أبو البشر عليه السلام وآخرهم الحجة القائم صاحب النعيم عليه أطيب الصلاة وأزكى السلام وهو الإمام المنتظر من سلالة النبي الكريم الذي يملأ الأرض قسطا وعدلا كما مُلئت ظُلما وجوراً باذن الله تعالى، جعلنا الله من المتمسكين بعروته الوثقى التي لا انفصام لها، أُقدِّم هذا الجهد المتواضع إلى وليِّ عصرنا وصاحب أمرنا وهو صاحب نعيم الولاية الكبرى التي شرَّفنا الله بالاعتصام بها والتعلُّق بحبلها المتين، عجل الله في فرجه الشريف، وأشكر الله على نعمة التوفيق التي منحنيها لاستخراج اللئالي المخزونه والدرر المكنونة من بحار أنوار البسملة كآية من آيات الكلام الإلهي العظيم والتي أخذت شرف البداية لوحي الهداية.

المؤلف

بين يدي الكتاب

القرآن الكريم هو كتاب إلهي عظيم ومعجزة ربانية خالدة، نزل بالوحي من الله على نبيه قرآناً عربياً لينذر أم القرى ومَن حولها (١).

وهو الفرقان الذي أنزله الله سبحانه وتعالى على عبده ليكون للعالمين نذيراً(٢).

ذلك الكتاب لا ريب فيه هدًى للمتقين الذين يؤمنون بالغيب ويقيمون الصلاة ومما رزقناهم ينفقون (٣).

وهو كتاب نزّله الله بالحق (٤).

ذكرى للمؤمنين (٥).

أُحكمت آياته ثم فصلت من لدن حكيم خبير (٦).

وهو الكتاب المبين (٧).

هدًى وبشرى للمؤمنين (٨).

وهو الكتاب الحكيم هدى ورحمة للمحسنين (٩)

تنزيله لا ريب فيه من رب العالمين (١٠).

وهو القرآن ذي الذكر (١١).

تنزيل الكتاب من الله العزيز الحكيم (١٢).

وهو في أُمِّ الكتاب لدى الرب العليم لعلي حكيم (١٣).

أنزله الله في ليلة مباركة (١٤).

في ليلة القدر التي هي خير من ألف شهر تنزل الملائكة والروح فيها بإذن ربهم من كل أمر سلام هي حتى مطلع الفجر (١٥).

وهو قرآن عربي يهدي إلى الرشد (١٦).

وهو تصديق الذي بين يديه وتفصيل كل شيء (١٧).

وبلاغ للناس (١٨).

وإن هو إلا ذكرٌ للعالمين (١٩).

جعله الله نوراً يهدي به مَن يشاء من عباده (٢٠).

وهو حق اليقين (٢١).

وإنه لتذكرة للمتقين (٢٢).

وهو قرآن مجيد في لوح محفوظ (٢٣).

وإن هذا لفي الصحف الأولى (٢٤).

وهو قرآن كريم في كتاب مكنون لا يمسه إلا المطهرون (٢٥).

وإنه لقول رسول كريم وما هو بقول شيطان رجيم (٢٦).

وإنه لقول فصل وما هو بهزل (٢٧).

وهو كتاب أنزله الله مبارك مصدق الذي بين يديه (٢٨).

وهو موعظة من الله وشفاء لما في الصدور (٢٩).

وبه تحدى الرب القدير بقوله: وإن كنتم في ريب مما نزلنا على عبدنا فأتوا بسورة من مثله وادعوا شهداءكم من دون الله إن كنتم صادقين (٣٠).

وبقوله: أم يقولون افتراه، قل فأتوا بسورة مثله وادعوا من استطعتم من دون الله إن كنتم صادقين (٣١).

وهو كتاب من عند الله، ولو كان من عند غير الله لوجدوا فيه اختلافاً كثيراً(٣٢).

وإنه لكتاب عزيز لا يأتيه الباطل من بين يديه ولا من خلفه تنزيل من حكيم حميد (٣٣).

نزّله الروح الأمين على قلب النبي الصادق باذن الله ليكون من المنذرين(٣٤).

منه آيات محكمات هُنَّ أم الكتاب وأخر متشابهات (٣٥).

هذا بيان للناس وهدى وموعظة للمتقين (٣٦).

أنزله الله إلى النبي بالحق ليحكم بين الناس بما أراه الله (٣٧).

وهو برهان من الله ونور مبين (٣٨).

وهو أحسن الحديث نزله الله كتاباً متشابهاً مثاني تقشعر منه جلود الذين يخشون ربهم ثم تلين جلودهم وقلوبهم إلى ذكر الله، ذلك هدى الله يهدي به مَن اتبع رضوانه سُبل السلام (٣٩).

وهو كتاب أنزله الله على رسوله ليخرج الناس من الظلمات إلى النور باذن ربهم إلى صراط العزيز الحميد (٤٠).

ويهديهم إلى صراط مستقيم (٤١).

وهو الذكر الذي أنزله الله على نبيه ليبين للناس ما نزل اليهم ولعلهم يتفكرون (٤٢).

نزّله روح القدس من الله بالحق ليثبت الذين آمنوا وهدًى وبشرى للمسلمين(٤٣).

وهو القرآن يهدي للتي هي أقوم ويبشر المؤمنين الذين يعملون الصالحات أن لهم أجراً كبيراً (٤٤).

ولئن اجتمعت الانس والجن على أن يأتوا بمثل هذا القرآن لا يأتون بمثله ولو كان بعضهم لبعض ظهيراً (٤٥).

ولقد صرف الله للناس في هذا القرآن من كل مثل فأبى أكثر الناس إلا كفوراً (٤٦).

بالحق أنزله الله وبالحق نزل (٤٧).

أنزله الله قرآناً عربياً وصرَّفْنا فيه من الوعيد لعلهم يتقون أو يحدث لهم ذكراً(٤٨).

وهو كتاب أنزله الله على النبي مبارك ليدبروا آياته وليتذكر أولوا الألباب(٤٩).

وهو تنزيل من الله العزيز العليم غافر الذنب وقابل التوب شديد العقاب ذي الطول لا إله إلا هو إليه المصير (٥٠).

تنزيل من الرحمن الرحيم (٥١).

وإنه لكتاب عزيز (٥٢).

وهذا بصائر للناس وهدًى ورحمة لقوم يوقنون (٥٣).

ولو أنزله الله على جبل لرآه الناس خاشعاً متصدعاً من خشية الله (٥٤).

وإن هذا القرآن قد ضَمِنَ الله حفظه وصيانته حيث قال: إنا نحن نزلنا الذِّكر وإنا له لحافظون (٥٥)

[illegible] (٨٥).

[illegible]

[illegible]
[illegible]
[illegible]
[illegible]
[illegible]
[illegible]
[illegible]

(٨٦). [illegible]
[illegible]
[illegible]
[illegible]
[illegible]
[illegible]
[illegible]
[illegible]
[illegible]
[illegible]
[illegible]
[illegible]
[illegible]
[illegible]
[illegible]

وقالت سيدة نساء العالمين فاطمة الزهراء ﷺ: كتاب الله الناطق، والقرآن الصادق، والنور الساطع، والضياء اللامع، بيّنة بصائره، منكشفة سرائره، منجلية ظواهره، مغتبطة به أشياعه، قائد إلى الرضوان أتباعه، مؤدٍّ إلى النجاة استماعه، به تنال حجج الله المنورة، وعزائمه المفسرة، ومحارمه المنذرة، وبيناته الجالية، وبراهينه الكافية، وفضائله المندوبة، ورخصه الموهوبة، وشرائعه المكتوبة، وقائمة فرائضه، واضحة دلائله، ونيرة شرائعه، وزواجره واضحة، وأوامره لائحة (٥٨).

فهذا الكتاب المقدس الذي ذكر الله خواصه وفضائله، وذكر النبي الكريم ﷺ مناقبه، وكشف الإمام علي ﷺ القناع عن وجه معالمه، ورفعت السيدة فاطمة الزهراء ﷺ الحجاب عن صورته كان بدئه ﴿بِسۡمِ ٱللَّهِ ٱلرَّحۡمَٰنِ ٱلرَّحِيمِ﴾، وهذه الكلمة العظيمة المبدو بها كلام الله تعالى هي مظهر لجميع أوصاف القرآن ومصدر لفيوضاته للمتقين والمحسنين والمسلمين والصادقين والصالحين والمؤمنين به وبمن أنزله وبمن أنزل إليه وبما أنزل فيه، ففي كل فضيلة من فضائل القرآن ومضة من ومضات البسملة وشعاع من نورها الساطع وضيائها اللامع، والذي يريد الهداية منه فهو يتوسل بـ ﴿بِسۡمِ ٱللَّهِ ٱلرَّحۡمَٰنِ ٱلرَّحِيمِ﴾، والذي يستشفي منه فهو يتمسك بـ ﴿بِسۡمِ ٱللَّهِ ٱلرَّحۡمَٰنِ ٱلرَّحِيمِ﴾، والذي يطلب النور في ظلمات الدنيا، والاستقامة في مزلات النفس، والصون من ذُلِّ المعصية، والنيل بعز الطاعة، والغلبة على الهوى، والتمتع بنعمة الإيمان، والتقوى من وساوس الشيطان، والتوفيق لما فيه مرضاة الرحمن فهو يقرأ القرآن بدءاً بـ ﴿بِسۡمِ ٱللَّهِ ٱلرَّحۡمَٰنِ ٱلرَّحِيمِ﴾، لأن فيها ـ أي في البسملة ـ ضمان للوصول إلى المطلوب والنيل بالمراد وذلك بإذن الله تعالى.

ولا يخفى أن البسملة بجميع حروفها تحتوي المعاني العالية على فرض كون

الحروف ذات معان (والله العالم) كما هو الحال لسائر الآيات المباركة، فقيل إن تفسير كل حرف من حروفها إشارة إلى كلمة تامة، فمثلاً أن الباء إشارة إلى بهاء الله أو بهجة الله، والسين اشارة إلى سناء الله، والميم إشارة إلى مجد الله أو ملك الله فهو مبني على ضرب من بيان المرام بنوع اختصار في الكلام اعتماداً على فهم المخاطب، وهذا بعينه ما روي عن ابن عباس في معنى قوله تعالى: (ألم) أنا الله أعلم، وفي (ألر) أنا الله أرى، وكذلك ما روي عنه من أن (ألر) و(حم) و(ن) هي حروف "الرحمن" مفرّقاً، وقد روي في معنى (يس) يا سيد المرسلين، وفي (ألمص) ألم نشرح لك صدرك، وكما روي في معنى (كهيعص) أن الكاف عبارة عن كربلاء، والهاء عن هلاك العترة، والياء عن يزيد ظالم الحسين، والعين عطش الحسين عليه السلام والصاد عن صبره.

ويتفرع على ذلك ما كان شائعاً في قديم الايام حساب الجُمل ويساعد ذلك أن جميع حروف الهجاء المجموعة فيه ثمانية وعشرون حرفاً، فجعلوا سبعة وعشرين منها أصول مراتب الاعداد من الآحاد والعشرات والمئات وواحد للالف فلم يحتاجوا معها إلى ضم شيء آخر إليها أصلاً فضلاً عن تكرارهما احتيج في أرقام الحساب إلى ضم علامة صفر في العشرات وصفرين في المئات وثلاثة في آحاد الالوف وهكذا، ويؤيد اعتبار هذا الحساب من قديم الأيام ما نقل في تفسير الحروف المقطعة في القرآن الكريم أن كل حرف منها يدل على مدة قوم وآجال آخرين، حتى نقل عن اليهود أنهم بعد سماع مفتتح سورة البقرة توهموا أنه اشارة إلى مدة بقاء شريعة محمد صلى الله عليه وآله وسلم إحدى وسبعين سنة عدد مجموع الألف واللام والميم، فلما قرأ عليهم سائر الفواتح ارتفعت الشبهة عنهم، ومثله ما روي عن أبي القاسم بن روح وقد سُئل عن معنى قول العباس للنبي صلى الله عليه وآله وسلم إن عمك أبا طالب قد أسلمَ بحساب الجُمل وعقد بيده ثلاثاً وستين، فقال: عنى بذلك "إله أحد جواد"، والمراد منه أن الألف واحد واللام ثلاثون والهاء خمسة والألف واحد والحاء ثمانية والدال أربعة والجيم

ثلاثة والواو ستة والألف واحد والدال أربعة فذلك ثلاثة وستون، ومعنى الحديث حينئذ أن قوله "وعقد بيده" عطف تفسير لقوله قد أسلم بحساب الجُمل، والمراد أن أبا طالب أخبر عن إسلامه بإشارة حسابية يفهم أهل الخبرة منها انه أقرَّ بأمهات أسمائه وصفاته التي يمكن أن يرجع إليها البواقي، وقد تصرف المتأخرون في حساب الجمل تصرفات لطيفة منها التعبير عن الحروف بإيراد لفظ يدل بنفسه أو باعتبار معناه اللغوي أو الاصطلاحي بنوع من أنواع الدلالات على عددها باعتبارهن الحساب كما جرت العادة في المعميات أن يعبر مثلاً عن اللام بالشهر باعتبار موافقته عددها بهذا الحساب لأيامه، وعن غين (ضظغ) بالعندليب باعتبار أن اسمه بالفارسية هزار (بلبل هزار داستان) وبالعكس، ومن هذا القبيل غفلة عن أمثال هذه الاصطلاحات في معنى (طه) إنه يجوز أن يكون المراد به "يا بدر" خطاباً للنبي ﷺ باعتبار أن عدد مجموع الطاء والهاء أربعة عشر، عدد ما يصير به الهلال بدراً من الشهر، ومنها ضبط التواريخ على وجه يمكن فيه رعاية أمور مناسبة تلتذ بها الأسماع وتنشط لها القلوب ويسهل بها الضبط والحفظ، ومنها تخصيص الحساب المعروف باسم الزُّبر واستخراج نوع آخر منه يسمى بالبينات، ولذلك أيضاً اعتبارات لطيفة ولائية منها، أن عدد بينات لفظ "محمد" يطابق لعدد لفظ زبر "إسلام"، وعدد بينات لفظ "علي" يطابق عدد وزبر لفظ "إيمان".

والحق أن هذه الاستنباطات والاستخراجات والاستنتاجات ليست إلا استحسانات مُبتنية على الذوق الادبي أو الاعتقادي أو العلمي بالمعنى الخاص، وهي تنشأ تارة من الإفراط وأخرى من التفريط وليست لها قيمة دينية إلا الترويح في نفوس العاملين، ولا ينتقض باعتبار علم الأعداد وواقعه الخارجي فإنه لا فرق بين هذا وذاك في ملاك التقييم لوحدة الحكم في الأمثال، اللهم إلا أن يلاحظ هناك وجه آخر في الاهتمام به من قبل أئمة أهل البيت عليهم السلام لغرض أقوى منه وهو إعلاء كلمة الإسلام.

والذي يهمنا في البحث هو الجانب العملي في البسملة التي بدأ الله بها كلامه العظيم، فنرى أن الاعاظم من المحققين والمفسرين من العامة والخاصة قد بذلوا جهودهم الوافرة في الكشف عن الدرر المخزونة واللآلي المكنونة فيها، مُستندين إلى الآيات والروايات التي استعرضت البسملة بوجه من الوجوه، فبعد الاستغراق في بحار المنابع النورانية من الكتاب والسنة فقد استمتعت بتوفيق من الله الرحمن الرحيم في استفهام بعض الجهات اللفظية والمعنوية والعلمية والادبية والاعتقادية من أفضل آية من أفضل سورة من سور أفضل الكتب السماوية وهي ﴿بِسْمِ اللَّهِ الرَّحْمَٰنِ الرَّحِيمِ﴾، وقد تم ما أردت ايراده في الكتاب في أفضل ليلة من ليالي أفضل الشهور عند الله تعالى وهي ليلة القدر التي هي خير من ألف شهر أي ليلة الثالث والعشرين من شهر رمضان المبارك من سنة ألف وأربعمائة وستة وعشرين الهجرية على مهاجرها آلاف التحية والسلام، والذي أنزل الله تعالى هذا القرآن على قلبه المبارك ليبيِّن للناس ما نُزِّل اليهم، وهو بلّغ ما أُنزل إليه من ربه، ولم يترك أمته في حيرة بعد وفاته بل وخلّف فيهم كتاب الله وعترته وقال ﷺ: "إني تارك فيكم الثقلين كتاب الله وعترتي أهل بيتي ما إن تمسكتم بهما لن تضلوا بعدي ابداً ولن يفترقا حتى يردا عليّ الحوض". (رواه الفريقان)

وأما عناوين الآيات والأحاديث التي استلهمنا منها في المقدمة واقتبسنا من أنوارها في مفتتح الكلام فهي كما يلي:

(١) سورة الشورى، الآية: ٧

(٢) سورة الفرقان، الآية: ١

(٣) سورة البقرة، الآية: ٢

(٤) سورة آل عمران، الآية ٣

(٥) سورة الأعراف، الآية: ٢

(٦) سورة هود، الآية: ١

(٧) سورة يوسف، الآية: ١

(٨) سورة النمل، الآية: ٢

(٩) سورة لقمان، الآيتان: ٢، ٣

(١٠) سورة السجدة، الآية: ٢

(١١) سورة ص، الآية: ١

(١٢) سورة الزمر، الآية: ١

(١٣) سورة الزخرف، الآية: ٤

(١٤) سورة الدخان، الآية: ٣

(١٥) سورة القدر، الآيات: ٢، ٣، ٤، ٥

(١٦) سورة الجن، الآية: ٢

(١٧) سورة يوسف، الآية: ١١١

(١٨) سورة إبراهيم، الآية: ٥٢

(١٩) سورة ص، الآية: ٨٧

(٢٠) سورة الشورى، الآية: ٥٢

(٢١) سورة الواقعة، الآية: ٩٥

(٢٢) سورة الحاقة، الآية: ٤٨

(٢٣) سوة البروج، الآيتان: ٢١، ٢٢

(٢٤) سورة الأعلى، الآية: ١٨

(٢٥) سورة الواقعة، الآيات: ٧٧، ٧٨، ٧٩

(٢٦) سورة التكوير، الآيتان: ١٩، ٢٠

(٢٧) سورة الطارق، الآيتان: ١٣، ١٤

(٢٨) سورة الانعام، الآية: ٩٢

(٢٩) سورة يونس، الآية: ٥٧

(٣٠) سورة البقرة، الآية: ٢٣

(٣١) سورة يونس، الآية: ٣٨

(٣٢) سورة النساء، الآية: ٨٢

(٣٣) سورة فصلت، الآية: ٤٢

(٣٤) سورة الشعراء: من الآية ١٩٤

(٣٥) سورة آل عمران، الآية: ٧

(٣٦) سورة آل عمران، الآية: ١٣٨

(٣٧) سورة النساء، الآية: ١٠٥

(٣٨) سورة النساء، الآية: ١٧٤

(٣٩) سورة الزمر، الآية: ٢٣

(٤٠) سورة إبراهيم، الآية: ١

(٤١) سورة المائدة، الآية: ١٦

(٤٢) سورة النحل، الآية: ٣٤

(٤٣) سورة النحل، الآية: ١٠٢

(٤٤) سورة الإسراء، الآية: ٩

(٤٥) سورة الإسراء، الآية: ٨٨

(٤٦) سورة الإسراء، الآية: ٨٩

(٤٧) سورة الإسراء، الآية: ١٠٥

(٤٨) سورة طه، الآية: ١١٣

(٤٩) سورة ص، الآية: ٢٩

(٥٠) سورة غافر، الآية: ٣

(٥١) سورة فصلت، الآية: ٢

(٥٢) سورة فصلت، الآية: ٤١

(٥٣) سورة الجاثية، الآية: ٢٠

(٥٤) سورة الحشر، الآية: ٢١

(٥٥) سورة الحجر، الآية: ٩

(٥٦) نهج البلاغة: الخطبة ١٧٦

(٥٧) نهج الفصاحة

(٥٨) من فقه الزهراء عليها السلام.

ويأتي ذكر الآيات بالتفصيل في آخر الكتاب إن شاء الله تعالى.

سورة الفاتحة

﴿بِسْمِ ٱللَّهِ ٱلرَّحْمَٰنِ ٱلرَّحِيمِ ﴿١﴾ ٱلْحَمْدُ لِلَّهِ رَبِّ ٱلْعَٰلَمِينَ ﴿٢﴾
ٱلرَّحْمَٰنِ ٱلرَّحِيمِ ﴿٣﴾ مَٰلِكِ يَوْمِ ٱلدِّينِ ﴿٤﴾ إِيَّاكَ نَعْبُدُ وَإِيَّاكَ
نَسْتَعِينُ ﴿٥﴾ ٱهْدِنَا ٱلصِّرَٰطَ ٱلْمُسْتَقِيمَ ﴿٦﴾ صِرَٰطَ ٱلَّذِينَ أَنْعَمْتَ
عَلَيْهِمْ غَيْرِ ٱلْمَغْضُوبِ عَلَيْهِمْ وَلَا ٱلضَّآلِّينَ﴾

سورة الفاتحة:
مقدمة الكتاب الإلهي

بما أن سورة الفاتحة هي الأولى من كتاب الله العزيز وهي الأولى من غيرها، والحديث عن أولى آياتها وأولها يتطلب حسب سياق البحث من أن نقدِّم ما يمكن ايجازه بأسطر قد تكون مفيدة لفهم البسملة وما فيها من المعالم الإلهية العظيمة فنقول: سُمِّيت هذه السورة المباركة بفاتحة الكتاب، كما وسميت بالسبع المثاني.

أما التسمية الأولى فقد دلّت عليها الصحيحة المروية عن النبي الأعظم ﷺ أنه قال: "لا صلاة إلا بفاتحة الكتاب"، ولا شك أن المراد بها هي هذه السورة.

وأما التسمية الثانية فقد أُشير إليها في القرآن الكريم بقوله: ﴿وَلَقَدْ ءَاتَيْنَٰكَ سَبْعًا مِّنَ ٱلْمَثَانِى وَٱلْقُرْءَانَ ٱلْعَظِيمَ﴾ (الحجر: ٨٧)، وقد صرّح النبي ﷺ بأن هذه السورة هي السبع المثاني والتي جعلها الله من القرآن الكريم، سواء قلنا إن الواو واو معيّة لتفيد العدلية، أو قلنا إنها واو جمع وعطف لتفيد بأنها القرآن لوحدها أي خلاصته، ومن هنا كانت الأولى.

أعظم السور

جاء في رواية رواها أبو سعيد بن معلّى قال: كنت أُصلي في المسجد

فدعاني رسول الله ﷺ فلم أجبه، ثم أتيته ـ أي بعد انتهاء الصلاة ـ فقلت يا رسول الله إني كنت أصلي، فقال ﷺ: ألم يقل الله تعالى: ﴿يَٰٓأَيُّهَا ٱلَّذِينَ ءَامَنُواْ ٱسْتَجِيبُواْ لِلَّهِ وَلِلرَّسُولِ إِذَا دَعَاكُمْ لِمَا يُحْيِيكُمْ﴾، يعني أن الأمر بالاستجابة لدعوته عام لكل حال، ثم قال: ألا أُعلّمكم سورة هي أعظم السور في القرآن قبل أن تخرج من المسجد؟ ثم أخذ بيدي، فلما أراد أن يخرج قلت: ألم تقل لأعلّمك سورة هي أعظم سورة في القرآن؟ فقال ﷺ: الحمد لله رب العالمين، (الفاتحة) هي السبع المثاني والقرآن العظيم الذي أوتيته.

السبع المثاني

وفي رواية رواها بعض رواة العامة أن رسول الله ﷺ خرج على أُبيّ بن كعب وهو يصلي وذكر أنه ناداه رسول الله ﷺ فلم يجبه فصلى أُبي بن كعب وخفّف، ثم انصرف إلى رسول الله ﷺ فقال السلام عليك يا رسول الله ﷺ فقال رسول الله ﷺ: ما منعكَ أن تجيبنى إذ دعوتك؟ فقال: يا رسول الله: إني كنت في الصلاة، فقال رسول الله ﷺ: ألم تجد في ما أوحى الله تعالى اليّ أن ﴿ٱسْتَجِيبُواْ لِلَّهِ وَلِلرَّسُولِ إِذَا دَعَاكُمْ لِمَا يُحْيِيكُمْ﴾؟ قال بلى، ولا أعود إن شاء الله، فقال رسول الله ﷺ: أتحب أن أعلّمك سورة لم ينزل في التوراة ولا في الإنجيل ولا في الزبور ولا في القرآن مثلها؟ قال نعم يا رسول الله! فقال رسول الله ﷺ: كيف تقرأ في الصلاة؟ فقرأ بأم القرآن، فقال رسول الله ﷺ: والذي نفسي بيده ما أنزل في التوراة ولا في الإنجيل ولا في الزبور ولا في الفرقان مثلها وإنها السبع من المثاني، أو قال السبع المثاني والقرآن العظيم الذي أعطيته. (الترمذي والنسائي وأحمد والبخاري).

أفضل القرآن

وعن أنس بن مالك قال: كان النبي ﷺ في مسيرٍ له، فنزل فمشى رجل من

أصحابه إلى جنبه فالتفت النبى ﷺ إليه فقال: ألا أُخبرك بأفضل القرآن؟ فَتَلا: ﴿ٱلْحَمْدُ لِلَّهِ رَبِّ ٱلْعَـٰلَمِينَ﴾ أي سورة الفاتحة. (ذكره الحاكم في المستدرك والبيهقي في الشعب).

خير القرآن

وعن عبد الله بن جابر أن رسول الله ﷺ قال: ألا أُخبرك بخير سورة نزلت في القرآن؟ قلت بلى يا رسول الله! قال ﷺ: فاتحة الكتاب وفيها شفاء من كل داء. (ذكره أحمد في مسنده والبيهقي في الشعب).

وذكر الباحثون في تسمية سورة الفاتحة بالسبع المثاني وجوها شتى، منها: إنها تُثنّى وتعاد في كل صلاة ذات ركوع وسجود.

ومنها: إنها تُقرأ بعدها سورة.

ومنها: إنها نزلت مرتين: مرة في مكة ومرة في المدينة أيضاً، أو مرتين في مكة والمدينة.

ومنها: إنها قُسّمت نصفين كما في الحديث.

وهذه الوجوه كلها متجهة لو قلنا باشتقاق الكلمة من التثنية، ولو قلنا باشتقاقها من الثناء فلأجل أن فيها من أنواع الثناء من الذِّكْر والملك واختصاص الالوهية لرب العالمين، ولو قلنا باشتقاق الكلمة من الثَّنْيا بمعنى الاستثناء فتكون خاصة ومستثناة من الله تعالى لأُمة محمد ﷺ لكونها مكنوزة تحت العرش، والنبي ﷺ قال: إنها نزلت من كنز تحت العرش.

وهي أول سور القرآن: حسب الترتيب الذي جمع وهو لا يعتمد على الترتيب النزولي وقد أمرنا بالاعتماد على الترتيب الجمعي.

سورة الفاتحة: مقدمة الكتاب الإلهي   ٣٦

وهي من السور الخمس التي تبدأ كل منها بحمد الله تعالى، أما الأربع الآخر فهي:

(١) سورة الأنعام (وهي السورة السادسة في الجزء السابع)،

(٢) وسورة الكهف (وهي السورة الثامنة عشرة في الجزء الخامس والعشرين)،

(٣) وسورة سبأ (وهي السورة الرابعة والثلاثون في الجزء الثاني والعشرين)،

(٤) وسورة فاطر (وهي السورة الخامسة والثلاثون في الجزء الثاني والعشرين).

فقد بدأت سورة الأنعام بقوله تعالى:

﴿ٱلْحَمْدُ لِلَّهِ ٱلَّذِى خَلَقَ ٱلسَّمَـٰوَٰتِ وَٱلْأَرْضَ وَجَعَلَ ٱلظُّلُمَـٰتِ وَٱلنُّورَ ثُمَّ ٱلَّذِينَ كَفَرُوا۟ بِرَبِّهِمْ يَعْدِلُونَ﴾.

كما بدأت سورة الكهف بقوله تعالى:

﴿ٱلْحَمْدُ لِلَّهِ ٱلَّذِىٓ أَنزَلَ عَلَىٰ عَبْدِهِ ٱلْكِتَـٰبَ وَلَمْ يَجْعَل لَّهُۥ عِوَجَا۟﴾.

وأما سورة سبأ فقد ابتدأت بقوله تعالى:

﴿ٱلْحَمْدُ لِلَّهِ ٱلَّذِى لَهُۥ مَا فِى ٱلسَّمَـٰوَٰتِ وَمَا فِى ٱلْأَرْضِ وَلَهُ ٱلْحَمْدُ فِى ٱلْـَٔاخِرَةِ وَهُوَ ٱلْحَكِيمُ ٱلْخَبِيرُ﴾.

وفي سورة فاطر جاء في بدايتها قوله تعالى:

﴿ٱلْحَمْدُ لِلَّهِ فَاطِرِ ٱلسَّمَـٰوَٰتِ وَٱلْأَرْضِ جَاعِلِ ٱلْمَلَـٰٓئِكَةِ رُسُلًا أُو۟لِىٓ أَجْنِحَةٍ مَّثْنَىٰ وَثُلَـٰثَ وَرُبَـٰعَ يَزِيدُ فِى ٱلْخَلْقِ مَا يَشَآءُ إِنَّ ٱللَّهَ عَلَىٰ كُلِّ شَىْءٍ قَدِيرٌ﴾.

عدل القرآن كله

تُعدّ سورة الفاتحة عدل القرآن كلّه، كما ورد في ما روي عن أمير المؤمنين الإمام علي بن أبي طالب عليه السلام بأنه قال: قال رسول الله صلى الله عليه وآله وسلم: "إن الله تعالى قال لي: يا محمد، ولقد آتيناك سبعاً من المثاني والقرآن العظيم، فأفرد الامتنان عليّ بفاتحة الكتاب وجعلها بإزاء القرآن، وأنها أشرف ما في كنوز العرش" (نور الثقلين ١/ ٥).

والحق إنَّ هذه السورة المباركة بما فيها من المعارف النورانية والأسرار الربانية والعلوم العظيمة والحقائق الكريمة والأحكام الجلية والحكم العليّة تعادل القرآن كله لأنها تشتمل على سبع آيات، وفي كل واحدة منها إشارة إلى مَعْلم من المعالم القرآنية بشكل جامع ولون شاسع، فالالوهية والربوبية والوحدانية والرحمانية والرحيمية والمالكية والحاكمية والمنعمية والصفات الذاتية والفعلية المختصة بالله سبحانه وتعالى والتي حكتْ عنها الآيات القرآنية بأجمعها وتحت العناوين العديدة هي كلها مندرجة في هذه الآيات السبع المباركة، فَمَنْ قرأها فكأنما قرأ القرآن كلّه، ومَنْ تفكّر في معانيها فقدْ تفكّر في معاني جميع الآيات، ومَنْ تدبَّر في حقائقها فقدْ تدبَّر في جميع ما في السور المباركة من أسرار الوجود والموجود وشأن العبد والمعبود، فمن قال ﴿بِسْمِ ٱللَّهِ ٱلرَّحْمَٰنِ ٱلرَّحِيمِ﴾ فقدْ أقرَّ بما في الاسم من البركة وفي لفظة الجلالة من العظمة، وفي الصِّفَتين الجليلتين من الرفعة، وفي مجموعها من التوجه إلى جلالة الذات الجليل وحاجة العبد الذليل والرحمانية العلياء والرحيمية السمحاء، ومَنْ قرأ ﴿ٱلْحَمْدُ لِلَّهِ رَبِّ ٱلْعَٰلَمِينَ﴾ فقدْ شكرَ نعَمَ الله تعالى بالتحميد وأقرَّ بربوبية ربّ العالمين بالتوحيد ومِنْ دون تشريك، ومَنْ تلا ﴿ٱلرَّحْمَٰنِ ٱلرَّحِيمِ﴾ فقدْ ذكَرَ وتذكَّر رحمانية خالقه ورحيمية مالكه، ومَنْ جرى على لسانه ﴿مَٰلِكِ يَوْمِ ٱلدِّينِ﴾ فقد أظهر ايمانه بحاكمية الخالق الحكيم

وعدالة المالك الكريم، ومَنْ قال ﴿إِيَّاكَ نَعْبُدُ وَإِيَّاكَ نَسْتَعِينُ﴾ فقد أبرز بيقينه على اختصاص العبادة وحصرها لله وحده وانقطاعها عن غيره في جميع الحالات والأحوال والآفات والأهوال، ومَنْ قرأ ﴿ٱهْدِنَا ٱلصِّرَٰطَ ٱلْمُسْتَقِيمَ﴾ فقدْ بَانَ حبّه للصراط المستقيم بالسؤال من الهادي العظيم، ومَنْ قال ﴿صِرَٰطَ ٱلَّذِينَ أَنْعَمْتَ عَلَيْهِمْ غَيْرِ ٱلْمَغْضُوبِ عَلَيْهِمْ وَلَا ٱلضَّآلِّينَ﴾ فقد اعترف بأنعامه تعالى على أوليائه وإحسانه بأصفيائه وهو يعشقهم وبطريقهم لانهم الذين لم يغضب الله عليهم قط ولم يضلوا أبدا، فطريقهم هو الصراط المستقيم الذي يوصل العبد إلى ساحة قرب الرب الرحيم ويضمن السعادة لعباد الله الصالحين إلى يوم الدين، فكل هذا في السورة المباركة الفاتحة، ولأجل ذلك صارت عدل القرآن.

فاتحة الكتاب

وروي عن الإمام الحسن بن علي بن أبي طالب عليه السلام أنه قال: "جاء نفر من اليهود إلى رسول الله صلى الله عليه وآله وسلم فسأله أعلمهم عن أشياء، فكان فيما سأله: أخبرنا عن سبع خصال أعطاك الله من بين النبيين وأعطى أمتك من بين الامم؟ فقال النبي صلى الله عليه وآله وسلم: أعطاني الله عز وجل فاتحة الكتاب، إلى أن قال: صدقت يا محمد، فما جزاء من قرأ فاتحة الكتاب؟ فقال رسول الله صلى الله عليه وآله وسلم: من قرأ فاتحة الكتاب أعطاه الله بعدد كل آية نزلت من السماء ثواب تلاوتها".

أجر قراءتها

عن النبي صلى الله عليه وآله وسلم قال: "أيما مسلم قرأ فاتحة الكتاب أعطي من الأجر كأنما قرأ ثلثي القرآن وأعطي من الأجر كأنما تصدق على كل مؤمن ومؤمنة" (زبدة التفاسير، للكاشاني ص١٨).

لا مثل لها

قال النبي ﷺ: أعظم سورة في القرآن ﴿ٱلْحَمْدُ لِلَّهِ رَبِّ ٱلْعَٰلَمِينَ﴾ ما في الأرض مثلها. (الدر المنثور ج ١ ص٤).

قال النبي ﷺ: "مَن قرأ فاتحة الكتاب فكأنما قرأ التوراة والإنجيل والزبور والقرآن". (تفسير الحسن البصري ج١ ص ٦٢).

روي عن النبي ﷺ أنه قال في فضل سورة الفاتحة: "لو كانت في التوراة لما تهوَّد قوم موسى، ولو كانت في الإنجيل لما تنصَّر قوم عيسى، ولو كانت في الزبور لما مُسخ قوم داود، وأيما مسلم قرأها أعطاه الله من الأجر كأنما قرأ القرآن كله". (روح البيان ج ١ ص ٢٦).

أُم الكتاب

عن أبي عبد الله عليه السلام قال: "اسم الله الأعظم مقطَّع في أم الكتاب". (ثواب الاعمال ١٣٠/ ١).

أما محل نزولها، فقد اختلفت الآراء حولها، فقيل: إنها مكيّة، وقيل: إنها مدنيّة، ولكن الظاهر أنها نزلت في مكة، وأقوى القرائن التي تدل على نزولها في مكة: تشريع الصلاة المشتملة عليها إنما كان في مكة، ومع ذلك لا مانع من القول بنزولها مرة أخرى في المدينة لعظمة شأنها ورفعة مقامها.

وأما فضل هذه السورة على سائر السور بالاضافة إلى اشتمالها على المعارف الإلهية العظيمة والمعاني القدسية العالية، إنما جاءت فاتحة للكتاب العزيز وكونها عِدلاً لجميع السور بتمامها، والله سبحانه وتعالى قد أفرد ذكرها بالامتنان على نبيه ﷺ مع سائر السور، وهي أم الكتاب، وعبّر عنها في بعض الروايات بـ "أم القرآن" وهي شفاء من كل داء إلا الموت، وهي أساس

القرآن، كما ذكر أن النبي الأعظم ﷺ قال: "أساس القرآن الفاتحة، وأساس الفاتحة ﴿بِسْمِ اللَّهِ الرَّحْمَٰنِ الرَّحِيمِ﴾".

وأما عدد آياتها فقد أصبح أيضاً مورد خلاف بين أرباب التفسير، فقيل إنها سبع وقيل إنها ست آيات، وقيل إنها ثمان. والظاهر كما دلّت الروايات الصحيحة على ذلك وعليه الأكثر ـ والله العالم ـ أن آياتها سبع، وبعد القول بأنها المراد من السبع المثاني لا يبقى المجال للشك فيه، وأما ترتيبها فهي كالتالي:

الآية الأولى ـ ﴿بِسْمِ اللَّهِ الرَّحْمَٰنِ الرَّحِيمِ﴾،

الآية الثانية ـ ﴿الْحَمْدُ لِلَّهِ رَبِّ الْعَالَمِينَ﴾،

الآية الثالثة ـ ﴿الرَّحْمَٰنِ الرَّحِيمِ﴾،

الآية الرابعة ـ ﴿مَالِكِ يَوْمِ الدِّينِ﴾،

الآية الخامسة ـ ﴿إِيَّاكَ نَعْبُدُ وَإِيَّاكَ نَسْتَعِينُ﴾،

الآية السادسة ـ ﴿اهْدِنَا الصِّرَاطَ الْمُسْتَقِيمَ﴾،

الآية السابعة ـ ﴿صِرَاطَ الَّذِينَ أَنْعَمْتَ عَلَيْهِمْ غَيْرِ الْمَغْضُوبِ عَلَيْهِمْ وَلَا الضَّالِّينَ﴾.

وأما ما يستكشف من هذه السورة المباركة حسب ترتيب آياتها فهي كالتالي:

١ ـ ابتداء الكلام باسم الخالق، لتعليم الخلق بالاقتداء به في جميع أمورهم، لأن كل ما في عالم الوجود فهو لله سبحانه وتعالى وينتسب إليه، وهو الذي مَنّ على خلقه إذ أعطاهم نعمة الوجود يتمتعون من خلالها من سائر النعم التي أودعها الله تعالى في عالم الكون، وهو الإله الواحد الذي لا إله غيره، فإلهيّته تقتضي أن يبدأ كل شيء باسمه المبارك.

٢ ـ بيان اختصاص الحمد بحقيقته وتمامه بالله رب العالمين، لأنه المنعم الحقيقي، وإذا أنعم جعله تاماً وهو وراء كل نعمة، وجوداً وبقاءً، عموماً وشمولاً، جمالاً وكمالاً، عنايةً ووقايةً، تسويةً وتربيةً، وفاءً وكفاءً، إنشاءً وإنماءً، دواءً وشفاءً، ولاءً وعطاءً بنحو عام وشامل، فالحمد له كما هو أهله وبما هو حقه.

٣ ـ بيان اختصاص الرحمة بجميع صورها سعةً ودواماً للذات الواجب الوجود.

٤ ـ بيان اختصاص الملكية الحقيقية أو حقيقة الملك به تعالى جل شأنه في يوم القيامة، كما هو في هذه الدنيا، وله المُلك (بضم الميم) والملك (بكسر الميم) على الإطلاق وليس لغيره منهما إلا بالجعل ومع القيد.

٥ ـ بيان حصر العبادة والاستعانة به، لأن كل ما سواه ومن سواه مخلوق، محتاج وممكن الوجود.

٦ ـ بيان مطلوبية السؤال من الله تعالى للثبات والكمال في الهداية واتباع الحق.

٧ ـ بيان الوصف للطريق الذي يجب أن يسلكه السائل للوصول إلى مآربه وحاجاته.

هذا هو الظاهر من الآيات الكريمة، وأما بواطنها فعلمها موكول إليه تعالى وإلى الراسخين في العلم الذين حباهم الله لذلك وجعلهم الأُمناء على علمه وخلفاءه في خلقه وأبواب رحمته الواسعة.

الأولى: ﴿بِسْمِ ٱللَّهِ ٱلرَّحْمَٰنِ ٱلرَّحِيمِ﴾،

بسم:

الباء متعلقة بفعل مُقدَّر وهو: "أبتدئ" أو "أقرأ"، وقيل إنها للاستعانة، فيكون التقدير: أستعين، وقيل إنها للمصاحبة والإلصاق، وقد ذكر بعض الأعلام أن التقدير يكون حسب الموقع، والاسم مشتق من السِّمة أي العلامة أو من السموّ أي الرفعة، فمعناه أنه يدل على الذات ويميّزه عن غيره، أو يقال: الاسم ما وضع للدلالة على المُسمّى، وقيل إنه اللفظ الحاكي عن المعنى، وعلى هذا فالمراد في الآية هو ما يحكى عن الذات الواجب المعبود بالحق الذي لا إله غيره.

الله:

عَلَمٌ لذات الواجب الوجود، الخالق لكل شيء، الأول والآخر، فلا يصح إطلاق هذا اللفظ على غيره بوجه من الوجوه لحصر معناه به تعالى أي الألوهية، ولا إله غيره، والألف واللام ليسا بزائدين كما يتوهم البعض، بل هما من ذات الاسم وبنيته وهما لازمان له، ولا يسقطان بعامل، والألف تبقى ثابتة حين دخول حرف ياء النداء عليه فيقال: يا الله بخلاف غيره من الأسماء، وذلك من أهم خصائصه، ومن جملتها أن حرف النداء (ياء) قد يحذف من أوله ويعوض عنه حرف ميم مشدد، فيقال حينئذ: اللهم، ومن هنا ذهب بعض الأعلام أنها نسيج وحده وضعت هكذا ولا اشتقاق لها، ويعبر عن اسم الجلالة أنه للذات الجامعة للصفات الإلهية كلها حتى لا يشذ منها شيء، وهو أخص أسمائه تعالى لأن سائر الأسماء لا تدل آحادها إلا على آحاد المعاني وهي توصف بأنها اسم الله وتعرف بالاضافة اليه، ولفظ الجلالة أدل على كُنه المعاني الإلهية وأخص بها، وهو الجامع للأسماء الإلهية كلها من أسمائه

الذاتية والصفاتية والأفعالية، وهي داخلة في دائرته معنا ومفهوما وتابعة له وصفا ونعتا، وهو الاسم الأعظم لله سبحانه وتعالى.

الرحمن:

وهو مأخوذ من الرحمة، وفيه معنى الكثرة والعمومية والمراد منه أن رحمته كثيرة وواسعة، وهو أبلغ من الرحيم بحسب الوضع لزيادة البناء، وهو بمنزلة اللقب، يختص بالله عز وجل معنًى وإطلاقاً، وإن كان في اللغة بمعنى رقّة القلب والانعطاف، ولكن الظاهر أن المراد في المقام هو التفضل والإحسان وارادتهما على نحو إطلاق اسم السبب بالنسبة الينا على مسببه البعيد أو القريب، فإن أسماء الله تعالى تؤخذ باعتبار الغايات التي هي أفعال دون المبادىء التي هي الانفعالات، والله سبحانه وتعالى هو الرحمن أي مصدر الرحمة والتفضل، والقول بكون الكلمة "رحمان" عبرانية غير عربية غير صحيح.

الرحيم:

وهو أيضاً مأخوذ من الرحمة، وفيه معنى الدوام والاستمرار، والمراد منه أن رحمته دائمة مستمرة لا تزول عن ذاته، ولا يمكن انفكاكها عنه، لأنه بها قوام كل شيء، وبها وجود العالم وبقاؤه.

فالرحمن والرحيم إسمان وصفيّان، وصيغتا فعلان وفعيل، وُضعتا للمبالغة، أما الأولى فهي أشدّ من الثانية، وفيها جهة العلميّة التي تدل عليها الآيات المتعددة مثل قوله تعالى:

﴿ٱلرَّحۡمَٰنُ عَلَى ٱلۡعَرۡشِ ٱسۡتَوَىٰ﴾ (طه: ٥).

وقوله تعالى:

﴿يَوۡمَئِذٖ لَّا تَنفَعُ ٱلشَّفَٰعَةُ إِلَّا مَنۡ أَذِنَ لَهُ ٱلرَّحۡمَٰنُ﴾ (طه: ١٠٩).

وقوله تعالى:

﴿وَإِذَا قِيلَ لَهُمُ ٱسْجُدُواْ لِلرَّحْمَٰنِ﴾ (الفرقان: ٦٠).

وقوله تعالى:

﴿هَٰذَا مَا وَعَدَ ٱلرَّحْمَٰنُ﴾ (يس: ٥٢).

وقوله تعالى:

﴿أَجَعَلْنَا مِن دُونِ ٱلرَّحْمَٰنِ ءَالِهَةً يُعْبَدُونَ﴾ (الزخرف: ٤٥).

وقوله تعالى:

﴿ٱلرَّحْمَٰنُ * عَلَّمَ ٱلْقُرْءَانَ﴾ (الرحمن: ١ ـ ٢).

وقوله تعالى:

﴿مَّا تَرَىٰ فِى خَلْقِ ٱلرَّحْمَٰنِ مِن تَفَٰوُتٍ﴾ (الملك: ٣).

وقوله تعالى:

﴿قُلْ هُوَ ٱلرَّحْمَٰنُ ءَامَنَّا بِهِۦ وَعَلَيْهِ تَوَكَّلْنَا﴾ (الملك: ٢٩).

وفي العديد من الآيات القرآنية وردت كلمة "الرحمن" باختصاصها بالله تعالى بل وتعينها للذات الإلهية المقدسة على الاطلاق مثل ما وردت في سورة مريم ست عشرة مرة وفي جميعها يتضح الاختصاص والتعيين، وتتبيَّن جهة العلمية في اتصافها بالله تعالى من دون عناية.

فمعنى الآية: أبتدئ باسم الذات الواجب الوجود الذي رحمته واسعة ودائمة.

فالبسملة آية من سورة الفاتحة كما هي آية من سائر السور القرآنية باستثناء سورة التوبة، وقد دلّت عليه الروايات الصحيحة والنصوص المعتبرة، منها ما روي عن الإمام العسكري ﷺ عن آبائه عن الإمام أمير المؤمنين ﷺ أنه قال:

﴿بِسْمِ ٱللَّهِ ٱلرَّحْمَٰنِ ٱلرَّحِيمِ﴾ آية من فاتحة الكتاب، وهي سبع آيات تمامها.

ولا خلاف بين علمائنا في المسألة أن الله سبحانه وتعالى قد علّم الناس بأن يبتدئوا في جميع أمورهم وأفعالهم باسمه العزيز ليكون كل ما عملوه مباركاً وميموناً، وهو الأدب الذي تقتضيه العبودية أيضاً، لأن العبد إذا ابتدأ عمله باسم المعبود الحقيقي ففي ذلك الحال يتوجه بقلبه السليم إلى ربه الرحيم وتتجسم في عينيه رحمته الواسعة والدائمة، فيلتجىء إليها ويرغب فيها رغبة تامة خالصة، فتكون أعماله مشمولة بعنايات الله الخاصة وألطافه الخفيّة، وينجح في مهمّاته وطلباته، وهذا هو التوفيق المقصود به.

وقد ورد في بعض الاخبار المروية في حرف الباء وعن النقطة التي تحته: "أن بالباء ظهر الوجود، وبالنقطة تحت الباء تميّز العابد عن المعبود"، وهو من أرقى العبارات وأجملها لفظاً، وأجمعها وأتقنها معنًى، وأحسنها وأطيبها نظماً، وأكرمها وأشرفها مقاماً، وأظهرها وأبرزها مقصوداً، وأعظمها وأعلاها مفهوماً، ولا يختلف ذلك باختلاف معنى الباء من الابتداء والاستعانة والتعليل والإلصاق والسببية والقسم وغيرها من المعاني، فإن المآل واحد بعد التجزئة والتحليل والتنقيح والتأويل، ويمكن الاستناد في المقام بما ورد عن النبي ﷺ أنه قال: خرجت الموجودات من باء﴿بِسْمِ ٱللَّهِ ٱلرَّحْمَٰنِ ٱلرَّحِيمِ﴾. فبعد القول بصحة الحديث لا يشك أحد في ما للباء من الدور الفعال في الكون وارتباطه بمشيئة الرب القدير، والله على كل شيء قدير وهو يفعل ما يريد، وقامت مشيئته على عالم الاسباب الذي جعله لتحقيق إراداته وتطبيق مشيئاته، وليس ذلك من حاجته إليه ﴿إِنَّمَآ أَمْرُهُۥٓ إِذَآ أَرَادَ شَيْـًٔا أَن يَقُولَ لَهُۥ كُن فَيَكُونُ﴾ بل بملاحظة عجز الخلائق وحاجتهم إلى ذلك، فللعلل والاسباب دور التوسل والتوسط، والله سبحانه وتعالى علة العلل وتنتهي كل علة اليه، والله جعل

أولياءه من الأنبياء والرسل والأئمة المعصومين عليهم السلام أبواب رحمته ووسائط عطائه، وأما الأحرف فروي عن النبي صلى الله عليه وآله وسلم أنه قال: خلق الله تعالى الأحرف وجعل لها سراً فلما خلق آدم بث فيه السر ولم يبثه في الملائكة فجرت الأحرف على لسان آدم بفنون الجريان..الحديث. ونقل عن الإمام الحسين عليه السلام أنه قال: "العلم الذي دعا إليه المصطفى صلى الله عليه وآله وسلم علم الحروف، وعلم الحروف في لام الألف، وعلم لام الألف في الألف، وعلم الألف في النقطة، وعلم النقطة في المعرفة الاصلية، وعلم المعرفة الاصلية في علم الأزل، وعلم الأزل في المشيئة، وعلم المشيئة في غيب الهوية".

فالحق أن الحروف لها قيمة عظيمة ومنزلة كريمة، وإن كان حرف الألف هو الأول في أعداد الأحرف ولكن الله سبحانه وتعالى بدأ كلامه الشريف بالباء، ومن المعلوم أن الأصل في بنية الأحرف وتشكيل هويتها وهيئتها هي النقطة، فلو لم تكن النقطة لما كانت للأحرف هيكلية مميزة وصورة متميزة ولم يكن سبيل إلى معرفتها وتمييز بعضها عن بعض، فهذه هي النقطة التي تحت الباء فيها سر من الأسرار الربانية ورمز من الرموز الإلهية لا يعلمها الا الله والراسخون في العلم الذين ارتضاهم ربهم واختارهم لذلك، وقد وردت في الروايات عن الأئمة المعصومين عليهم السلام أنهم قالوا عن الباء إنها اشارة إلى بهاء الله أو هي بهاء الله، قال أمير المؤمنين عليه السلام: "ما من حرف الا وهو اسم من أسماء الله تعالى، وهو الذي قال: أنا النقطة تحت الباء"، والمراد منه انه عليه السلام باب من أبواب علمه تعالى شأنه والنبي صلى الله عليه وآله وسلم مدينته، حيث قال: أنا مدينة العلم وعليٌّ بابها.

الثانية: ﴿ٱلْحَمْدُ لِلَّهِ رَبِّ ٱلْعَٰلَمِينَ﴾

الحمد:

وهو الثناء على الجميل الاختياري، وهو أخصّ من المدح من حيث

المتعلق، حيث يطلق على الجميل سواء كان اختيارياً أم غير اختياري، والألف واللام هنا للجنس، فيكون المراد حقيقة الحمد وجنسه، أو للاستغراق، فيكون المراد به جميع المحامد وكلها.

والحمد قد يكون بمعنى الشكر إذا جاء في قبال النعمة، وإلا بقي على عموميته، أي لا يختص بنعمة خاصة كالشكر، وقد ورد في بعض الروايات أن الحمد رأس الشكر، ما شكر الله عبد لم يحمده.

وقد ذكروا للحمد صوراً متعددة:

منها: الحمد بالمعنى اللغوي، وهو الوصف بالجميل الاختياري على قصد التعظيم.

ومنها: الحمد بالمصطلح العُرفي، وهو فعل يشعر بتعظيم المنعم بسبب كونه منعماً أعم منْ أنْ يكون إقرارُ اللسان أو عمل الأركان، (والله سبحانه وتعالى هو المنعم على الاطلاق)، فالحمد يختص به كما قال: ﴿مَّا تَرَىٰ فِى خَلْقِ ٱلرَّحْمَٰنِ مِن تَفَٰوُتٍ﴾ (القصص: ٧٠).

وقال: ﴿ٱلْحَمْدُ لِلَّهِ ٱلَّذِى لَمْ يَتَّخِذْ وَلَدًا وَلَمْ يَكُن لَّهُۥ شَرِيكٌ فِى ٱلْمُلْكِ وَلَمْ يَكُن لَّهُۥ وَلِىٌّ مِّنَ ٱلذُّلِّ وَكَبِّرْهُ تَكْبِيرًا﴾ (الإسراء: ١١١).

ومنها: الحمد القولي، وهو حمد اللسان وثناؤه على الحق بما أثنى به هو على نفسه ﴿ٱلْحَمْدُ لِلَّهِ رَبِّ ٱلْعَٰلَمِينَ﴾، وعلى لسان أوليائه المؤمنين ﴿وَءَاخِرُ دَعْوَىٰهُمْ أَنِ ٱلْحَمْدُ لِلَّهِ رَبِّ ٱلْعَٰلَمِينَ﴾ (يونس: ١٠).

ومنها: الحمد الفعلي، وهو الاتيان بالاعمال البدنية ابتغاءً لوجه الله تعالى.

ومنها: الحمد الحالي، وهو الذي يكون بحسب الروح والقلب كالاتصاف بالكمالات العلميّة والتخلق بالأخلاق الإلهية، ويمكن القول بأن المراد من

التسبيح في الآية ﴿يُسَبِّحُ لِلَّهِ مَا فِى ٱلسَّمَٰوَٰتِ وَمَا فِى ٱلْأَرْضِ ٱلْمَلِكِ ٱلْقُدُّوسِ ٱلْعَزِيزِ ٱلْحَكِيمِ﴾ (الجمعة: ١) هو الحمد تكوينا وتشريعا.

وأما ما يقال في تعريف الحمد باقترانه بالشكر فذلك مؤوّل بلحاظ الإنعام لا بما هو هو من الحق الثابت لله سبحانه وتعالى، فله الحمد بما له من الكمال ذاتا وصفة، وجودا ووجوبا، ولا دخل في ذلك لإنعامه وعطائه. فالقول بكون الحمد شكرا يبتني على الإحسان منه تعالى على الخلق كله وجودا وبقاءً، فالمنعم بما هو هو يستحق الشكر نظرا إلى إنعامه والله تعالى هو المنعم على الاطلاق فيستحق الشكر في جميع الأحوال، وأما الحمد فهو حقه الثابت من دون التفات إلى إنعامه وإحسانه، فحينئذ لا علاقة بين الحمد والإحسان، فلأجل ذلك يمكن أن يقال بكون النسبة فيهما أعم من وجه، وفي القول بحذف قيد الاختيار في تعريف الحمد (الثناء الجميل على الفعل الاختياري) ليشمل الثناء على الكمال الذاتي وجه وجيه، ومن المؤسف أن يقابل الحمد في المقام بالذم الذي هو نقيضه حسب الاستعمال اللغوي والعرفي كما فعله بعض الأعلام من المفسرين عند ذكر التقارب بين معاني الحمد والمدح والشكر وبيان الفرق بينها فقال: إن الحمد نقيض الذم، كما أن نقيض المدح الهجاء، والشكر نقيض الكفران. (راجع تفسير مجمع البيان ج١ ص٢١).

فهذه المقابلة لو صحت غير جارية في ما نحن فيه لأن الحمد هنا على وجه الاستغراق يختص بالله سبحانه وتعالى وهو منزه عن كل نقص، ومورد الذم ليس الا النقص، فالقضية سالبة بانتفاء الموضوع لامتناع تصوير المصداقية لأي نقص في ذات الله تعالى وصفاته وأفعاله بجميع أنحائه وكافة جهاته، فهذه المقابلات اللغوية أو العرفية لا مجرى لها في ما يتعلق بالذات الإلهية المقدسة لا أولاً وبالذات ولا ثانياً وبالعرض ﴿سُبْحَٰنَهُۥ وَتَعَٰلَىٰ عَمَّا يَصِفُونَ﴾، والامام علي عليه السلام يقول: الحمد لله الذي لا يبلغ مدحته القائلون ولا يحصي نعماءه

العادون ولا يؤدي حقه المجتهدون، فحمده يتعلق بذاته بما لها من الكمال والجمال والجلال والشرف والعز والشرف، وهو يستحق الحمد قبل الإنعام وبعده، وتحكي الروايات الواردة في فضيلة الحمد أن النبي ﷺ والأئمة المعصومين ﷺ لم يتركوا موردا الا وقالوا فيه ﴿ٱلْحَمْدُ لِلَّهِ رَبِّ ٱلْعَٰلَمِينَ﴾، وذلك عند الصباح والمساء، وقبل الدعاء وبعده، وقبل الكلام وبعده، وحين الاكل والشرب وبعدهما، وقبل النوم وبعده، وعند ظهور النعمة وحين الاستفادة منها، وعند النظر إلى المرآة، وحين الخروج من البيت والرجوع اليه، وعند الذهاب إلى القتال مع الاعداء، وقبل قراءة القرآن وبعدها، وفي بداية كل أمر ونهايته، وفي سيرتهم أُسوة حسنة لمن اتقى.

والحق أن الحمد سُنّة إلهية جرت على الفطرة التي فطر الناس عليها لا تبديل لسنة الله.

للَّه :

فالله اسم خاص (علم) للذات الواجب الوجود المستجمع لجميع صفات الكمال، وأصله الإله ـ بحسب اللفظ ـ فصار "الله" بكثرة الاستعمال بعد حذف الهمزة، فمعناه إله كل شيء، أي المعبود الحقيقي الذي لا إله غيره، والصفات الكمالية كلها لذاته.

والقول بالعلميّة باعتبار اختصاص معناه لذاته تعالى، أي أن الألوهية فهي تنحصر به، فلا يصح إطلاق هذا اللفظ على كل من أو ما سواه، لا حقيقةً ولا مجازاً. وأما القول بصيرورة اللفظ علما بالغلبة فمخدوش ومردود بوروده في القرآن مع دلالته على ذلك، وهو علم للذات المقدسة بالأصالة، ولا يجوز اطلاقه على غيره بنحوٍ من الأنحاء لا حقيقة ولا مجازاً، وأما القول بكونه وصفاً وصار عَلَماً بكثرة الاستعمال فمردود لامتناع التوصيف به، ويدل على اشتقاقه لفظاً ما ورد في صحيحة هشام بن الحكم أنه سأل أبا عبد الله ﷺ عن

أسماء الله واشتقاقها، الله مما هو مشتق؟ فقال ﷺ: يا هشام! الله مشتق من إله، والإله يقتضي مألوهاً والاسم غير المسمى، فمَن عبدَ الاسم دون المعنى فقد كفر ولم يعبد شيئا، ومَن عبدَ الاسم والمعنى فقد كفر وعبدَ اثنين، ومَن عبدَ المعنى دون الاسم فذاك التوحيد (أصول الكافي١/ ٨٧).

هذا الاشتقاق كما يراه بعض الأكابر في الفن جاء من الاسم وليس العكس، فالاسم (الله) بذاته غير مشتق، وهذا القول أقرب إلى الصواب، وبه يتم التوجيه بما ورد في توضيح الكلمة من الإمام الصادق ﷺ، وقد يلاحظ في البحث بعدم حاجة الاشتقاق في الأسماء والله العالم.

ربّ:

الرب هو كل مَن بيده أمر ما ملكه والقائم بأمور مملوكه، فمعناه في ذاته سبحانه وتعالى أن الملكية الحقيقية أو حقيقة الملك تختص به ولا يتصور تعلق حقيقة الملك لغيره، فإن الملكية تنتسب إلى غيره بالعناية والاعتبار، ولذا لا يصح إطلاق كلمة الرب على غير الله تعالى بإطلاقه ومن دون عناية كالاضافة والقيد، فالربوبية بحقها وحقيقتها وأصلها وأصالتها تختص وتليق بالله على الإطلاق.

وهو يطلق على المالك والمليك والسيد والمطاع والمدبر والمربي والمنعم والقيم والمصلح والصاحب والقاهر والإله والمعبود.

العالمين:

وهو جمع، مفرده العالم، والمراد منه الموجودات بأسرها، السماوية والأرضية، فهو المالك لجميعها من دون استثناء، لأن كل ما سواه فهو مخلوق له، فلا يتصور انفكاك ملكه عنه إلا بعد فرض استغناء المخلوق عنه في حال

وهو محال بالضرورة، لأن كل ما خلقه فهو محتاج إليه في بقاء وجوده، كما كان محتاجاً في أصل نشأته، فما دام الاحتياج باقياً لا يكون مُستغنياً عنه.

فمعنى الآية أن الحمد بواقعه يختص بالذات الواجب الوجود، المستجمع لجميع الصفات الكمالية، المالك الحقيقي للموجودات كلها والمدبر القوي لها، وهو لا ينطبق إلا على الله جلّ ثناؤه.

والآية في مقام التعليم للعباد بما تقتضيه العبودية إظهاراً للتواضع وشكراً لما أنعمه على عباده.

وقد وردت في فضل الحمدلة روايات كثيرة، منها ما روى يعقوب بن شعيب قال: سمعت أبا عبد الله عليه السلام يقول: قال رسول الله صلى الله عليه وآله وسلم: إن في ابن آدم ثلاثمائة وستين عرقاً، منها مائة وثمانون متحركة ومنها مائة وثمانون ساكنة، فلو سكن المتحرك لم ينم ولو تحرك الساكن لم ينم، وكان رسول الله صلى الله عليه وآله وسلم إذا أصبح قال: الحمد لله رب العالمين كثيراً على كل حال ثلاثمائة وستين مرة، وإذا أمسى قال مثل ذلك (أصول الكافي للكليني رحمه الله ج٢ ص٥٠٣).

الثالثة: ﴿ٱلرَّحۡمَٰنِ ٱلرَّحِيمِ﴾

الرّحمن:

صيغة مُبالغة على وزن "فعلان" وهو مشتق من الرحمة، ومعناه أن رحمته كثيرة وشاملة لكل شيء، وهو يختص بذاته تعالى، ﴿قُلِ ٱدۡعُواْ ٱللَّهَ أَوِ ٱدۡعُواْ ٱلرَّحۡمَٰنَ﴾ (سورة الإسراء ١١٠)، ولا يصح إطلاقه على غيره لأنه يقوم مقام اللقب منه، ويمكن أن يقال بكونه علماً للذات الواجب الوجود، وهذا المعنى أقرب إلى الصواب إذا ورد مع لفظة الجلالة، وأما إذا ورد بدونها فهو في حكم العلميّة. فالرحمانية تختص بالذات الواجب الوجود ﴿ٱلرَّحۡمَٰنُ * عَلَّمَ ٱلۡقُرۡءَانَ﴾

(الرحمن: ١ ـ ٢)، ﴿ٱلرَّحْمَٰنُ عَلَى ٱلْعَرْشِ ٱسْتَوَىٰ﴾ (طه: ٥)، ﴿وَإِنَّ رَبَّكُمُ ٱلرَّحْمَٰنُ﴾ (طه: ٩٠).

الرّحيم:

صفة مشبّهة على وزن "فعيل" وهو أيضاً من الرحمة، ومعناه أن رحمته ثابتة لذاته لازمة له ولا تزول عنه في حال من الأحوال، فلذا يصح أن يقال أن الرحمن لعموم الرحمة وشمولها لكل شيء، والرحيم للزوم الرحمة وثبوتها في كل حال، وبذلك ترفع شبهة التكرار والتأكيد، ويمكن القول بأن ذكر الكلمتين "الرحمن الرحيم" مرة أخرى وبعد الحمدلة هو لالفات النظر إلى ارتباط الرحمة بالربوبية وحاجة العالمين إليها في الوجود والبقاء وفي جميع الاحوال، وهو خير الراحمين للخلق أجمعين، وآثار رحمته ظاهرة في العالمين وفي السماوات والأرضين.

ومعنى الآية أن هاتين الصِّفَتين تختصان بحقيقتهما برب العالمين، والذي يختص جنس الحمد أو كله به.

وما قيل بعموم الرحمة في الرحمان بالمؤمن والكافر واختصاصها في الرحيم بالمؤمن فقط، أو بتعلق الرحمة في الرحمان في الدنيا وفي الرحيم في الدنيا والآخرة لا يلائم لغة القرآن لوجود آيات تنافي ذلك، مثل قوله تعالى:

﴿يَوْمَ نَحْشُرُ ٱلْمُتَّقِينَ إِلَى ٱلرَّحْمَٰنِ وَفْدًا﴾ (مريم: ٨٥).

وقوله تعالى: ﴿لَّا يَمْلِكُونَ ٱلشَّفَٰعَةَ إِلَّا مَنِ ٱتَّخَذَ عِندَ ٱلرَّحْمَٰنِ عَهْدًا﴾ (مريم: ٨٧).

وقوله تعالى: ﴿ٱلْمُلْكُ يَوْمَئِذٍ ٱلْحَقُّ لِلرَّحْمَٰنِ﴾ (الفرقان: ٢٦).

وقوله تعالى: ﴿ذَٰلِكُمْ خَيْرٌ لَّكُمْ عِندَ بَارِئِكُمْ فَتَابَ عَلَيْكُمْ إِنَّهُۥ هُوَ ٱلتَّوَّابُ ٱلرَّحِيمُ﴾ (البقرة: ٥٤).

وقـولـه تـعـالـى: ﴿وَمَا كَانَ ٱللَّهُ لِيُضِيعَ إِيمَٰنَكُمْۚ إِنَّ ٱللَّهَ بِٱلنَّاسِ لَرَءُوفٌ رَّحِيمٌ﴾ (البقرة: ١٤٣).

وقوله تعالى: ﴿ٱعۡلَمُوٓاْ أَنَّ ٱللَّهَ شَدِيدُ ٱلۡعِقَابِ وَأَنَّ ٱللَّهَ غَفُورٌ رَّحِيمٌ﴾ (المائدة: ٩٨).

وقوله تعالى: ﴿وَإِن تَعُدُّواْ نِعۡمَتَ ٱللَّهِ لَا تُحۡصُوهَآۗ﴾ (النحل: ١٨).

وقوله تعالى: ﴿وَتَوَكَّلۡ عَلَى ٱلۡعَزِيزِ ٱلرَّحِيمِ﴾ (الشعراء: ٢١٧).

وقوله تعالى: ﴿تَنزِيلَ ٱلۡعَزِيزِ ٱلرَّحِيمِ﴾ (يس: ٥).

ولا ينافي ذلك ما ورد في قوله تعالى ﴿وَكَانَ بِٱلۡمُؤۡمِنِينَ رَحِيمٗا﴾ (الاحزاب: ٤٣).

ويمكن أن يقال إن ذكر الصفتين إحداهما بعد الأخرى إنما جاء للتوضيح أولاً، ومن باب ذكر الخاص بعد العام للتذكير ثانياً، ولاظهار الامتنان ثالثاً.

وأما الروايات الواردة في الباب ـ إن صحّت ـ فهي قابلة للتأويل لاستحالة وجود التنافي بين الآيات ولصريح ما ورد من أئمة اهل البيت عليهم السلام في قبول الروايات وردها: "إن ما وافق كتاب الله فخذوه وما خالف كتاب الله فاطرحوه واضربوه عرض الجدار"، فلذلك فإن الصواب هو ما ذكرناه وهو يوافق الكتاب (والله العالم).

وما قيل في ذكر "الرحيم" بعد "الرحمن" من الاختلاف في معنى الرحمة مرفوع جداً لأن الرحمة الإلهية متحدة المعنى في جميع الموارد والاختلاف في ما تتعلق به وكل ذلك بمشيئة الله تعالى في الكم والكيف، والزمان والمكان، والعطاء والمنع، والدفع والرفع، ولا يشاركه أحد فيه سوى الاستدعاء والاستشفاع.

الرابعة: ﴿مَٰلِكِ يَوۡمِ ٱلدِّينِ﴾

مالك:

قد اختلفت آراء القُرّاء في هذه الكلمة، فقيل: إنه المالك ـ أي من الملك، بكسر الميم ـ، أي مَن له الملكية، فمعناه أنه يملك يوم الدين، يعني أن ملك ذلك اليوم يختص به، وقيل: إنه الملك ـ أي من الملك، بضمّ الميم ـ أي هو الذي له السلطة والحكومة، فيكون معناه أنه الحاكم ليوم الدين والسلطان فيه، والظاهر أن القول الأخير يلائم القواعد اللغوية باعتبار صحة تعلق السلطة والحكم بالزمان ـ والمفروض كذلك ـ بخلاف الملكية فهي تتعلق بالأعيان لا بالأزمنة غالباً.

يوم:

الظاهر أن المراد من اليوم الوقت والزمن الموعود المعلوم عند الله تعالى، وبه قال تعالى ﴿تَعۡرُجُ ٱلۡمَلَٰٓئِكَةُ وَٱلرُّوحُ إِلَيۡهِ فِي يَوۡمٖ كَانَ مِقۡدَارُهُۥ خَمۡسِينَ أَلۡفَ سَنَةٖ﴾ (المعارج: ٤) لا ما هو المعهود عندنا وهو ما بين شروق الشمس وغروبها، ويؤيده إضافة اليوم إلى الدين، إلا إذا قيل إن لليوم معنى آخر غير الذي يقابل الليلة أو مجموع الليل والنهار، والله العالم، ولذلك اليوم أسماء أخرى كثيرة منها:

١ ـ يوم القيامة.

قال تعالى: ﴿فَٱللَّهُ يَحۡكُمُ بَيۡنَهُمۡ يَوۡمَ ٱلۡقِيَٰمَةِ فِيمَا كَانُواْ فِيهِ يَخۡتَلِفُونَ﴾ (البقرة: ١١٣)

٢ ـ يوم الحساب.

قال تعالى: ﴿إِنِّي عُذۡتُ بِرَبِّي وَرَبِّكُم مِّن كُلِّ مُتَكَبِّرٖ لَّا يُؤۡمِنُ بِيَوۡمِ ٱلۡحِسَابِ﴾ (غافر: ٢٧)

٣ ـ يوم الخروج.

قال تعالى: ﴿ذَٰلِكَ يَوۡمُ ٱلۡخُرُوجِ﴾ (ق: ٤٢)

٤ ـ يوم التناد.

قال تعالى: ﴿وَيَٰقَوۡمِ إِنِّيٓ أَخَافُ عَلَيۡكُمۡ يَوۡمَ ٱلتَّنَادِ﴾ (غافر: ٣٢)

٥ ـ يوم الميزان.

قال تعالى: ﴿وَنَضَعُ ٱلۡمَوَٰزِينَ ٱلۡقِسۡطَ لِيَوۡمِ ٱلۡقِيَٰمَةِ﴾ (الأنبياء: ٤٧)

٦ ـ يوم الجمع.

قال تعالى: ﴿فَكَيۡفَ إِذَا جَمَعۡنَٰهُمۡ لِيَوۡمٖ لَّا رَيۡبَ فِيهِ﴾ (آل عمران: ٢٥)

٧ ـ يوم العرض.

قال تعالى: ﴿يَوۡمَئِذٖ تُعۡرَضُونَ لَا تَخۡفَىٰ مِنكُمۡ خَافِيَةٞ﴾ (الحاقة: ١٨)

٨ ـ يوم الجزاء.

قال تعالى: ﴿ٱلۡيَوۡمَ تُجۡزَىٰ كُلُّ نَفۡسِۭ بِمَا كَسَبَتۡۚ﴾ (غافر: ١٧)

٩ ـ يوم الحسرة.

قال تعالى: ﴿وَأَنذِرۡهُمۡ يَوۡمَ ٱلۡحَسۡرَةِ إِذۡ قُضِيَ ٱلۡأَمۡرُ﴾ (مريم: ٣٩)

١٠ ـ يوم التلاق.

قال تعالى: ﴿يُلۡقِي ٱلرُّوحَ مِنۡ أَمۡرِهِۦ عَلَىٰ مَن يَشَآءُ مِنۡ عِبَادِهِۦ لِيُنذِرَ يَوۡمَ ٱلتَّلَاقِ﴾ (غافر: ١٥)

١١ ـ يوم الفصل.

قال تعالى: ﴿هَٰذَا يَوۡمُ ٱلۡفَصۡلِۖ جَمَعۡنَٰكُمۡ وَٱلۡأَوَّلِينَ﴾ (المرسلات: ٣٨)

١٢ ـ يوم الآزفة.

قال تعالى: ﴿وَأَنذِرْهُمْ يَوْمَ ٱلْآزِفَةِ﴾ (غافر: ١٨)

١٣ ـ يوم القضاء.

قال تعالى: ﴿وَأَنذِرْهُمْ يَوْمَ ٱلْحَسْرَةِ إِذْ قُضِىَ ٱلْأَمْرُ﴾ (مريم: ٣٩)

١٤ ـ اليوم الآخر.

قال تعالى: ﴿مَنْ ءَامَنَ بِٱللَّهِ وَٱلْيَوْمِ ٱلْءَاخِرِ وَعَمِلَ صَٰلِحًا فَلَهُمْ أَجْرُهُمْ عِندَ رَبِّهِمْ﴾ (البقرة: ٦٢)

١٥ ـ يوم النفع.

قال تعالى: ﴿هَٰذَا يَوْمُ يَنفَعُ ٱلصَّٰدِقِينَ صِدْقُهُمْ﴾ (المائدة: ١١٩)

١٦ ـ يوم محيط.

قال تعالى: ﴿وَإِنِّىٓ أَخَافُ عَلَيْكُمْ عَذَابَ يَوْمٍ مُّحِيطٍ﴾ (هود: ٨٤)

١٧ ـ يوم عظيم.

قال تعالى: ﴿قُلْ إِنِّىٓ أَخَافُ إِنْ عَصَيْتُ رَبِّى عَذَابَ يَوْمٍ عَظِيمٍ﴾ (الأنعام: ١٥)

١٨ ـ يوم الصور.

قال تعالى: ﴿وَلَهُ ٱلْمُلْكُ يَوْمَ يُنفَخُ فِى ٱلصُّورِ﴾ (الأنعام: ٧٣)

١٩ ـ يوم أليم.

قال تعالى: ﴿إِنِّىٓ أَخَافُ عَلَيْكُمْ عَذَابَ يَوْمٍ أَلِيمٍ﴾ (هود: ٢٦)

٢٠ ـ يوم البعث.

قال تعالى: ﴿قَالَ أَنظِرْنِىٓ إِلَىٰ يَوْمِ يُبْعَثُونَ﴾ (الأعراف: ١٤)

٢١ ـ يوم اللقاء.

قال تعالى: ﴿فَأَعْقَبَهُمْ نِفَاقًا فِي قُلُوبِهِمْ إِلَىٰ يَوْمِ يَلْقَوْنَهُ﴾ (التوبة: ٧٧)

٢٢ ـ يوم الحشر.

قال تعالى: ﴿وَيَوْمَ نَحْشُرُهُمْ جَمِيعًا﴾ (يونس: ٢٨)

٢٣ ـ يوم كبير.

قال تعالى: ﴿وَإِن تَوَلَّوْا فَإِنِّي أَخَافُ عَلَيْكُمْ عَذَابَ يَوْمٍ كَبِيرٍ﴾ (هود: ٣)

٢٤ ـ يوم ثقيل.

قال تعالى: ﴿إِنَّ هَٰؤُلَاءِ يُحِبُّونَ الْعَاجِلَةَ وَيَذَرُونَ وَرَاءَهُمْ يَوْمًا ثَقِيلًا﴾ (الإنسان: ٢٧)

٢٥ ـ اليوم الموعود.

قال تعالى: ﴿وَالسَّمَاءِ ذَاتِ الْبُرُوجِ ۞ وَالْيَوْمِ الْمَوْعُودِ﴾ (البروج: ١ ـ ٢)

٢٦ ـ اليوم الحق.

قال تعالى: ﴿ذَٰلِكَ الْيَوْمُ الْحَقُّ ۖ فَمَن شَاءَ اتَّخَذَ إِلَىٰ رَبِّهِ مَآبًا﴾ (سبأ: ٣٩)

٢٧ ـ يوم عسير.

قال تعالى: ﴿فَذَٰلِكَ يَوْمَئِذٍ يَوْمٌ عَسِيرٌ﴾ (المدثر: ٩)

٢٨ ـ يوم عقيم.

قال تعالى: ﴿حَتَّىٰ تَأْتِيَهُمُ السَّاعَةُ بَغْتَةً أَوْ يَأْتِيَهُمْ عَذَابُ يَوْمٍ عَقِيمٍ﴾ (الحج: ٥٥)

٢٩ ـ يوم الحشر.

قال تعالى: ﴿وَيَوْمَ نَحْشُرُهُمْ جَمِيعًا﴾ (يونس: ٢٨)

٣٠ ـ يوم مشهود

قال تعالى: ﴿وَذَٰلِكَ يَوْمٌ مَّشْهُودٌ﴾ (هود: ١٠٣)

٣١ ـ يوم معلوم.

قال تعالى: ﴿قُلْ إِنَّ ٱلْأَوَّلِينَ وَٱلْآخِرِينَ * لَمَجْمُوعُونَ إِلَىٰ مِيقَـٰتِ يَوْمٍ مَّعْلُومٍ﴾ (الواقعة: ٤٩ ـ ٥٠).

فبعد الدقة في معاني هذه الأسماء يتبين أن المآل واحد.

الدين:

المراد من الدين الجزاء والحساب، كما تدل عليه الآيات الكريمة، منها: ﴿وَإِنَّ ٱلدِّينَ لَوَٰقِعٌ﴾ (الذاريات: ٦).

ومنها: ﴿ٱلْيَوْمَ تُجْزَىٰ كُلُّ نَفْسٍۭ بِمَا كَسَبَتْ﴾ (غافر: ١٧).

ومنها: ﴿ٱلْيَوْمَ تُجْزَوْنَ مَا كُنتُمْ تَعْمَلُونَ﴾ (الجاثية: ٢٨).

بالاضافة إلى جانب الروايات الواردة في هذا الباب. فيكون المعنى أن الحكومة والسلطنة في يوم الحساب لله تعالى وحده وهو يملك الأمر في ذاك اليوم، فهو يستحق الحمد بمعناه الحقيقي ومفهومه الواقعي، وقد ذكر الله سبحانه وتعالى في هذه الآية ثلاث صفات لذاته التي لا يمكن تصويرها في غيره بالأصالة وهي: الربوبية، الرحمانية، الملكية، فلهذا يستحق الحمد هو دون غيره،فهو الرب وهو ذو الرحمة العامة والدائمة، وهو المَلِكُ والمالك على الإطلاق.

الخامسة: إياك نعبد وإياك نستعين

إياك نعبد:

إظهار للإخلاص في العبادة بالحصر المنظور في الجملة لذكر المفعول مقدماً على الفعل، وفي الأصل: نعبد إياك. ففيه ثبوت ونفي، أما الثبوت ففي جهة حصر العبادة به جل وعلا، وأما النفي ففي جهة الإخلاص، والسرُّ في

ذلك واضح وهو أن العبادة لا تكون لغيره تعالى بنحو من الأنحاء، وفي حال من الأحوال، لأن كل ما سواه فهو ممكن ومحتاج إلى وجوده وبقائه، والله سبحانه وتعالى واجب الوجود غنيٌّ عن الكل كلياً، وهو بذاته يستحق أن تكون العبادة منحصرة به.

وأما إظهار هذا الإخلاص فهو مقتضى العبودية، ولا يخفى أن العبادة هي الهدف الأعلى للخلق كما قال تعالى: ﴿وَمَا خَلَقْتُ ٱلْجِنَّ وَٱلْإِنسَ إِلَّا لِيَعْبُدُونِ﴾ (الذاريات: ٥٦). فيجب اختصاصها بالخالق العظيم.

إياك نستعين:

إظهار بالعجز في أداء حق العبودية بل وفي جميع الأمور والحالات، لأن الاستعانة والاستغاثة لا تتصور إلا ممن لا يقدر على ما يقصده. والجملة تفيد الحصر ـ كالسابق ـ إياك نعبد ـ،وفيه أيضاً جهتان: جهة ثبوت وجهة نفي، فالثبوت في جهة حصر الاستعانة به تعالى، وأما النفي ففي جهة الإخلاص أي عدم الاتكال على غيره، وسرّه واضح لأن كل ما ومَن سواه فهو عاجز ولا يقدر على تحصيل المقصود ولا دفع المكروه فيحتاج إلى المستقل في إرادته والكامل في قدرته، وهو لا يتصور إلا في الله سبحانه وتعالى لأن الإرادة والقدرة لا يمكن انفكاكها عنه، بل وهي عين ذاته، فعلى هذا هو المستعان في الحقيقة وهو المستغاث بالذات.

ومعنى الآية: إن العبادة تنحصر بذاته تعالى، والاستعانة لا تكون إلا به، ولذلك نتوجه إلى الله تعالى بالخلوص في العبادة ونقول: إياك نعبد، ونسأل منه التوفيق في تحصيل المراد وخاصة في أداء حق العبودية ونقول: إياك نستعين، فهو المعبود والمستعان.

وأما الالتفاف عن الغيبة إلى الخطاب فهو لإعلام الحضور من العبد بين

يدي المعبود حضوراً كاملا في الظاهر والباطن، بالقلب والجوارح، بالروح والجسد، والحق ان ذلك من مقتضى العبودية تماماً.

وأما الإتيان بصيغة جمع المتكلم فهو لفناء الشخصية الفردية في العباد كلهم، مع وصف العبودية المقتضي لذلك.

والسر في تقديم العبادة على الاستعانة واضح لأن الاستعانة تقتضي أداء حق المستعان أولا وهي العبادة هنا، وبملاحظة اختصاصها بالله تعالى فتختص الاستعانة منه في جميع الأحوال، والتي منها الهداية إلى الصراط المستقيم عطاءً وبقاءً.

السادسة: ﴿ٱهۡدِنَا ٱلصِّرَٰطَ ٱلۡمُسۡتَقِيمَ﴾

اهدنا:

سؤال للهداية والإرشاد، وهو يحكي حاجة العبد إلى الهداية لأنه في كل الأحوال يحتاج إلى ربه الغني، والظاهر أن المراد من طلب الهداية هو طلب معرفة الحق بكماله ودوام التوفيق لأداء حق العبودية واستمراره حتى تكون العبادة على الوجه المرضي به، خالصاً وكاملاً لله تعالى، فكأنّ الطالب سائل للهدى بالدوام والثبات ما دام حيّاً، ويمكن أن يُقال: إن الطلب بعد حصول المطلوب فهو للزيادة فيه، والثبات عليه، والدوام به، والاستمرار له، وللهداية معان عديدة نوكلها إلى مواردها حذرا من الاطالة في الكلام، فالسائل هو العبد المطيع، والمسؤول هو المعبود المطاع، فالسائل هو الفقير والمسؤول عنه هو الغني، والسائل يستدعي الاهتداء إلى الصراط المستقيم والمسؤول عنه هو على صراط مستقيم، كما جاء في سورة هود الآية ٥٦ ﴿إِنَّ رَبِّي عَلَىٰ صِرَٰطٖ مُّسۡتَقِيمٖ﴾ وهو الذي يدعو إلى دار السلام ويهدي من يشاء إلى صراط مستقيم ومن يهدي الله فهو المهتد.

الصراط المستقيم:

وهو صراط طاعة الله وانقياده في جميع الأمور بما هو حق، قال الله تعالى: ﴿وَأَنِ ٱعْبُدُونِى هَٰذَا صِرَٰطٌ مُّسْتَقِيمٌ﴾ (يس: ٦١) ولا يخفى أن المسؤول هو الطريق المستوي الذي لا عوج فيه ولا زلل، بل هو المتصف بالاستقامة، فبهذا الوصف يميّزه عن سائر الطرق فإن فيها النقص، والصراط المستقيم ليس كذلك، لأنه سبيل قد مهّده الله تعالى لخاصة عباده ولقّن الناس لطلب الهداية والإرشاد إليه، فكيف يتصور وجود النقص فيه والانحراف والعوج، هذا وهو الطريق الذي قد اختاره الذين أنعم الله عليهم، وهو الطريق الذي هدى الله نبيه إليه وأمر بإعلانه في قوله تعالى: ﴿قُلْ إِنَّنِى هَدَىٰنِى رَبِّىٓ إِلَىٰ صِرَٰطٍ مُّسْتَقِيمٍ دِينًا قِيَمًا﴾ (الأنعام: ١٦١)، وأخبرنا عن النبي إبراهيم في قوله: ﴿ٱجْتَبَىٰهُ وَهَدَىٰهُ إِلَىٰ صِرَٰطٍ مُّسْتَقِيمٍ﴾ (النحل: ١٢١)، وجاء في الحديث عن النبي موسى عليه السلام ووصيه هارون عليه السلام في قوله تعالى: ﴿وَءَاتَيْنَٰهُمَا ٱلْكِتَٰبَ ٱلْمُسْتَبِينَ * وَهَدَيْنَٰهُمَا ٱلصِّرَٰطَ ٱلْمُسْتَقِيمَ﴾ (الصافات: ١١٧ ـ ١١٨)، وقال سبحانه وتعالى: ﴿وَتِلْكَ حُجَّتُنَآ ءَاتَيْنَٰهَآ إِبْرَٰهِيمَ عَلَىٰ قَوْمِهِۦ نَرْفَعُ دَرَجَٰتٍ مَّن نَّشَآءُ إِنَّ رَبَّكَ حَكِيمٌ عَلِيمٌ * وَوَهَبْنَا لَهُۥٓ إِسْحَٰقَ وَيَعْقُوبَ كُلًّا هَدَيْنَا وَنُوحًا هَدَيْنَا مِن قَبْلُ وَمِن ذُرِّيَّتِهِۦ دَاوُۥدَ وَسُلَيْمَٰنَ وَأَيُّوبَ وَيُوسُفَ وَمُوسَىٰ وَهَٰرُونَ وَكَذَٰلِكَ نَجْزِى ٱلْمُحْسِنِينَ * وَزَكَرِيَّا وَيَحْيَىٰ وَعِيسَىٰ وَإِلْيَاسَ كُلٌّ مِّنَ ٱلصَّٰلِحِينَ * وَإِسْمَٰعِيلَ وَٱلْيَسَعَ وَيُونُسَ وَلُوطًا وَكُلًّا فَضَّلْنَا عَلَى ٱلْعَٰلَمِينَ * وَمِنْ ءَابَآئِهِمْ وَذُرِّيَّٰتِهِمْ وَإِخْوَٰنِهِمْ وَٱجْتَبَيْنَٰهُمْ وَهَدَيْنَٰهُمْ إِلَىٰ صِرَٰطٍ مُّسْتَقِيمٍ﴾ (الأنعام: ٨٣ ـ ٨٧).

ومعنى الآية: اللهم أرشدنا إلى حق معرفتك وكمال طاعتك مع الدوام والاستمرار، وثبّتنا على الدين القويم وهو الصراط المستقيم.

ويمكن أن نقول إنَّ المراد من الصراط المستقيم هو كل ما يصدق عليه الحق عند الله تعالى، كالاعتقاد بالإسلام والكتب السماوية والأنبياء والرسل والأئمة وأولياء الله وعباده الصالحين، والداعي يطلب الوصول إلى جميعهم، والتمسّك

بهم واتّباعهم ويدل على هذا المعنى ما ورد من الأخبار في الباب، وقد وردت في معنى الصراط المستقيم أخبار كثيرة تدل على أظهر مصاديقه، وسنذكرها في آخر البحث إن شاء الله تعالى.

السابعة: ﴿صِرَٰطَ ٱلَّذِينَ أَنۡعَمۡتَ عَلَيۡهِمۡ غَيۡرِ ٱلۡمَغۡضُوبِ عَلَيۡهِمۡ وَلَا ٱلضَّآلِّينَ﴾

صراط الذين:

توضيح للصراط المستقيم أي أن الصراط المستقيم ليس هو الطريق الذي يسلكه عامة الناس بل هو الطريق الخاص الذي سلكه الخواص من العباد، ومن المعلوم أن الطريق المختار للخواص هو ما لا نقص فيه، بل هو كامل في الاستواء والاستقامة لأنه الموصل إلى الله تعالى والمنتهي إلى رضوانه، وسالكوه هم العباد المكرمون المخلصون، فقد بيّن الله تعالى صفاتهم الثلاثة في هذه الآية الشريفة، أي هم المنعَم عليهم، وهم الذين لم يغضب عليهم قط، وهم ليسوا بضالّين، وبها يعلم سرّ المميز للصراط المستقيم عن سائر الطرق.

أنعمت عليهم:

هذه هي الصفة الأولى لسالكي الصراط المستقيم، وهي أن الله تعالى أنعم عليهم وخصّهم بنعمه الخاصة وميّزهم عن سائر الناس.

وقيل إن المراد من النعمة هنا العصمة، لأن طلب الهداية إلى طريقهم التي أنعم الله عليهم بها يدل على ذلك، إذ إنَّ طريقهم هو الصراط المستقيم، وإنما يوصف بذلك ما هو صواب دائماً.

غير المغضوب عليهم:

هذه هي الصفة الثانية لأصحاب الصراط المستقيم وهي أن الله تعالى لم

يغضب عليهم قط، لأن الغضب عبارة عن السخط وهو ضد الرضى، والله لا يغضب إلا على الذين يتبعون الباطل ويعاندون الحق وهم يعلمون، فأصحاب الصراط المستقيم لاتّباعهم الحق وتباعدهم عن الباطل قد رضي الله عنهم ورضوا عنه، وهم ليسوا من الذين غضب الله عليهم.

ولا الضالين:

هذه هي الصفة الثالثة للذين سلكوا الصراط المستقيم، وهي أنهم على الهدى وليسوا بضالّين، لأن الضلالة ضد الهدى وهي الهلاك، فأصحاب الصراط المستقيم ليسوا كذلك، بل هم المهتدون وعباد الله الصالحون.

وما ذكر من أن سؤال الهداية بعد الاهتداء تحصيل للحاصل غير صحيح لأن طلب كمال الهداية واستمرارها لا يتنافى مع الاهتداء، بل هو إظهار للرغبة في نيل المراتب العالية من معرفة الحق والوصول إلى الدرجات المتعالية من الطاعة والانقياد لله تعالى.

وكلمة "لا" ليست بزائدة ـ كما توهمه البعض ـ بل هي للتأكيد في النفي ورفع توهم العطف على الذين أنعمت عليهم.

وملخص مما ذُكر أن الصراط المستقيم هو الطريق المستوي الذي يسلكه عباد الله المخلصون الذين قد خصّهم الله بنعمه الخاصة ولم يغضب عليهم ولم يضلوا عن الحق، فيكون معنى الآية أن أرشدنا إلى ذلك الطريق المختار لمن أنعمت عليه ورضيت عنه، وهو ثابت على الحق غير منحرف عنه ولا ضال.

فتعطيراً للكلام وتنويراً للبيان نتشرف بذكر الرواية التي وردت في تفسير سورة الفاتحة المباركة، فقد روي عن ابن عباس أنه قال: كنت ليلة من الليالي عند أمير المؤمنين عليه السلام وهو يفسر فاتحة الكتاب فرأى نفسه عنده كجرَّة عند بحر عظيم، وهو عليه السلام قال: "لو شئت لأوقرت سبعين بعيراً من تفسير فاتحة

الكتاب"، وكيف لا يكون كذلك فهو الذي قال فيه الرسول الصادق ﷺ: القرآن مع عليّ وعليّ مع القرآن لا يفترقان حتى يردا عليَّ الحوض فاسألوهما ما خلفت فيهما (ارجح المطالب ص٣٤٠).

وجاء في رواية أن الإمام عليّاً ﷺ قال لابن عباس إذا صليت العشاء الآخرة فالحقني على الجبّانة، قال صليت ولحقته وكانت ليلة مقمرة، قال فقال لي: ما تفسير الألف من الحمد؟ قال: ما علمت حرفاً فيها فأجيبه، قال: فتكلم في تفسيرها ساعة تامة، ثم قال: ما تفسير اللام من الحمد؟ قلت: لا أعلم، فتكلم في تفسيرها ساعة تامة، ثم قال: ما تفسير الحاء من الحمد؟ قلت: لا أعلم، فتكلم فيها ساعة تامة، ثم قال لي ما تفسير الميم من الحمد؟ فقلت: لا أعلم، فتكلم فيها ساعة تامة، ثم قال: ما تفسير الدال من الحمد؟ قلت: لا أدري، فتكلم فيها إلى أن برق عمود الفجر، فقال لي: قُم يا أبا العباس إلى منزلك فتأهَّب لفرضك، قال أبو العباس عبد الله بن عباس: فقمت وقد وعيت كل ما قال، ثم تفكَّرت، فإذا علمي بالقرآن في علم عليٍّ كالقرارة في المنفخرة، ويدل عليه ما ورد عنه ﷺ أنه كان يقول: سَلوني عن كتاب الله، فوالله ما نزلت آية في كتاب الله في ليل ولا نهار ولا مسير ولا مقام إلا وقد أقرأني رسول الله ﷺ وعلَّمني تأويلها، فقال له ابن الكوّاء يا أمير المؤمنين، فما كان ينزل عليه من القرآن وأنت غائب عنه؟ قال: كان رسول الله ﷺ ما كان ينزل عليه من القرآن وأنا غائب عنه حتى أقدم عليه فيقرأنيه ويقول لي: يا علي أنزل الله عليَّ بعدك كذا وكذا وتأويله كذا وكذا، فيُعلِّمني تأويله وتنزيله (الاحتجاج للطبرسي، ص١٣٩).

وأما الذي ورد في تفسير الصراط المستقيم بأن المراد منه أمير المؤمنين ﷺ أو أئمة أهل البيت ﷺ، ومعنى إهدنا الصراط المستقيم أي أرشدنا إلى حُبّ محمد وأهل بيته ﷺ فذلك من باب الجري على حدِّ تعبير

بعض الأعاظم ـ والله العالم ـ، فقد ورد في كتاب معاني الأخبار عن حماد بن عيسى عن الإمام الصادق عليه السلام في قول الله عز وجل إهدنا الصراط المستقيم قال هو أمير المؤمنين ومعرفته، والدليل على أنه أمير المؤمنين قوله عز وجل وإنه في أُم الكتاب لدينا لعليٌّ حكيم وهو أمير المؤمنين في أُم الكتاب في قوله إهدنا الصراط المستقيم.

أفضل آية
من أفضل سورة

أفضل آية من أفضل سورة

لقد وردت روايات شريفة تدل على أن البسملة هي أفضل آية من آيات الكتاب العزيز بأجمعها، وقد سمّاها الرسول الكريم ﷺ سرّاً من أسرار الله وإسماً من أسمائه، وذلك عندما قال ﷺ: "إنها أخير الآيات في القرآن، وما بينها وبين اسم الله الأكبر إلا كما بين سواد العينين وبياضهما من القُرب".

وقال ﷺ أيضاً: "حينما نزلت هذه الآية: أنزلت عليّ آية لم تنزل على نبي غير سليمان بن داود وغيري وهي ﴿بِسْمِ ٱللَّهِ ٱلرَّحْمَٰنِ ٱلرَّحِيمِ﴾.

وجاء في بعض الأخبار أنه لمّا نزلت الآية المباركة ﴿بِسْمِ ٱللَّهِ ٱلرَّحْمَٰنِ ٱلرَّحِيمِ﴾ هرب الغيم إلى المشرق، وسكنت الرياح، وهاج البحر، وأصغت البهائم بآذانها، ورُجمت الشياطين من السماء، وحلف الله تعالى بعزّته وجلاله أن لا يسمى اسمه على شيء إلا بارك فيه.

ومن لطيف ما ذُكر في تحليل أحرف البسملة بأن الباء تُشير إلى بهاء الله، والسين تُشير إلى سناء الله، والميم تُشير إلى مملكة الله أو إلى مجده، والله إله الآلهة، والرحمان رحمان الدنيا والآخرة، أو الرحمن بجميع خلقه والرحيم بالمؤمنين خاصة، كما مرّ بيانه، أو الرحيم رحيم الآخرة، ويمكن أن يقال: إن الباء بركة الله، والسين سِمة الله، والميم مِنن الله.

وعن الإمام أمير المؤمنين عليه السلام قال: "الباء بهجة الله والباقي وبديع

السماوات والأرض، والسين سناء الله وسرمديته، والميم ملك الله يوم الدين يوم لا مالك غيره".

وفي رواية أنه قال عليه السلام: "الباء هو الباقي بعد فناء كل شيء، والسين هو السميع البصير، والميم هو مالك الملك". (التوحيد للصدوق، ب٣٢ و٣٣ ص٢٣٢ و٢٣٥).

ومما ورد في الفقه: استحباب قراءة ﴿بِسْمِ ٱللَّهِ ٱلرَّحْمَٰنِ ٱلرَّحِيمِ﴾ حين الأكل والشرب والوضوء والغُسل والذبح وقبل النوم وقبل كل عمل خير، وعند الإتيان بالأهل.

وقد جاء في بعض الروايات أن النبي صلى الله عليه وآله وسلم قال: إذا أتيت أهلك فسمِّ الله، فإنه إن وجد لك ولد كتب لك بعدد أنفاسه وأنفاس ذريته حسنات.

وعن ابن عباس انه قال صلى الله عليه وآله وسلم: لو أن أحدكم إذا أراد أن يأتي أهله قال بسم الله، اللهم جنّبْنا الشيطان جنّب الشيطان ما رزقتنا فإنه إن يقدّر بينهما ولد لم يضرّه الشيطان، فإنك إذا قلت تعس الشيطان: تعاظم، وقال بقوّتي صرعته، وإذا قلت بسم الله: تصاغر حتى يصير مثل الذباب.

وورد في بعض المرويات عن النبي صلى الله عليه وآله وسلم أنه إذا قام يقول: ﴿بِسْمِ ٱللَّهِ ٱلرَّحْمَٰنِ ٱلرَّحِيمِ﴾، وإذا قعد يقول: بسم الله أقعد، وإذا أكل يقول: بسم الله آكل، وإذا شرب يقول: بسم الله أشرب، وكان يبدأ كل عمل باسم الله.

وقد ورد أن أئمة أهل البيت عليهم السلام كانوا يذكرون اسم الله حين القيام والقعود والنوم والأكل والشرب والقراءة والوضوء والصلاة وحتى حين المشي والركوب وعند الدعاء، تبرّكاً وتيمّناً واستعانةً على الإتمام والتقبل وبقصد التعبّد والتقرّب إلى الله.

هذا بالنسبة إلى البسملة، وأما بالنسبة إلى سورة الفاتحة المباركة فكما

ذكرناه سابقا أنها عِدل القرآن كلّه، وفيها قال النبي الأعظم ﷺ لابن كعب: أتحبّ أن أعلّمك سورة لم تنزل لا في التوراة ولا في الإنجيل ولا في الزبور ولا في الفرقان مثلها؟ قال: نعم أي رسول الله ﷺ، فقال رسول الله ﷺ: ما تقرأ في الصلاة؟ قال: فقرأت عليه أمّ القرآن، قال ﷺ: والذي نفسي بيده هي وإنها السبع المثاني، وفيها قال الله عز وجل هي مقسومة بيني وبين عبدي.

وقال ﷺ لجابر: ألا أخبرك بأخير سورة في القرآن؟ قال: بلى يا رسول الله، قال ﷺ: إقرأ الفاتحة حتى تختمها.

عن أبي الدرداء قال، قال رسول الله ﷺ: فاتحة الكتاب تجزي ما لا يجزي شيء من القرآن، ولو أن فاتحة الكتاب جعلت في كفّة الميزان وجُعل القرآن في الكفة الأخرى لفضلت فاتحة الكتاب على القرآن سبع مرات (تفسير فتح القدير للشوكاني وأخرجه أبو نعيم في حلية الأولياء).

وفي رواية عن ابن عباس قال: بينا رسول الله ﷺ وعنده جبرائيل إذ سمع صوتاً فوقه، فرفع جبرائيل بصره إلى السماء فقال: هذا باب قد فُتح من السماء ما فُتح قط، قال فنزل منه ملك فأتى النبي ﷺ فقال: أبشِر بنورين قد أوتيتهما لم يؤتهما نبيّ قبلك: فاتحة الكتاب وخواتيم سورة البقرة، لم تقرأ حرفاً منها إلا أوتيته.

وقال النبي ﷺ: مَن صلّى صلاةً لم يقرأ فيها أُمّ الكتاب فهي خداج، قالها ثلاثاً، غير تمام (وسائل الشيعة،كتاب الصلاة، كنز العمال ج٤).

وعن الرسول الأعظم ﷺ قال: قال الله عز وجل: قسّمت الحمد بيني وبين عبدي نصفين، فنصفها لي ونصفها لعبدي، ولعبدي ما سأل، فإذا قال: ﴿ٱلْحَمْدُ لِلَّهِ رَبِّ ٱلْعَٰلَمِينَ﴾ قال الله: حمدني عبدي، وإذا قال ﴿ٱلرَّحْمَٰنِ ٱلرَّحِيمِ﴾ قال الله: أثنى عليّ عبدي، فإذا قال: ﴿مَٰلِكِ يَوْمِ ٱلدِّينِ﴾ قال الله: مجّدني عبدي وفوّض إليّ عبدي، فإذا قال ﴿إِيَّاكَ نَعْبُدُ وَإِيَّاكَ نَسْتَعِينُ﴾ قال الله هذا بيني

وبين عبدي ولعبدي ما سأل، فإذا قال ﴿ٱهۡدِنَا ٱلصِّرَٰطَ ٱلۡمُسۡتَقِيمَ * صِرَٰطَ ٱلَّذِينَ أَنۡعَمۡتَ عَلَيۡهِمۡ غَيۡرِ ٱلۡمَغۡضُوبِ عَلَيۡهِمۡ وَلَا ٱلضَّآلِّينَ﴾ قال الله: هذا لعبدي ولعبدي ما سأل.

وفي هذا الباب روايات كثيرة تدل على فضل هذه السورة المباركة. ومن المعلوم أن فضلها بما تشتمل عليه من المعارف العالية والمعالم السامية، والتي تبدأ بها هذه السورة هي البسملة، فهي تحتوي عنوان السورة وتتضمن عرفانها، فهذا أدب إلهي قد علّمه عباده لبداية أعمالهم وأقوالهم، وقد عمل به الرسول الأعظم ﷺ واستقرت سيرته الكريمة على الاقتداء بذلك، فما كان يبدأ بعمل أو قول إلا ببسم الله الرحمن الرحيم، وقد بعث بعدد من الرسائل إلى الملوك والسلاطين فكتب في بدايتها ﴿بِسۡمِ ٱللَّهِ ٱلرَّحۡمَٰنِ ٱلرَّحِيمِ﴾ من محمد بن عبد الله، أو من محمد رسول الله إلى فلان ابن فلان، وسرى ذلك في جميع رسائله من دون استثناء، فكان متأدباً بآداب ربه الكريم ومقتدياً بالسُنّة في افتتاح أموره باسم الله تعالى.

فقد ذكر في هذا المجال أنه كان يكتب في بداية الكتاب: "باسمك اللهم" أو "بسم الله" أو "بسم الله الرحمن" أو ﴿بِسۡمِ ٱللَّهِ ٱلرَّحۡمَٰنِ ٱلرَّحِيمِ﴾، وذلك بأنه كتب أول ما كتب "باسمك اللهم"، وقد جاء ذلك في أربع كتب، ثم نزلت الآية ﴿بِسۡمِ ٱللَّهِ مَجۡرٜىٰهَا وَمُرۡسَىٰهَآۚ إِنَّ رَبِّي لَغَفُورٞ رَّحِيمٞ﴾ (هود: ٤١). فكتب أول ما كتب: "بسم الله"، ثم نزلت ﴿ٱدۡعُواْ ٱللَّهَ أَوِ ٱدۡعُواْ ٱلرَّحۡمَٰنَۖ أَيّٗا مَّا تَدۡعُواْ فَلَهُ ٱلۡأَسۡمَآءُ ٱلۡحُسۡنَىٰۚ﴾ (الإسراء: ١١٠)، فكتب أول ما كتب: "بسم الله الرحمن"، ثم نزلت الآية ﴿إِنَّهُۥ مِن سُلَيۡمَٰنَ وَإِنَّهُۥ بِسۡمِ ٱللَّهِ ٱلرَّحۡمَٰنِ ٱلرَّحِيمِ﴾ (النمل: ٢٠) فكتبها بكاملها (السيرة النبوية للحلبي، ج ٣ ص٢٣).

وسيأتي البحث عن ذلك ونذكر ما هو القول الصحيح في الباب إن شاء الله، وقد بلغ عدد الكتب والرسائل وسائر كتاباته ﷺ ما يقرب ثلاثمائة أو أكثر حسب إحصاء المحققين.

ولا يخفى أن نزول البسملة كان مع كل سورة من سور القرآن غير أنها نزلت في سورة النمل كجزء منها، مضافاً إلى نزولها في بدايتها، لأنه قد صُرّح في بعض الأخبار عن الإمام الصادق عليه السلام أنه قال: ما نزل كتاب من السماء إلا وأوّله ﴿بِسۡمِ ٱللَّهِ ٱلرَّحۡمَٰنِ ٱلرَّحِيمِ﴾، وكان يعلم اختتام سورة وافتتاح أخرى بنزول البسملة (وسائل الشيعة كتاب الصلاة باب١١من ابواب القراءة).

كما ورد في الحديث عن الإمام الصادق عليه السلام أنه قال: ما أنزل الله كتاباً إلا وفاتحته ﴿بِسۡمِ ٱللَّهِ ٱلرَّحۡمَٰنِ ٱلرَّحِيمِ﴾ وإنما كان يعرف انقضاء السورة بنزول ﴿بِسۡمِ ٱللَّهِ ٱلرَّحۡمَٰنِ ٱلرَّحِيمِ﴾ ابتداءً للأخرى (جامع الأحاديث٢/ ٢٧٧) (تفسير العياشي ج١ص١٩).

فبملاحظة هذه الروايات وسائر الأدلة في الباب لا يستقيم ما ورد في الباب من أن الرسول الأعظم صلى الله عليه وآله وسلم كان يكتب "باسمك اللهم"، ثم "بسم الله"، ثم "بسم الله الرحمن"، ثم ﴿بِسۡمِ ٱللَّهِ ٱلرَّحۡمَٰنِ ٱلرَّحِيمِ﴾ لأنه ينافي ما ورد في نزول سورة الفاتحة وفيها البسملة، وكان الرسول الأعظم صلى الله عليه وآله وسلم يصلي منذ البعثة ويقرأ فيها الفاتحة وفيها ﴿بِسۡمِ ٱللَّهِ ٱلرَّحۡمَٰنِ ٱلرَّحِيمِ﴾ كاملة، وذلك قبل نزول سورة النمل والتي فيها ﴿إِنَّهُۥ مِن سُلَيۡمَٰنَ وَإِنَّهُۥ بِسۡمِ ٱللَّهِ ٱلرَّحۡمَٰنِ ٱلرَّحِيمِ﴾، وقد ثبت بنقل المحدثين من العامة والخاصة أن اختتام سورة وافتتاح أخرى كان يعلم بنزول البسملة (البحار للمجلسي: ج١٩ص٥٩، كنزالعمال للمتقي: ج٤ ص٣٠، السنن للبيهقي ج٢ ص٤٢، المستدرك للحاكم ص٢٣١).

وإن قيل: إن البسملة نزلت في جميع السور، ولكن الرسول صلى الله عليه وآله وسلم لم يفتتح كتبه بها إلا بعد نزول سورة النمل دون قبله.

فنقول: إذا كان كذلك فلم بدّل رسول الله صلى الله عليه وآله وسلم "باسمك اللهم" وكتب "بسم الله" بعد نزول سورة هود؟ ولم كتب "بسم الله الرحمن" بعد نزول سورة الإسراء؟ ولم تنزل سورة النمل بعد على ما ذكره المفسرون، وهل هذا إلا

الاستنان بما نزل عليه من الله تعالى مع أن البسملة نزلت قبل ذلك كله فهلاّ استنَّ بها؟ والحق في الباب أنه ﷺ كان مستناً بسنة الله تعالى في افتتاح جميع أموره وأعماله وكتبه بالبسملة فحسب.

ولو قيل: إن الروايات التي جاء فيها أن الرسول الأكرم ﷺ كان يكتب في رسائله ﴿بِسْمِ ٱللَّهِ ٱلرَّحْمَٰنِ ٱلرَّحِيمِ﴾ بعد نزول سورة النمل فهي متظافرة، فنقول:

أولاً: يمكن أن يكون ذلك من آفات الرواة وتصرفاتهم وتلخيص الناقلين وتنسيخهم أو من سهوهم وعدم التفاتهم إلى دقائق المعاني وغفلتهم عنها إذا لم نقل بالعمد منهم فيه.

وثانياً: إنه مُنافٍ لما ورد أن الرسول الأعظم ﷺ كتب للداريين بمكة وفيه ﴿بِسْمِ ٱللَّهِ ٱلرَّحْمَٰنِ ٱلرَّحِيمِ﴾ وذلك في سنة خمس أو ست من البعثة أو قبلها، وجاء فيه أنه ﷺ كتب بعد البسملة: بسم الله وبالله ولا غالب إلا الله ولا أحد مثل الله وبسم الله استفتح.

وثالثاً: لا توجد تلك الكتب الأربعة التي ذكرها بعض المحدثين وجاء فيها أن الرسول ﷺ كتب فيها باسمك اللهم، ولعله يبتني على ما ورد في الحديبية من إنكار سهيل بن عمرو من كتابة ﴿بِسْمِ ٱللَّهِ ٱلرَّحْمَٰنِ ٱلرَّحِيمِ﴾، (والله العالم).

وفي مكاتيب الرسول الأعظم ﷺ ورسائله بحث طويل لفظاً ومعنًى، منطوقاً ومفهوماً، سنداً وتاريخاً وهو موكول إلى محله.

ومن المؤسف أن البسملة مع عظم شأنها وشرف مكانها قد استقطعها معاوية بن أبي سفيان في الصلاة بعد الفاتحة وقبل قراءة سورة أخرى، فجاء في الخبر أنه عندما أسقطها، وأتمَّ الصلاة، ناداه المسلمون من كل مكان: يا معاوية أسرِقْتَ الصلاة أم نسيت؟ فلما صلى بعد ذلك قرأ ﴿بِسْمِ ٱللَّهِ ٱلرَّحْمَٰنِ ٱلرَّحِيمِ﴾ للسورة التي بعد أُمّ القرآن (المستدرك على

الصحيحين: ج١/ ٢٣٣)، فهو أول مَن سرق أكرم آية من كتاب الله ﴿بِسْمِ اللَّهِ الرَّحْمَٰنِ الرَّحِيمِ﴾، ففي رواية عن أبي جعفر الصادق عليه السلام أنه قال: "سرقوا أكرم آية من كتاب الله ﴿بِسْمِ اللَّهِ الرَّحْمَٰنِ الرَّحِيمِ﴾ (تفسير البرهان١/ ٤٢).

وقال الإمام أبو عبد الله جعفر الصادق عليه السلام: ما لهم قاتلهم الله عمدوا إلى أعظم آية في كتاب الله فزعموا أنها بدعة إذا أظهروها وهي ﴿بِسْمِ اللَّهِ الرَّحْمَٰنِ الرَّحِيمِ﴾ (مجمع البيان ١/ ١٩).

وقد ورد في فضل البسملة أن النبي صلى الله عليه وآله وسلم قال: "مَن قرأ ﴿بِسْمِ اللَّهِ الرَّحْمَٰنِ الرَّحِيمِ﴾ كتب الله له أربعة آلاف درجة".

وقال النبي الأعظم صلى الله عليه وآله وسلم أيضاً: "إذا مرّ المؤمن على الصراط فيقول ﴿بِسْمِ اللَّهِ الرَّحْمَٰنِ الرَّحِيمِ﴾ طُفيت لهب النار، وتقول: "جُزْ يا مؤمن فإن نورك قد طفّى لهبي" (البرهان في تفسير القرآن ١/ ٤١).

وقال الرسول الأعظم صلى الله عليه وآله وسلم: "لا يردّ دعاء أوله ﴿بِسْمِ اللَّهِ الرَّحْمَٰنِ الرَّحِيمِ﴾، فإن أمّتي يأتون يوم القيامة وهم يقولون ﴿بِسْمِ اللَّهِ الرَّحْمَٰنِ الرَّحِيمِ﴾ فتثقل حسناتهم في الميزان، فتقول الأمم ما رجح أمة محمد صلى الله عليه وآله وسلم؟ فتقول الأنبياء عليهم السلام: "أن ابتدأ كلامهم ثلاثة أسماء من أسماء الله تعالى، لو وضعت في كفّة الميزان ووضعت حسنات الخلق في كفّة أخرى لرجحت" (ذكره الزمشخري في ربيع الأبرار).

وروي عن النبي صلى الله عليه وآله وسلم قال: مَن قرأ ﴿بِسْمِ اللَّهِ الرَّحْمَٰنِ الرَّحِيمِ﴾ بنى الله له في الجنة سبعين ألف قصر من مائة ياقوتة حمراء، في كل قصر سبعون الف بيت من لؤلؤة بيضاء، في كل بيت سبعون ألف سرير من زبرجدة خضراء، فوق كل سرير سبعون ألف فراش من سندس واستبرق وعليه زوجة من حور العين، ولها سبعون ذؤابة مُكلّلة بالدر والياقوت، مكتوب على رأسها "لا إله إلا الله"

وعلى خدها الأيمن "محمد رسول الله" وعلى خدها الأيسر "علي ولي الله" وعلى جبينها "الحسن" وعلى ذقنها "الحسين" وعلى شفتيها ﴿بِسْمِ ٱللَّهِ ٱلرَّحْمَٰنِ ٱلرَّحِيمِ﴾، قلت: يارسول الله! لمن هذه الكرامة؟ قال ﷺ: لمن يقول بالحرمة والتعظيم لـ ﴿بِسْمِ ٱللَّهِ ٱلرَّحْمَٰنِ ٱلرَّحِيمِ﴾ (البرهان في تفسير القرآن ج١ ص٤٣).

وقد روي عن النبي ﷺ قال: إذا قال العبد عند منامه ﴿بِسْمِ ٱللَّهِ ٱلرَّحْمَٰنِ ٱلرَّحِيمِ﴾ يقول الله عز وجل: ملائكتي اكتبوا نفسه إلى الصباح...، (بحار الأنوار للعلامة المجلسي، ٩٢ ص٢٥٧).

وقد جاء في رواية أنه سئل النبي ﷺ هل يأكل الشيطان مع الإنسان؟ فقال ﷺ: نعم، كل مائدة لم يذكر عليها ﴿بِسْمِ ٱللَّهِ ٱلرَّحْمَٰنِ ٱلرَّحِيمِ﴾ يأكل معها الشيطان ويرفع الله البركة عنها (البحار للمجلسي ٩٢/ ٢٥٨).

وعن النبي ﷺ قال: "قال جبرئيل عن ميكائيل عن إسرافيل: قال الله عز وجل: يا إسرافيل بعزّتي وجلال وجودي وكرمي مَن قرأ ﴿بِسْمِ ٱللَّهِ ٱلرَّحْمَٰنِ ٱلرَّحِيمِ﴾ متصلاً بفاتحة الكتاب مرّة واحدة فاشهدوا عليّ أني قد غفرت له، وقبلت منه الحسنات، وتجاوزت له عن السيئات، ولا أُحرق لسانه بالنار. (القرآن وفضائله، ٢١٨).

والقول بعدم قدرة الرسول ﷺ ومعرفته بالكتابة مردود جداً، ويشهد به ما رواه الشيخ الثقة الصدوق في معاني الأخبار، وآخرون من أكابر المحدثين عن جعفر بن محمد قال: "سألت أبا جعفر محمد بن علي الرضا عليه السلام فقلت: يابن رسول الله ﷺ: لِمَ سُمّي النبي ﷺ الأُمّي؟ فقال عليه السلام: وما يقول الناس؟ قلت: يزعمون أنه سُمّي الأُمّي لأنه لم يكتب، فقال عليه السلام: كَذِبوا، عليهم لعنة الله، أنّى ذلك، والله يقول في محكم كتابه: ﴿هُوَ ٱلَّذِى بَعَثَ فِى ٱلْأُمِّيِّـۧنَ رَسُولًا مِّنْهُمْ يَتْلُوا۟ عَلَيْهِمْ ءَايَٰتِهِۦ وَيُزَكِّيهِمْ وَيُعَلِّمُهُمُ ٱلْكِتَٰبَ وَٱلْحِكْمَةَ﴾ (الجمعة: ٢)، فكيف كان يعلّمهم ما

لا يُحسن، والله لقد كان رسول الله ﷺ يقرأ ويكتب باثنين وسبعين أو قال بثلاثة وسبعين لساناً، وإنما سُمّي الأُمّي لأنه كان من أهل مكة، ومكة من أمّهات القُرى، وذلك قول الله عز وجل: ﴿وَلِتُنذِرَ أُمَّ ٱلْقُرَىٰ وَمَنْ حَوْلَهَا﴾. (ذكرها الكبار من المحدثين كالمجلسي والصدوق والصفار وغيرهم رضوان الله عليهم أجمعين)

فبناءً على صحّة الرواية، كما هو الحق، لا يبقى مجال للشك في توفر مهارة الكتابة للرسول الأعظم ﷺ بل العقل يحكم باستقلاله في الباب لاستحالة كون الشخص مُعلّماً وهو لا يقدر على القراءة والكتابة، بينما يدّعي النبوة والرسالة من الله تعالى ويبعث الرسائل إلى هنا وهناك لدعوة القبائل والشعوب إلى دين الله القويم، بل يحكم العقل بخلافه ويثبت له أعلى مراتب الكمال في كل صفة علميّة أو عمليّة، إنه أفضل أهل زمانه وأكمل أقرانه بل أفضل البشرية جمعاء، ولعلّ هذا هو السّر من التكرار الذي ورد في الآيات المباركة المتعددة بكونه مُعلّماً لتأكيد الموضوع، كما في قوله تعالى: ﴿رَبَّنَا وَٱبْعَثْ فِيهِمْ رَسُولًا مِّنْهُمْ يَتْلُوا۟ عَلَيْهِمْ ءَايَٰتِكَ وَيُعَلِّمُهُمُ ٱلْكِتَٰبَ وَٱلْحِكْمَةَ وَيُزَكِّيهِمْ﴾ (البقرة: ١٢٩)، وهذا من دعاء إبراهيم وإسماعيل عليهما السلام حين رفعا قواعد البيت.

وقوله تعالى: ﴿كَمَآ أَرْسَلْنَا فِيكُمْ رَسُولًا مِّنكُمْ يَتْلُوا۟ عَلَيْكُمْ ءَايَٰتِنَا وَيُزَكِّيكُمْ وَيُعَلِّمُكُمُ ٱلْكِتَٰبَ وَٱلْحِكْمَةَ وَيُعَلِّمُكُم مَّا لَمْ تَكُونُوا۟ تَعْلَمُونَ﴾ (البقرة: ١٥١).

وقوله عزوجل ﴿لَقَدْ مَنَّ ٱللَّهُ عَلَى ٱلْمُؤْمِنِينَ إِذْ بَعَثَ فِيهِمْ رَسُولًا مِّنْ أَنفُسِهِمْ يَتْلُوا۟ عَلَيْهِمْ ءَايَٰتِهِۦ وَيُزَكِّيهِمْ وَيُعَلِّمُهُمُ ٱلْكِتَٰبَ وَٱلْحِكْمَةَ وَإِن كَانُوا۟ مِن قَبْلُ لَفِى ضَلَٰلٍ مُّبِينٍ﴾ (آل عمران: ١٦٤).

وقوله تعالى شأنه حينما يأمر النبي ﷺ بتلاوة الكتاب ﴿ٱتْلُ مَآ أُوحِىَ إِلَيْكَ مِنَ ٱلْكِتَٰبِ﴾ (العنكبوت: ٤٥).

وقوله تعالى: ﴿وَٱتْلُ مَآ أُوحِىَ إِلَيْكَ مِن كِتَابِ رَبِّكَ﴾ (الكهف: ٢٧).

وقوله جل وعلا: ﴿هُوَ ٱلَّذِي بَعَثَ فِي ٱلْأُمِّيِّـۧنَ رَسُولًا مِّنْهُمْ يَتْلُواْ عَلَيْهِمْ ءَايَٰتِهِۦ وَيُزَكِّيهِمْ وَيُعَلِّمُهُمُ ٱلْكِتَٰبَ وَٱلْحِكْمَةَ وَإِن كَانُواْ مِن قَبْلُ لَفِي ضَلَٰلٍ مُّبِينٍ﴾ (الجمعة: ٢).

وهذه الآيات جميعها تدلّ على أن الرسول الأعظم ﷺ كان يقدر على القراءة، واما الكتابة فقد دلّت عليها الرواية التي ذكرناها آنفاً وغيرها من الأخبار الواردة في الباب، وللبحث تفاصيل يوكل إلى محله.

والحاصل: إن البسملة آية مستقلّة لها شأن عظيم ومقام رفيع، وكان النبي ﷺ يقرأها للفصل بين سورة وأخرى، ولم يعهد منه تركها في بداية أيّة سورة نزلت عليه.

وأما كلمتا "الرحمن الرحيم" فذكرهما بعد لفظ الجلالة يشعِر ارتباط الرحمة الواسعة والدائمة بها، وهذا الأمر مشهود في كثير من الآيات، بل تخصيص ذكرهما معاً أو أحدهما مستقلاً أو مع صفات أُخرى كالتوّاب والغفور والرؤوف والربّ والبرّ، للإشارة إلى إفادة الخير وإفاضته من الله تعالى، فرحمته واسعة عامة شاملة لكل مَن خلق وما خلق من الأولين والآخرين في السماوات والأرضين.

نظرة سريعة إلى الأخبار الواردة في الباب

لدى حديثنا عن البسملة نذكر بعض ما ورد من الأخبار الواردة في هذا الباب تعطيراً للكلام وتنويراً للبيان والله المستعان.

فقد ورد عن صفوان بن يحيى عمّن حدّثه، عن أبي عبد الله عليه السلام أنه سُئل عن ﴿بِسْمِ ٱللَّهِ ٱلرَّحْمَٰنِ ٱلرَّحِيمِ﴾ فقال:

الباء بهاء الله، والسين سناء الله، والميم مجد الله.

قال: قلت: الله؟

قال ﷺ: الألف آلاء الله على خلقه من النعيم بولايتنا، واللام إلزام الله خلقه ولايتنا.

قلت: فالهاء؟

قال ﷺ: هوانٌ لمن خالف محمداً وآل محمد صلوات الله عليهم.

قال: قلت: الرحمن؟

قال ﷺ: بجميع العالم.

قلت: الرحيم؟

قال ﷺ: بالمؤمنين خاصّة.

وقد مرَّ بيانه أن في مثل هذه الرواية توضيح لذكر الخاص بعد العام، لو صحَّ التعبير، ولا ينافي ذلك ما ذكرناه من التفاصيل في الموضوع فحسب.

وعن أبي الحسن علي بن محمد بن سيّار عن الحسن بن علي بن محمد ﷺ في قول الله عز وجل ﴿بِسْـــمِ ٱللَّهِ ٱلرَّحْمَٰنِ ٱلرَّحِيمِ﴾ فقال ﷺ: الله هو الذي يتألّه إليه عند الحوائج والشدائد كل مخلوق عند انقطاع الرجاء من كل مَن هو دونه، وتقطع الأسباب من جميع ما سواه، يقول: ﴿بِسْـــمِ ٱللَّهِ ٱلرَّحْمَٰنِ ٱلرَّحِيمِ﴾، أي أستعين على أموري كلّها بالله الذي لا تحقُّ العبادة إلا له، المُغيث إذا استُغيث، والمُجيب إذا دُعي، وهو ما قال رجل للصادق ﷺ يابن رسول الله دلّني على الله ما هو؟ فقد أكثر عليَّ المجادلون وحيّروني، فقال له: يا عبد الله هل ركبت سفينة قطّ؟ قال: نعم، قال ﷺ: فهل كُسرت بك حيث لا سفينة تُنجيك ولا سبحة تُغنيك؟ قال: نعم، قال ﷺ: فهل تعلّق قلبك هناك أن شيئاً من الأشياء قادر على أن يخلّصك من ورطتك؟ قال: نعم، قال الصادق ﷺ: فذلك الشيء هو الله القادر على الإنجاء حيث لا منجى، وعلى الإغاثة حيث لا مغيث، ثم قال الصادق ﷺ: ولربما ترك بعض شيعتنا في

افتتاح أمره ﴿بِسْمِ ٱللَّهِ ٱلرَّحْمَٰنِ ٱلرَّحِيمِ﴾، فيمتحنه الله بمكروه ليُنبّهه على شُكر الله تبارك وتعالى والثناء عليه، ويمحق عنه وصمة تقصيره عند تركه قول ﴿بِسْمِ ٱللَّهِ ٱلرَّحْمَٰنِ ٱلرَّحِيمِ﴾ قال: وقام رجل إلى علي بن الحسين عليه السلام فقال: أخبرني عن معنى ﴿بِسْمِ ٱللَّهِ ٱلرَّحْمَٰنِ ٱلرَّحِيمِ﴾ فقال علي بن الحسين عليه السلام: حدّثني أبي عن أخيه الحسن عن أبيه أمير المؤمنين عليه السلام أن رجلاً قام إليه فقال: يا أمير المؤمنين: أخبرني عن ﴿بِسْمِ ٱللَّهِ ٱلرَّحْمَٰنِ ٱلرَّحِيمِ﴾ ما معناها؟ فقال عليه السلام: إنَّ قولك "الله" أعظم اسم من أسماء الله عز وجل، وهو الاسم الذي لا ينبغي أن يُسمّى به غير الله، ولم يتسمّ به مخلوق، فقال الرجل: فما تفسير قوله "الله"؟ قال عليه السلام: هو الذي يتألّه إليه عند الحوائج والشدائد كل مخلوق عند انقطاع الرجاء من جميع من هو دونه، وتقطع الأسباب من كل مَن سواه، وذلك أن كل مترئِّس في هذه الدنيا ومتعظّم فيها وإن عظم غناؤه وطغيانه وكثر حوائج مَن دونه إليه فانّهم سيحتاجون حوائج لا يقدر عليها هذا المتعاظم، وكذلك هذا المتعاظم يحتاج حوائج لا يقدر عليها، فينقطع إلى الله عند ضرورته وفاقته حتى إذا كفى همّه عاد إلى شِركه، أما تسمع الله عز وجل يقول: ﴿بَلْ إِيَّاهُ تَدْعُونَ فَيَكْشِفُ مَا تَدْعُونَ إِلَيْهِ إِن شَآءَ وَتَنسَوْنَ مَا تُشْرِكُونَ﴾ (الأنعام: ٤١)، فقال الله عز وجل لعباده: أيها الفقراء إلى رحمتي إني قد ألزمتكم الحاجة إليّ في كل حال، وذلّة العبوديّة في كل وقت، فإليَّ فافزعوا في كل أمر تأخذون فيه وترجون تمامه وبلوغ غايته، فإنّي إنْ أردت أن أعطيكم لم يقدر غيري على منعكم، وإن أردت أن أمنعكم لم يقدر غيري على إعطائكم، فأنا أحقّ من سُئل، وأولى مَن تضرّع إليه، فقولوا عند افتتاح كل أمر صغير أو عظيم: ﴿بِسْمِ ٱللَّهِ ٱلرَّحْمَٰنِ ٱلرَّحِيمِ﴾ أي أستعين على هذا الأمر بالله الذي لا يحقّ العبادة لغيره، المُغيث إذا استُغيث، المُجيب إذا دُعي، الرحمان الذي يرحم ببسط الرزق علينا، الرحيم بنا في أدياننا ودنيانا وآخرتنا، خفَّف علينا الدِّين وجعله سهلاً خفيفاً، وهو يرحمنا بتمييزنا من أعدائه، ثم

قال عليه السلام: قال رسول الله صلى الله عليه وآله وسلم: مَن حزنه أمر تعاطاه فقال: ﴿بِسْمِ ٱللَّهِ ٱلرَّحْمَٰنِ ٱلرَّحِيمِ﴾ وهو مخلص له، يقبل قلبه إليه، لم ينفكَّ من إحدى اثنتين: أمّا بلوغ حاجته في الدنيا، وإمّا يعدّ له عند ربّه ويدّخر لديه، وما عند الله خيرٌ وأبقى للمؤمنين (التوحيد للصدوق رحمه الله ب ٣١ ح٥ ص٢٣١).

وعن أمير المؤمنين عليه السلام قال: فاتحة الكتاب أعطاها الله محمداً وأمّته، بدأ بها بالحمد والثناء عليه، ثم ثنّى بالدعاء لله عز وجل، ولقد سمعت رسول الله صلى الله عليه وآله وسلم يقول: قال الله عز وجل: قسّمتُ الحمد بيني وبين عبدي، فنصفها لي ونصفها لعبدي، ولعبدي ما سأل.

وإذا قال العبد ﴿بِسْمِ ٱللَّهِ ٱلرَّحْمَٰنِ ٱلرَّحِيمِ﴾ قال الله عز وجل: بدأ عبدي باسمي، حقٌّ عليَّ أن أتمم له أموره وأُبارك في أحواله.

فإذا قال ﴿ٱلْحَمْدُ لِلَّهِ رَبِّ ٱلْعَٰلَمِينَ﴾ قال الله عز وجل: حمدني عبدي وعلم أن النعم التي له من عندي، والبلايا التي اندفعت عنه بلايا الآخرة كما دفعت عنه بلايا الدنيا.

فإذا قال العبد: ﴿ٱلرَّحْمَٰنِ ٱلرَّحِيمِ﴾ قال الله عز وجل: شهد لي بأني الرحمن الرحيم، أُشهدكم لأُوَفرنَّ من رحمتي حظّه، ولأجزلنَّ من عطائي نصيبه.

فإذا قال: ﴿مَٰلِكِ يَوْمِ ٱلدِّينِ﴾ قال الله عز وجل: أُشهدكم كما اعترف بأني أنا المالك ليوم الدين لأُسهلنَّ يوم الحساب حسابه، ولأتقبلنَّ حسناته، ولأتجاوزنَّ عن سيئاته.

فإذا قال العبد: ﴿إِيَّاكَ نَعْبُدُ وَإِيَّاكَ نَسْتَعِينُ﴾ قال الله عز وجل: بي استعان وإليَّ التجأ، أُشهدكم لأُعينَنّه على أمره ولأُعينَنّه في شدائده ولآخذنَّ بيده يوم القيامة عند نوائبه.

وإذا قال: ﴿ٱهۡدِنَا ٱلصِّرَٰطَ ٱلۡمُسۡتَقِيمَ * صِرَٰطَ ٱلَّذِينَ أَنۡعَمۡتَ عَلَيۡهِمۡ غَيۡرِ ٱلۡمَغۡضُوبِ عَلَيۡهِمۡ وَلَا ٱلضَّآلِّينَ﴾ قال الله عز وجل: هذا لعبدي، ولعبدي ما سأل، قد استجبت لعبدي وأعطيته ما أمَّل، وآمنته ممّا منه وجَل (مستدرك الوسائل للنوري،ج١، ص٢٨٦، وذكرها الصدوق رحمه الله في عيون أخبار الرضا عليه السلام).

وعن الإمام الحسن العسكري عليه السلام قال: "إن الله عز وجل قد فضّل محمداً بفاتحة الكتاب على جميع النبيين، ما أعطاها أحد قبله إلا ما أعطى سليمان بن داود عليه السلام من ﴿بِسۡمِ ٱللَّهِ ٱلرَّحۡمَٰنِ ٱلرَّحِيمِ﴾ فرآها أشرف ممالكه التي أعطاها، فقال: يا ربِّ ما أشرفها من كلمات، إنها لأكثر عندي من جميع ممالكي التي وهبتها لي، قال الله تعالى: يا سليمان، وكيف لا يكون، وما من عبد ولا أَمَة سمّاني بها إلا وأوجبت له الثواب ألف ضعف ما أوجب لمن تصدّق بألف ضعف مما لك يا سليمان، هذا سُبع ما أهبه لمحمد سيد المرسلين تمام فاتحة الكتاب إلى آخرها" (تفسير العياشي،ج١ ص٢٣).

وعن إبراهيم عن أبي عبد الله عليه السلام قال: "إن الله تبارك وتعالى خلق اسماً بالحروف وهو عز وجل بالحروف غير منعوت، وباللفظ غير منطق (منطوق) وبالشخص غير مجسّد، وبالتشبيه غير موصوف، وباللون غير مصبوغ، منفي عنه الأقطار، مبعد عنه الحدود، محجوب عنه حسّ كل متوهّم، مستتر غير مستور، فجعله كلمة تامّة على أربعة أجزاء معاً، ليس منها واحد قبل الآخر، فأظهر منها ثلاثة أسماء لفاقة الخلق إليها، وحجب واحداً منها وهو الاسم المكنون المخزون بهذه الأسماء الثلاثة التي أُظهرها، فالظاهر هو الله تبارك وتعالى، وسخّر سبحانه لكل اسم من هذه أربعة أركان، فذلك اثنا عشر ركناً، ثم خلق لكل ركن منها ثلاثين اسماً، فعلاً منسوباً إليها، فهو الرحمن، الرحيم، الملك، القدّوس، الخالق، البارىء، المصوّر، الحيّ، القيّوم، لا تأخذه سِنةٌ ولا نوم، العليم، الخبير، السميع، البصير، الحكيم، العزيز،

الجبّار، المتكبّر، العليّ، العظيم، المقتدر، القادر، السلام، المؤمن، المهيمن، المنشئ، البديع، الجليل، الكريم، الرازق، المُحيي، المُميت، الباعث، الوارث. فهذه الأسماء وما كان من الأسماء الحسنى حتى تتم ثلاثمائة وستين اسماً، فهي نسبة لهذه الأسماء الثلاثة، وهذه الأسماء الثلاثة أركان وحجب الاسم الواحد المكنون المخزون بهذه الأسماء الثلاثة، وذلك قوله تعالى: ﴿قُلِ ٱدْعُوا۟ ٱللَّهَ أَوِ ٱدْعُوا۟ ٱلرَّحْمَٰنَ أَيًّا مَّا تَدْعُوا۟ فَلَهُ ٱلْأَسْمَآءُ ٱلْحُسْنَىٰ﴾ (الإسراء: ١١٠) (التوحيد للصدوق ﵀ ب٢٩، ح٣ ص١٩٠).

فبعد التأمل في الرواية يتضح لنا أهمية التسمية للذات الواجب الوجود الذي هو ببساطته أغنى من التعريف، بينما الاسم وضع للدلالة على الشيء وتعريفه ذاتاً وصفةً، والله سبحانه وتعالى يدلّ على ذاته بذاته لا بالحروف المخلوقة منه وهو معنى قوله ﵇: وهو عز وجل بالحروف غير منعوت.

هذا بالنسبة إلى الاسم الدال على الذات، وأما الاسم الدال على الصفات، فهو بملاحظة اختصاص الصفات الكمالية بأجمعها له، وحقيقة كل وصف كمالي يختص به من دون شريك، وهذا هو الفارق بين صفات المخلوق وصفات الخالق، لأنها تُطلق على الخلق بلحاظ معانيها مع الخواص المادية وعلى الله بتجرّد معانيها عن خصوصياتها المادية.

وبناءً على ذلك، فالاسم الذي يدلّ عليه ذاتاً أو صفةً فهو غيره، وهو بملاحظة النقص الموجود في الخلق لعدم قدرته على معرفته بدونه فلذا خلق الله الأسماء وهو غير محتاج إليها في تعريفها وبما أن لفظ الجلالة علم له ولا يصحّ تسمية غيره به، فإطلاقه عليه ليس بالمعنى المعهود منه.

قصة لطيفة

وقد وردت في بعض الكتب قصة لطيفة من حيث النقل وعميقة من حيث

المعنى وهي: أن قيصر ملك الروم كتب إلى الخليفة العباسي كتاباً يذكر فيه: إنّا وجدنا في الإنجيل أنه مَن قرأ سورة خالية من سبعة أحرف حرّم الله جسده على النار وهي الثاء والجيم والخاء والزاي والشين والظاء والفاء، فانا طلبنا هذه السورة في التوراة فلم نجدها، وطلبناها في الزبور فلم نجدها، فهل تجدونها في كتبكم؟ فجمع المتوكل العباسي العلماء والقضاة وسألهم عن ذلك، فلم يجبه أحد، فلم يكن عندهم جواب لهذه المسألة، فلما عجزوا عن جواب المسألة أرسل المتوكل العباسي، وقد أيِسَ من أصحابه المرتزقة الذين لم يكن عندهم علم ولا فَهْم، فلما عجزوا أرسل إلى الإمام الهادى عليه السلام فقال: "أريد منك أن تخبرني عن سورة خالية من هذه الحروف السبعة "، فقال الإمام علي الهادي عليه السلام: هي سورة الحمد (أي سورة الفاتحة) فإنها خالية من هذه السبعة أحرف، فقيل له: وما هي الحكمة في ذلك؟ وما هي العلة تكون سورة الفاتحة خالية من هذه الحروف السبعة؟ فقال الإمام الهادي عليه السلام: إن الثاء من الثبور، والجيم من الجحيم، والخاء من الخيبة، والزاء من الزقوم، والشين من الشقاوة، والظاء من الظلمة، والفاء من الفرقة، وقيل من الآفة، فأخذ الجواب وكتبه وأرسله إلى قيصر ملك الروم، فلما وصل إليه هذا التحليل فضّ الكتاب وقرأه وفرح به فرحاً شديداً وأسلم لوقته ومات على الإسلام.

ولا يخفى إن مثل هذا التحليل ليس لتأسيس المعاني الخاصة للحروف ولا المبتني على شيء من أسرارها ولا من باب التفسير لها بل الجهات الأخرى هي المنظور إليها في الكلام كما هو الظاهر، والذي يهمنا في البحث هو كون سورة الفاتحة ذات فضل وميزة، فلأئمة أهل البيت عليهم السلام دور عظيم في تقريب الأذهان إلى معاني آي القرآن حسب اقتضاء الزمان ليكون الإنسان على العرفان بأسلوب البيان من كلام الرحمن طالباً منه الرضوان والنعيم في الجنان والله ذو المن والإحسان.

وفي خاتمة الكلام عن أفضل آية من أفضل سورة من القرآن الكريم نتشرف بذكر ما روي عن أمير المؤمنين ﵇ أنه قال: "أيها الناس إن جميع أسرار الكتب السماوية في القرآن، وإن جميع أسرار القرآن في سورة الحمد، وإن جميع أسرار سورة الحمد في البسملة، وجميع أسرار البسملة في الباء التي هي في أول البسملة، وجميع أسرار البسملة في النقطة التي تحت الباء، أيها الناس وأنا النقطة التي تحت الباء" (ينابيع المودة، ص٦٩).

ونقل عن الإمام علي ﵇ انه قال في تفسير الحروف وأسرارها: إن العلم نقطة كثرها الجاهلون والألف وحدة عرفها الراسخون

أقول: إن النقطة هي الأصل في الحروف ولا يتشكل حرف بدونها بل النقطة هي بصورها المختلفة تأخذ الهيئآت الخاصة في ذاتها وتعطيها لسائر الحروف لتبيين المعاني المقصودة من المتكلم، فيكون للامام علي ﵇ دور مثلها في تبيين المعاني من كلام إلهي عظيم، وهو ﵇ بوجوده باب الله الأعظم، أي باب معرفته تعالى، وبالتالي يكون باب معرفة كلامه أيضاً كما انه ﵇ باب مدينة علم النبي ﷺ كما قال ﷺ: "علي باب علمي" (مفتاح النجا للبدخشي ص ٥٥).

وهو باب دار حكمته ﷺ كما قال ﷺ: "أنا دار الحكمة وعلي بابها". (صحيح الترمذي ج١٣ ص١٧٠، الصواعق المحرقة ص٣٧)

وهو باب مدينة فقه الرسول ﷺ كما قال ﷺ: "أنا مدينة الفقه وعلي بابها" (تفسير الثعلبي: ص١٢٤).

وهو باب جنته ﷺ كما قال ﷺ: "أنا مدينة الجنة وعلي بابها" (ينابيع المودة: ص٧٣).

وأما الذي قاله الإمام ﵇: "أنا النقطة تحت الباء" فقد ذكره الأعاظم من مفسِّري العامة والخاصة ومحدثيهم، وقد قام بعضهم بالشرح والتوضيح لكلام

الإمام عليه السلام على المباني الفلسفية والعرفانية لكشف الجهات المعنية فيه، فجزاهم الله الخير، والحق أن النقطة سر من أسرار الله ورمز من رموز علمه وأصل من أصول معارفه وأساس من أُسس معالمه فجعلها في مبدأ كلامه ومدخل بيانه لتكون علامة تدل على حقائق كتابه ومراد خطابه، وترشد إلى المعاني العالية والمفاهيم السامية والمقاصد المتعالية من الآيات المباركة لكل مَن أراد التبصر منها، والنقطة كمفتاح للباب فمن أراد العلم والمعرفة بما في الكلام الإلهي العظيم فليتوسل بمفتاح بابه ويتمسك بعروة معرفته وولائه التي لا انفصام لها، فالله يهديه إلى ما يقصده من الكتاب.

ومن المعلوم أن المراد من الكتب السماوية أعم من التوراة والإنجيل والزبور والصحف التي نزلت على الأنبياء والرسل، وهي كلها كانت مشتملة على المعارف الإلهية العظيمة والمعالم الربانية الفخيمة لهداية الخلق إلى سبيل معرفة الرب الخالق الجليل، وإلى عبادة المعبود الأحد الصمد الذي لم يتخذ صاحبة ولا ولدا، ولم يكن له شريك في الملك، ولم يكن له وليٌّ من الذلِّ، سبحانه وتعالى عما يصفه الواصفون، والقرآن الكريم هو الكتاب الجامع المصدق لما بين يديه، والناسخ لجميع الكتب المنزلة من السماء، ومنه يتضح ما قاله الإمام عليه السلام: "إن كل ما في الكتب السماوية فهو في القرآن"، وذلك تفسير لما جاء في القرآن نفسه: ﴿وَكُلَّ شَيْءٍ أَحْصَيْنَٰهُ فِيٓ إِمَامٍ مُّبِينٍ﴾، وفي كلام الإمام عليه السلام مباحث عديدة نظرا إلى جهات مختلفة من المواضيع العلمية والاعتقادية وغيرها نوكلها إلى مواردها.

وجاء في الرواية أن الأمين جبرئيل عليه السلام قال للنبي صلى الله عليه وآله وسلم: يا محمد: كنت أخشى العذاب على أمتك، فلما نزلت الفاتحة أمنت.

قال صلى الله عليه وآله وسلم: لِمَ يا جبرئيل؟

قال: لأن الله عز وجل قال: ﴿وَإِنَّ جَهَنَّمَ لَمَوْعِدُهُمْ أَجْمَعِينَ ۞ لَهَا سَبْعَةُ أَبْوَٰبٍ لِّكُلِّ بَابٍ

مِنْهُمْ جُزْءٌ مَّقْسُومٌ ﴾ (الحجر : ٤٣ ـ ٤٤)، لها سبعة أبواب لكل باب منهم جزء مقسوم" وآياتها سبع، فمن قرأها صارت كل آية طبقاً على باب من أبواب جهنم، فتمرّ أمّتك عليها سالمين.

فضائل في الأسماء

ويظهر فضل هذه السورة من أسمائها المباركة :

فهي فاتحة الكتاب ومقدمته ومرآته، وفيها كل ما في القرآن بأجمعه.

وهي ردف للقرآن وعدله.

وهي مفتاح الأسرار الإلهية والمعارف الربانية، والذي يريد أن يدخل في مدينة علوم الكتاب فليأت بالباب، وبابها سورة الفاتحة.

وهي أم الكتاب، والأم هي الأصل، ولفظة الأم تأتي بمعنى الراية للعسكر.

وهي راية لعساكر السور بآياتها وهيبة لجنودها، فهي راية القرآن.

وهي أساس الكتاب العزيز، والتي يقوم عليها بناء معالم السور بأجمعها.

وهي الكافية، فهي تكفي عن سواها ولا يكفي عنها سواها، كما يشهد بذلك لزوم قراءتها في الركعتين في الصلاة، وعدم كفاية غيرها فيهما.

وهي سورة الحمد، أي تحمل أحمدَ حمدٍ لرب العالمين.

وهي التي لا صلاة إلا بها.

وهي كدارٍ لها أبواب، ومن أبوابها باب الحمد والمعرفة، وباب الذكر، وباب الشكـر، وباب الـرجـاء، وباب الـخـوف، وبـاب الإخـلاص، وبـاب العبودية، وباب الاستعانة، وباب الدعاء، وباب الهداية.

ولها أسماء أخرى تصل إلى نيف وعشرين اسماً مثل :

سورة الصلاة.

وسورة الشكر.

وسورة الشفاء والشافية.

وسورة الدعاء، ووو.

ولكل واحد من هذه الأسماء وجه وجيه، فعلى سبيل المثال فإن في تسميتها بسورة الصلاة لتعينها في الصلاة، ولا يجوز تركها ولا تعويضها بسورة أخرى، ويعزى في تسميتها بسورة الشكر أن الحمد يساوق الشكر إذا ما قوبل بالنعمة والله منعم حقاً وحقيقة، وجوداً وبقاءً.

وقيل في سبب تسميتها بسورة السؤال والدعاء هو اشتمالها على طلب الهداية والثبات على الصراط المستقيم، صراط الذين أنعم الله عليهم غير المغضوب عليهم ولا الضالين.

وفي تسميتها بسورة الفاتحة بلحاظ افتتاح المصحف بها.

وفي تسميتها بسورة الحمد لأجل تصدر السورة به.

وفي تسميتها بسورة الاستعانة لاشتمالها عليها.

وهي التي رنّ إبليس حين نزلت. كما في الرواية.

وقد ورد في فضل البسملة عن ابن عباس في تفسير قول الله عز وجل: ﴿ٱقۡرَأۡ بِٱسۡمِ رَبِّكَ﴾ قال: "اقرأ باسم الله الرحمن الرحيم".

وقال ابن عباس: "أول ما نزل به جبرئيل على النبي ﷺ قال: يا محمد: استعذ بالله، ثم قال: ﴿بِسۡمِ ٱللَّهِ ٱلرَّحۡمَٰنِ ٱلرَّحِيمِ﴾.

وعن عبد الله بن عمر قال: إن رسول الله ﷺ قال: كان جبرئيل إذا جاء بالوحي أول ما يلقي عليّ ﴿بِسۡمِ ٱللَّهِ ٱلرَّحۡمَٰنِ ٱلرَّحِيمِ﴾.

وعن الحسن بن خرزاد انه روى عن أبي عبد الله عليه السلام قال: إذا أمَّ الرجل

القوم جاء الشيطان الذي هو قرين الإمام فيقول: هل ذَكَرَ الله، يعني هل قرأ ﴿بِسْمِ ٱللَّهِ ٱلرَّحْمَٰنِ ٱلرَّحِيمِ﴾؟ فإن قال: نعم، هربَ منه، وإن قال: لا، ركب عنق الإمام ودلّى رجليه في صدره، فلم يزل الشيطان أمام القوم حتى يفرغوا من صلاتهم. (تفسير البرهان١/ ٤٢).

وعن عيسى بن عبد الله عن أبيه عن جده عن علي عليه السلام قال: بلغه أن أناساً ينزعون ﴿بِسْمِ ٱللَّهِ ٱلرَّحْمَٰنِ ٱلرَّحِيمِ﴾، قال: هي آية من كتاب الله أنساهم إياها الشيطان.

وأخرج الثعلبي عن بعض الرواة أنه قال: كنت مع النبي صلى الله عليه وآله وسلم في المسجد إذ دخل رجل يصلّي فافتتح الصلاة وتعوّذ ثم قال ﴿ٱلْحَمْدُ لِلَّهِ رَبِّ ٱلْعَٰلَمِينَ﴾ فسمع النبي صلى الله عليه وآله وسلم فقال: يا رجل: أقطعْتَ على نفسك الصلاة؟ أما علمت أن ﴿بِسْمِ ٱللَّهِ ٱلرَّحْمَٰنِ ٱلرَّحِيمِ﴾ من الحمد، فمن تركها فقد ترك آية، ومن ترك آية أفسد عليه صلاته.

وجاء في رواية أن النبي صلى الله عليه وآله وسلم مرّ على كتاب في الأرض فقال لفتى معه: "ما في هذا؟ فقال الفتى: فيه بسم الله، فقال النبي صلى الله عليه وآله وسلم: لعن الله تعالى مَن فعل هذا، لا تضعوا بسم الله إلا في موضعه".

هذه الروايات وأمثالها كثيرة تدل بوضوح على ما للبسملة من الفضل والرفعة وعلو الشأن وعظيم المكانة عند الله تعالى، فالله اختارها لبدء الوحي منه، واختارها النبي صلى الله عليه وآله وسلم لقراءة الوحي، وبدأ بها في كل أمر ذي بال، وللبدء بها.

وقد جاء في ما روي عن ابن عباس أنه قال: قال رسول الله صلى الله عليه وآله وسلم يا جابر، ألا أُعلمك أفضل سورة أنزلها الله في كتابه؟ قال: فقال له جابر: بلى بأبي أنت وأُمي يا رسول الله علمنيها، قال فعلمه الحمد أم الكتاب، ثم قال يا جابر، ألا أُخبرك عنها؟ قال: بلى بأبي أنت وأُمي، فأخبرني فقال: هي شفاء

من كل داء إلا السام، والسام الموت" (تفسير العياشي في فضل السورة ومجمع البيان ج١ ص١٧).

وروي عن أمير المؤمنين عليه السلام قال: قال رسول الله صلى الله عليه وآله وسلم: إن الله تعالى قال لي يا محمد: ولقد آتيناك سبعاً من المثاني والقرآن العظيم، فأفرد عليّ بفاتحة الكتاب وجعلها بإزاء القرآن، وإنّ فاتحة الكتاب أشرف ما في كنوز العرش، وإنّ الله خصَّ محمداً وشرَّفه بها، ولم يشرك فيها أحداً من أنبيائه ما خلا سليمان فإنه أعطاه منها ﴿بِسْمِ ٱللَّهِ ٱلرَّحْمَٰنِ ٱلرَّحِيمِ﴾ ألا تراه يحكي عن بلقيس حين قالت إني أُلقي إليّ كتاب كريم، إنه من سليمان وإنه ﴿بِسْمِ ٱللَّهِ ٱلرَّحْمَٰنِ ٱلرَّحِيمِ﴾، ألا فمن قرأها معتقداً لموالاة محمد وآله منقاداً لأمرها مؤمناً بظاهرها وباطنها، أعطاه الله بكل حرف منها حسنةً، كل واحدة منها أفضل له من الدنيا بما فيها من أصناف أموالها وخيراتها، ومَن استمع إلى قارىء يقرأها كان له قدر ثلث ما للقارىء، فليستكثر أحدكم من هذا الخير المعرض له، فإنه غنيمة لا يذهبن أوانه فتبقى في قلوبكم الحسرة (مجمع البيان في تفسير القرآن، في فضل سورة الفاتحة).

والرواية مذكورة في العديد من كتب التفسير وذكرناها في طي الأبحاث الروائية وإنما ذكرناها هنا بملاحظة ما ذكر فيها من فضيلة قراءتها مع الاعتقاد بالولاية، وهذه الفضيلة من أسمى الفضائل لانتسابها إلى أسمى الشخصيات وأكرم الخلائق عند الله تعالى، وكيف لا يكون كذلك، فهُم الذين خلق الله الخلق لأجلهم، ولولاهم لما خلق الله ما خلق، كما في الحديث القدسي الشريف إنّ الله تعالى قال يا محمد: لولاك لما خلقت الأفلاك. وجاء فيه انه قال: لولا علي لما خلقتك، ولولا فاطمة لما خلقتكما، ففي معنى الحديث بحث طويل لأهل الفن نتركه إلى محله ولأهله، والحق أن حديثهم صعب مستصعب لا يتحمله إلا نبي مرسل أو ملك مقرب أو مؤمن امتحن الله قلبه

بالإيمان. ولنا في ذلك تفصيل آخر أكثر من الاعتقاد بإجمال المعنى وهو أن الله خلقهم من نور واحد وهم مع تعدد الأشخاص من حيث البدن خلقوا من حقيقة نورانية واحدة فلذلك قال النبي ﷺ: أوّلنا محمد وأوسطنا محمد وآخرنا محمد وكلنا محمد، وقال ﷺ: اللهم إنَّ هؤلاء أهل بيتي وخاصتي وحامتي لحمهم لحمي ودمهم دمي يؤلمني ما يؤلمهم ويحزنني ما يحزنهم، أنا حرب لمن حاربهم وسلم لمن سالمهم وعدو لمن عاداهم ومحبٌّ لمن أحبهم إنهم منّي وأنا منهم. وقد ورد في أحاديث الرسول ﷺ أنه قال: عليٌّ منّي وأنا منه، الحسن منّي وأنا منه، حسين منّي وأنا من حسين، وفي رواية ابن مسعود عن رسول الله ﷺ أنه قال: يابن مسعود، إن الله تعالى خلقني وخلق علياً والحسن والحسين من نور قدسه...، وفي هذا المعنى وردت أحاديث كثيرة بل أكثر من أن تُعد وتحصى، فمن أراد فليراجع مواردها، وهي بكثرتها واختلاف عباراتها تدل على ما ذكرنا من الوحدة النورانية للذوات المقدسة، وولايتهم من أُسس الإسلام، كما وردت بذلك نصوص صحيحة وفيها: إن الإسلام بُني على خمسة أشياء: على الصلاة والزكاة والحج والصوم والولاية، فجعل في أربع منها رخصة ولم يجعل في الولاية رخصة، مَن لم يكن له مال لم تكن عليه الزكاة، ومَن لم يكن له مال فليس عليه الحج، ومَن كان مريضاً صلى قاعداً وفطرَ شهر رمضان، وأما الولاية فصحيحاً كان أو مريضاً أو ذا مال أو لا مال له، فهي لازمة، ولم يناد بشيء كما نودي بالولاية.

وقد وردت في فضيلة البسملة قصة جميلة وهي تدل على مدى اهتمام الأئمة المعصومين عليهم السلام بتوجيه محبيهم وأمرهم بذكرها، ومن تلك ما يلي:

فقد روى محمد بن جعفر بن العاصم عن أبيه عن جده قال: حججت ومعي جماعة من أصحابنا فأتيت المدينة فقصدنا مكانا ننزله، فاستقبلنا غلام لأبي الحسن موسى بن جعفر عليه السلام على حمارٍ له أخضر يتبعه الطعام، فنزلنا بين

النخل، وجاء هو فنزل وأتى بالطست والماء، فبدأ وغسل يديه وأُدير الطست عن يمينه حتى بلغ آخرنا، ثم قدَّم الطعام فبدأ بالملح ثم قال: كلوا ﴿بِسْمِ ٱللَّهِ ٱلرَّحْمَٰنِ ٱلرَّحِيمِ﴾ ثم ثنّى بالخل، ثم أتى بكتف مشويّ فقال: كلوا ﴿بِسْمِ ٱللَّهِ ٱلرَّحْمَٰنِ ٱلرَّحِيمِ﴾، فإن هذا طعام كان يعجب النبي ﷺ، ثم أتى بالخل والزيت فقال: كلوا ﴿بِسْمِ ٱللَّهِ ٱلرَّحْمَٰنِ ٱلرَّحِيمِ﴾، فإن هذا الطعام كان يعجب فاطمة عليها السلام، ثم أتى بالسكباج فقال: كلوا ﴿بِسْمِ ٱللَّهِ ٱلرَّحْمَٰنِ ٱلرَّحِيمِ﴾ فإن هذا الطعام كان يعجب أمير المومنين عليه السلام، ثم أتى بلحم مقلوّ فيه باذنجان فقال: كلوا ﴿بِسْمِ ٱللَّهِ ٱلرَّحْمَٰنِ ٱلرَّحِيمِ﴾ فإن هذا طعام كان يعجب الحسن بن علي عليهما السلام، ثم أتى بلبن حامض قد ثردَ، فقال: كلوا ﴿بِسْمِ ٱللَّهِ ٱلرَّحْمَٰنِ ٱلرَّحِيمِ﴾ فإن هذا طعام كان يعجب الحسين بن علي عليهما السلام، ثم أتى بأضلاع باردة، فقال: كلوا ﴿بِسْمِ ٱللَّهِ ٱلرَّحْمَٰنِ ٱلرَّحِيمِ﴾ فإن هذا طعام كان يعجب علي بن الحسين عليهما السلام، ثم أتى بجبن مبرز فقال: كلوا ﴿بِسْمِ ٱللَّهِ ٱلرَّحْمَٰنِ ٱلرَّحِيمِ﴾ فإن هذا طعام كان يعجب محمد بن علي عليهما السلام، ثم أتى بتور فيه بيض كالعجة فقال كلوا: ﴿بِسْمِ ٱللَّهِ ٱلرَّحْمَٰنِ ٱلرَّحِيمِ﴾ فإن هذا طعام كان يعجب أبي جعفر عليه السلام، ثم أتى بحلواء فقال: كلوا ﴿بِسْمِ ٱللَّهِ ٱلرَّحْمَٰنِ ٱلرَّحِيمِ﴾ فإن هذا طعام يعجبني...، إلى أن قال: هذا مما علَّمني الإمام موسى بن جعفر عليه السلام لذكر التسمية حين الأكل والشرب. (القصة).

آيات مباركة
تحدثت عن التسمية

آيات مباركة تحدثت عن التسمية

في هذا المقطع نتبارك ونتيمّن بذكر الآيات المباركة التي وردت في القرآن الكريم والتي فيها أُشير إلى "اسم الله" تعالى بوجه من الوجوه ونترك البحث عما يتعلق بها من الأحكام التفصيلية لمواردها، كما نترك ذكر الآيات التي وردت فيها صيغة الجمع أي "الأسماء"، وذلك لأجل أن لا نخرج من المطاف:

الآية الأولى:

﴿يَسْـَٔلُونَكَ مَاذَآ أُحِلَّ لَهُمْ ۖ قُلْ أُحِلَّ لَكُمُ ٱلطَّيِّبَٰتُ ۙ وَمَا عَلَّمْتُم مِّنَ ٱلْجَوَارِحِ مُكَلِّبِينَ تُعَلِّمُونَهُنَّ مِمَّا عَلَّمَكُمُ ٱللَّهُ ۖ فَكُلُوا۟ مِمَّآ أَمْسَكْنَ عَلَيْكُمْ وَٱذْكُرُوا۟ ٱسْمَ ٱللَّهِ عَلَيْهِ ۖ وَٱتَّقُوا۟ ٱللَّهَ ۚ إِنَّ ٱللَّهَ سَرِيعُ ٱلْحِسَابِ﴾ (المائدة: ٤).

ويظهر من الآية مضافا إلى سائر الأحكام أن حلّية الحيوان المصطاد تتوقّف على التسمية من قبل المرسل، فلا يحل من دون ذكر اسم الله عليه، فمن الآثار البارزة لاسم الله تعالى هو التحليل والتذكية، كما تدل عليه أيضاً الآية المباركة الآنفة الذكر.

الآية الثانية:

﴿فَكُلُوا۟ مِمَّا ذُكِرَ ٱسْمُ ٱللَّهِ عَلَيْهِ إِن كُنتُم بِـَٔايَٰتِهِۦ مُؤْمِنِينَ ۞ وَمَا لَكُمْ أَلَّا تَأْكُلُوا۟ مِمَّا ذُكِرَ ٱسْمُ

ٱللَّهِ عَلَيۡهِ وَقَدۡ فَصَّلَ لَكُم مَّا حَرَّمَ عَلَيۡكُمۡ إِلَّا مَا ٱضۡطُرِرۡتُمۡ إِلَيۡهِۗ وَإِنَّ كَثِيرٗا لَّيُضِلُّونَ بِأَهۡوَآئِهِم بِغَيۡرِ عِلۡمٍۚ إِنَّ رَبَّكَ هُوَ أَعۡلَمُ بِٱلۡمُعۡتَدِينَ﴾ (الأنعام: ١١٨ ـ ١١٩).

الآية الثالثة:

﴿وَلَا تَأۡكُلُواْ مِمَّا لَمۡ يُذۡكَرِ ٱسۡمُ ٱللَّهِ عَلَيۡهِ وَإِنَّهُۥ لَفِسۡقٞۗ وَإِنَّ ٱلشَّيَٰطِينَ لَيُوحُونَ إِلَىٰٓ أَوۡلِيَآئِهِمۡ لِيُجَٰدِلُوكُمۡۖ وَإِنۡ أَطَعۡتُمُوهُمۡ إِنَّكُمۡ لَمُشۡرِكُونَ﴾ (الأنعام: ١٢١).

والآية (١١٨) فقد ورد فيها تأكيد صريح بوجوب ذكر اسم الله تعالى على الذبيحة.

وأما الآية (١١٩) فقد ورد النهي عن ترك ما لم يُذكر اسم الله عليه، وعدّ ذلك من الضلال والاعتداء. ومن المعلوم أن الضلال هو الخروج عن طاعة الله، فيُستنتج منه أن أكل ما لم يُذكر اسم الله عليه هو من المعاصي، بل ومن الشرك لمكان إطاعة الشيطان فيه، ومن العدوان والاعتداء المنهيّين البتة.

وفي الآية (١٢١) ورد النهي الصريح عن أكل ما لم يُذكر اسم الله عليه، وعدّ ذلك من الفسق، ومن المعلوم أن الفسق هو العصيان والخروج عن طريق الحق والصواب والعدول عن الدين وطاعة ربّ الأرباب.

الآية الرابعة:

﴿وَقَالُواْ هَٰذِهِۦٓ أَنۡعَٰمٞ وَحَرۡثٌ حِجۡرٞ لَّا يَطۡعَمُهَآ إِلَّا مَن نَّشَآءُ بِزَعۡمِهِمۡ وَأَنۡعَٰمٌ حُرِّمَتۡ ظُهُورُهَا وَأَنۡعَٰمٞ لَّا يَذۡكُرُونَ ٱسۡمَ ٱللَّهِ عَلَيۡهَا ٱفۡتِرَآءً عَلَيۡهِۚ سَيَجۡزِيهِم بِمَا كَانُواْ يَفۡتَرُونَ﴾ (الأنعام: ١٣٨).

ففي هذه الآية ذمّ الله تعالى المشركين لعدم ذكرهم اسمه على ذبائحهم وكانوا يفترون على الله كذباً بأنه أمرهم بذلك، وكانوا إذا ذكّوها أهلّوا عليها بأصنامهم، فحرّم الله تعالى الذبائح التي لم يُذكر اسمه عليها.

الآية الخامسة:

﴿وَأَذِّن فِي ٱلنَّاسِ بِٱلۡحَجِّ يَأۡتُوكَ رِجَالٗا وَعَلَىٰ كُلِّ ضَامِرٖ يَأۡتِينَ مِن كُلِّ فَجٍّ عَمِيقٖ * لِّيَشۡهَدُواْ مَنَٰفِعَ لَهُمۡ وَيَذۡكُرُواْ ٱسۡمَ ٱللَّهِ فِيٓ أَيَّامٖ مَّعۡلُومَٰتٍ عَلَىٰ مَا رَزَقَهُم مِّنۢ بَهِيمَةِ ٱلۡأَنۡعَٰمِۖ فَكُلُواْ مِنۡهَا وَأَطۡعِمُواْ ٱلۡبَآئِسَ ٱلۡفَقِيرَ﴾ (الحج: ٢٧ ـ ٢٨).

ففي الآية دلالة واضحة على وجوب ذكر اسم الله على البهائم حين الذبح والنحر وجملة "فكلوا منها" تدل على جواز أكل لحومها بعدما يُذكر اسم الله عليها عند الذبح، وبدونه فلا يجوز أكلها لعدم التذكية.

الآية السادسة:

﴿وَلِكُلِّ أُمَّةٖ جَعَلۡنَا مَنسَكٗا لِّيَذۡكُرُواْ ٱسۡمَ ٱللَّهِ عَلَىٰ مَا رَزَقَهُم مِّنۢ بَهِيمَةِ ٱلۡأَنۡعَٰمِۗ﴾ (الحج: ٣٤).

والآية تدل على تشريع الإضحية في جميع الأمم ووجوب ذكر اسم الله على الذبائح.

الآية السابعة:

﴿وَٱلۡبُدۡنَ جَعَلۡنَٰهَا لَكُم مِّن شَعَٰٓئِرِ ٱللَّهِ لَكُمۡ فِيهَا خَيۡرٞۖ فَٱذۡكُرُواْ ٱسۡمَ ٱللَّهِ عَلَيۡهَا صَوَآفَّۖ فَإِذَا وَجَبَتۡ جُنُوبُهَا فَكُلُواْ مِنۡهَا وَأَطۡعِمُواْ ٱلۡقَانِعَ وَٱلۡمُعۡتَرَّۚ كَذَٰلِكَ سَخَّرۡنَٰهَا لَكُمۡ لَعَلَّكُمۡ تَشۡكُرُونَ﴾ (الحج: ٣٦)، وهذه الآية أيضاً تأمرنا بذكر اسمه تعالى على الإضحية.

الآية الثامنة:

﴿ٱلَّذِينَ أُخۡرِجُواْ مِن دِيَٰرِهِم بِغَيۡرِ حَقٍّ إِلَّآ أَن يَقُولُواْ رَبُّنَا ٱللَّهُۗ وَلَوۡلَا دَفۡعُ ٱللَّهِ ٱلنَّاسَ بَعۡضَهُم بِبَعۡضٖ لَّهُدِّمَتۡ صَوَٰمِعُ وَبِيَعٞ وَصَلَوَٰتٞ وَمَسَٰجِدُ يُذۡكَرُ فِيهَا ٱسۡمُ ٱللَّهِ كَثِيرٗاۗ وَلَيَنصُرَنَّ ٱللَّهُ مَن يَنصُرُهُۥٓۚ إِنَّ ٱللَّهَ لَقَوِيٌّ عَزِيزٌ﴾ (الحج: ٤٠).

في هذه الآية اختصّ حكم منع انهدام المعابد بالذِّكْر، والله جل وعلا دفع بعضهم ببعض لحفظ المعابد التي يذكر فيها اسمه كثيراً، ومن دون فرق بين المعابد، لأن القدر المشترك فيها هو ذكر الله كثيراً، والصوامع جمع صومعة، ويُطلق على المكان الذي كان يُتخذ في البراري والجبال ويسكنه الزُّهاد والمعتزلون من الناس للعبادة، والبِيَع جمع بيعة هو معبد اليهود والنصارى.

والصلوات جمع صلاة وهي مصلّى اليهود، سمّي بها من باب تسميته المحل باسم الحال كما أُريد بها المسجد في قوله تعالى: ﴿لَا تَقْرَبُوا۟ ٱلصَّلَوٰةَ - أي المسجد - وَأَنتُمْ سُكَٰرَىٰ - إلى قوله - وَلَا جُنُبًا إِلَّا عَابِرِى سَبِيلٍ﴾، وقيل: هي معرَّب "صلوثا، بالثاء المثلثة، والقصر، وهي بالعبرانية المصلّى، والمساجد جمع مسجد وهو معبد المسلمين - كما صرح به في كتب التفاسير، فللآية بحث واسع لامجال لبيانه هنا، والذي يهمنا في المقام هو النظر إلى ما لذِكر اسم الله تعالى في المعابد من الدور الأساسي الكبير، وهو قيام أصل الدين على أساسه وبسببه.

الآية التاسعة:

﴿تَبَٰرَكَ ٱسْمُ رَبِّكَ ذِى ٱلْجَلَٰلِ وَٱلْإِكْرَامِ﴾ (الرحمن: ٧٨).

وهي آخر آية من سورة "الرحمن" المباركة والتي ذكر الله تعالى فيها النعم التي أنعمها على الإنسان من خلقه وتعليمه البيان، وخلق الشمس والقمر والنجوم والشجر والسماء والأرض والجان وسائر الخلائق جميعها، وقد يكون قد عنى التبرك باسمه تعالى، وفي ذلك إشعار إلى دوره في الأمور المذكورة في السورة، كما لا يخفى على أهل المعرفة.

فباسمه المبارك يتلبس الخلق بزيّ الوجود، فللموجودات بأسرها علاقة وجودية بالاسم.

وبه خلقَ الإنسان في أحسن تقويم وعلّمه ما لم يعلم، فكل ما للإنسان من الميزات الوجودية والمقامات العلمية مصدرها الاسم الإلهي العظيم.

وبه هداه السبيل ﴿إِنَّا هَدَيْنَٰهُ ٱلسَّبِيلَ . . .﴾ (الإنسان: ٣)، فالهداية معطاة من الله بالاسم.

وبه كرّمه وحمله في البرّ والبحر ورزقه من الطيبات وفضّله على كثير ممن خلق، وسخّر له ما في السماوات وما في الأرض جميعاً منه، وسخّر له الليل والنهار، والشمس والقمر، والنجوم والأفلاك، والبحار والجبال والطيور والرياح والسحاب، فكل ما يتيسر له من النعم السماوية والأرضية والقدرات التسخيرية لسائر الموجودات من بركات الاسم.

وبه جعل له الأرض مهاداً والجبال أوتاداً، ونومه سُباتاً والليل لباساً والنهار معاشا وسراجاً وهّاجاً، فكل ما يحتاجه الإنسان في الحياة مبدؤه الاسم.

وبه أنزل من المعصرات ماءً ثجّاجاً ليُخرج به حبّاً ونباتاً وجنّاتٍ ألفافاً.

وبه جعل له السمع والبصر والفؤاد، فكل ما له من القوى الفعالة في وجوده من جميل آثار الاسم.

وبه خلق الموت والحياة ليبلو الإنسان أيّه أحسن عملاً، فبالاسم قام نظام الكون على أساسه وجرى على مرامه.

وبه خلق سبع سماوات طباقاً، فالاسم مصدر الفيض الإلهي للعالم السماوي وجوداً وبقاءً.

وبه زيّن السماء الدنيا بمصابيح وجعلها رجوماً للشياطين، فالاسم مظهر الجمال ومطلع الكمال.

وبه يُجيب المضطر إذا دعاه ويكشف السوء ﴿أَمَّن يُجِيبُ ٱلْمُضْطَرَّ إِذَا دَعَاهُ وَيَكْشِفُ ٱلسُّوٓءَ﴾.

وبه يقبل التوبة ويغفر الذنوب ويكفّر عن السيئات، فالتائب يتوسل بالاسم لقبول توبته والمذنب يدعو ربه بالاسم لغفران ذنوبه والمسيء يتضرع إلى الله بالاسم للتجاوز عن سيئاته، فلكل من المحتاجين أمل في الاسم.

وبه يشفي المرضى ويُنجي الغرقى، فالمريض يستمتع بالعافية بالاسم، والغريق يستمسك بالاسم للنجاة.

وبه يُحيي الموتى، فبالاسم يتميز الحي عن الميت.

وبه يُنزّل من السماء ماءً ليُحيي به الأرض بعد موتها، فالاسم هو الوسيط في نزول الماء الذي جعل الله كل شيء منه ﴿وَجَعَلْنَا مِنَ ٱلْمَآءِ كُلَّ شَيْءٍ حَيٍّ﴾ (الأنبياء: ٣٠).

وبه يصرّف الرياح، (وفي تصريف الرياح آيات لأولي الالباب).

وبه يكوّر الليل على النهار ويكوّر النهار على الليل، فبالاسم يستوي نظم الليل والنهار الذي به قوام الحياة.

وبه يُغشي الليل وبه يتجلّى النهار، فالاسم باب وحجاب.

وبه تجري الشمس لمُستقرٍّ لها، وبه يتلوها القمر، فالاسم مدار النور في الحياة والمحور الحقيقي لتنوير العوالم في ظل الأمر الإلهي.

وبه يتم تدبير الأمور وتقديرها، فكل في فلك يسبحون بالاسم.

وبه تقوم سُنّة الله لعباده في معاشهم ومعادهم، فللاسم دور حيوي في الكون والكائنات وقيام الموجودات على أُسسها.

تبارك اسمه وجلّ ذِكره.

الآية العاشرة:

﴿فَسَبِّحْ بِٱسْمِ رَبِّكَ ٱلْعَظِيمِ﴾ (الواقعة: ٧٤، ٩٦، الحاقّة: ٥٢).

هذه الآية المباركة جاءت في موضعين من سورة "الواقعة" المباركة:

الموضع الأول فيما ذكر الله تعالى آثار قدرته حيث يقول: ﴿أَفَرَءَيْتُم مَّا تُمْنُونَ * ءَأَنتُمْ تَخْلُقُونَهُۥٓ أَمْ نَحْنُ ٱلْخَٰلِقُونَ...﴾ (الواقعة: ٥٨ ـ ٥٩)، ﴿أَفَرَءَيْتُم مَّا تَحْرُثُونَ * ءَأَنتُمْ تَزْرَعُونَهُۥٓ أَمْ نَحْنُ ٱلزَّٰرِعُونَ...﴾ (الواقعة ٦٣ ـ ٦٤)، ﴿أَفَرَءَيْتُمُ ٱلْمَآءَ ٱلَّذِى تَشْرَبُونَ * ءَأَنتُمْ أَنزَلْتُمُوهُ مِنَ ٱلْمُزْنِ أَمْ نَحْنُ ٱلْمُنزِلُونَ...﴾ (الواقعة ٦٨ ـ ٦٩)، ﴿أَفَرَءَيْتُمُ ٱلنَّارَ ٱلَّتِى تُورُونَ * ءَأَنتُمْ أَنشَأْتُمْ شَجَرَتَهَآ أَمْ نَحْنُ ٱلْمُنشِـُٔونَ...﴾ (الواقعة: ٧١ ـ ٧٢)، ﴿فَسَبِّحْ بِٱسْمِ رَبِّكَ ٱلْعَظِيمِ﴾ (الواقعة: ٧٤).

والموضع الثاني في آخر السورة بعد ذِكر القسَم بمواقع النجوم وبعد ذِكر يوم الحساب وأحواله حيث قال جل وعلا: ﴿إِنَّ هَٰذَا لَهُوَ حَقُّ ٱلْيَقِينِ * فَسَبِّحْ بِٱسْمِ رَبِّكَ ٱلْعَظِيمِ﴾.

فبعد التفكر والتدبر في الموضعين، يتضح ما في الآية من الإشعار إلى شأن الإسم.

الآية الحادية عشرة:

﴿وَٱذْكُرِ ٱسْمَ رَبِّكَ وَتَبَتَّلْ إِلَيْهِ تَبْتِيلًا﴾ (المزمّل: ٨).

موقع الآية من السورة يدعو إلى لزوم التفكر أكثر فأكثر فيما ذكر قبلها من المعاني العالية والمعارف المتعالية.

وللسورة فضائل كثيرة منها ما رواه أُبيّ بن كعب عن الرسول الأعظم ﷺ أنه قال: "ومَن قرأ سورة المزمل رفع عنه العسر في الدنيا والآخرة ".

ومنها ما رواه ابن حازم، عن الإمام أبي عبد الله عليه السلام أنه قال: "ومَن قرأ سورة المزمل في العشاء الآخرة أو في آخر الليل كان له الليل والنهار شاهدَين مع السورة، وأحياه الله حياة طيبة، وأماته ميتة طيبة، كما في المجمع.

تبدأ السورة بالتخاطب مع النبي ﷺ بتزمّله بعباءة النبوة أو بتلبّسه بثيابه المتلفف بها، وتأمره بقيام الليل والصلاة فيه وخيّره في تحديد ساعاتها، كما عن أمير المؤمنين عليه السلام تخفيفاً له، أي كان مخيّراً بين قيام النصف والقيام بأقل من النصف، وتخيّره عن إلقاء القول الثقيل عليه من الله تعالى.

ومن المؤسف جداً أن المفسرين ذهبوا في تفسير مفردة" الثقيل" إلى معانٍ بعيدة عن الواقع وأجنبيّة عن عظمة المتكلم والمخاطب وغير ملائم مع الذوق الديني، مضافاً إلى القواعد العامة للكلام، واستدلوا ببعض الروايات التي لا مساس لها بالموضوع، ولسنا بصدد العرض والرد عليها في المقام، ومن أراد التفصيل فليراجع كتب التفسير من الخاصة والعامة، ثم تذكر السورة ما لقيام الليل من عظيم الشأن وعلو المقام عند الرب الرحيم، وما له من الدور الكبير في التقرب إلى الله تعالى، وحينئذ تأمره بذكر اسم الرب وبالإخلاص التام له وذلك بعد الانقطاع عن غيره تماماً، فيا للاسم من الكرامة والعز.

وهنا قول وجيه في الآية بأن المراد منها البسملة أي إقرأ ﴿بِسْمِ ٱللَّهِ ٱلرَّحْمَٰنِ ٱلرَّحِيمِ﴾ في ابتداء صلاتك، توصلك بركة قراءتها إلى ربك وتقطعك عمّن سواه، والله العالم.

الآية الثانية عشرة:

﴿وَٱذْكُرِ ٱسْمَ رَبِّكَ بُكْرَةً وَأَصِيلًا﴾ (الإنسان: ٢٥).

هذه الآية المباركة هي من سورة تسمى بـ "الدهر" و"الإنسان" و"الأبرار" و"سورة هل أتى"، والذي ورد عن النبي ﷺ: "أن من قرأها كان جزاؤه على الله جنة وحريراً".

تبدأ السورة بتذكير الإنسان حينما لم يكن شيئاً مذكوراً، أي تذكّره بالزمان الذي سبق خلقه بصورة الإنسان، وفي أوائل آياتها ذكرت قصّة معروفة عن

مرض الحسن والحسين عليهما السلام ونذر أهل البيت عليهم السلام بصوم ثلاثة أيام وإيفائه، ومجيء المسكين واليتيم والأسير على الباب في كل يوم حين الإفطار، وإعطاء أهل البيت عليهم السلام لهم ما أعدّوه للإفطار من الطعام، الخ، وذكر الآخرة واختصاص نعيمها للأبرار في بضع آيات، ثم تبدأ الآيات بذكر تنزل القرآن على النبي صلى الله عليه وآله وعن سيرته يحدثنا الله سبحانه في قوله: ﴿وَٱذْكُرِ ٱسْمَ رَبِّكَ بُكْرَةً وَأَصِيلًا﴾، حيث أمرَهُ بذكر اسمه على صورة الدوام لاحتواء لفظتي "بكرة وأصيلا" في جميع الأوقات، والمراد كثرة الذِّكر بناءً على عدم إرادة الصلاة هنا، وإلا فيكون المعنى المداومة على الصلوات، وهو يخالف الذوق القرآني، فالأول هو الملائم بالأسلوب، وبما أن الإنسان في حياته يحتاج إلى عنايات خاصة إلهيّة وليس له غنًى عنها في حال من الأحوال، فعليه أن يذكر اسم ربه الكريم ليتمتع بما فيه من الألطاف الربانية والمواهب الرحمانية، لأن الله سبحانه وتعالى لم يخلق خلقاً أفضل وأشرف من الإنسان، وهو به رؤوف رحيم، فخلق كلما خلق لأجله وجعل مفتاح العالم كله في يده بتسخيره له، وجعل أمر الخلق والإحياء والإماتة له بإذنه، ومنَّ عليه بالنعم الظاهرة والباطنة، ووعده بالحُسنى.

فلإسم الرب دور كبير في حياة الإنسان، وينبغي أن يكون ذاكراً به بكرةً وأصيلاً لاقتضاء عبوديّته ذلك ودوام فقره وحاجته إلى مولاه.

وفي ذكر "بكرة" أول النهار، و"أصيلا" أي العشي، وهو وقت العشاء وهو أصل الليل، إشعار إلى شمول جميع آناء اليوم حينما هو منشغل بما يهمه في الحياة.

الآية الثالثة عشرة:

﴿قَدْ أَفْلَحَ مَن تَزَكَّىٰ * وَذَكَرَ ٱسْمَ رَبِّهِۦ فَصَلَّىٰ﴾ (الأعلى: ١٤ ـ ١٥).

هتان الآيتان هما من سورة "الأعلى" المباركة والتي ذُكرت فيها صفات الله العالية، وفيها قال النبي ﷺ: "مَن قرأها أعطاه الله من الأجر عشر حسنات بعدد كل حرف أنزله الله على إبراهيم ﵇ وموسى ﵇ ومحمد ﷺ". تبدأ السورة بأمر الله للنبي ﷺ بالتسبيح باسم الرب الأعلى، والظاهر أن "الأعلى" صفة للإسم دون الرب، إلى أن قال: ﴿قَدْ أَفْلَحَ مَن تَزَكَّىٰ ۝ وَذَكَرَ ٱسْمَ رَبِّهِ فَصَلَّىٰ﴾ الفوز والفلاح في الدنيا والآخرة يتوقف على التزكّي، أي تطهّر النفس من دنس المعصية وتزيّنها بحُلى الطاعة، ويشهد ذلك ما جاء في بداية سورة (المؤمنون) بقوله تعالى: ﴿قَدْ أَفْلَحَ ٱلْمُؤْمِنُونَ ۝ ٱلَّذِينَ هُمْ فِي صَلَاتِهِمْ خَٰشِعُونَ ۝ وَٱلَّذِينَ هُمْ عَنِ ٱللَّغْوِ مُعْرِضُونَ ۝ وَٱلَّذِينَ هُمْ لِلزَّكَوٰةِ فَٰعِلُونَ ۝ وَٱلَّذِينَ هُمْ لِفُرُوجِهِمْ حَٰفِظُونَ ۝ إِلَّا عَلَىٰ أَزْوَٰجِهِمْ أَوْ مَا مَلَكَتْ أَيْمَٰنُهُمْ فَإِنَّهُمْ غَيْرُ مَلُومِينَ ۝ فَمَنِ ٱبْتَغَىٰ وَرَآءَ ذَٰلِكَ فَأُوْلَٰئِكَ هُمُ ٱلْعَادُونَ ۝ وَٱلَّذِينَ هُمْ لِأَمَٰنَٰتِهِمْ وَعَهْدِهِمْ رَٰعُونَ ۝ وَٱلَّذِينَ هُمْ عَلَىٰ صَلَوَٰتِهِمْ يُحَافِظُونَ ۝ أُوْلَٰئِكَ هُمُ ٱلْوَٰرِثُونَ ۝ ٱلَّذِينَ يَرِثُونَ ٱلْفِرْدَوْسَ هُمْ فِيهَا خَٰلِدُونَ﴾ (المؤمنون: ١ ـ ١١).

فهذه الآيات تبيّن ما يضمن الفلاح للمؤمنين من الأعمال، أي الخشوع في الصلوات، والإعراض عن اللغو، وأداء الزكاة، والحفظ للفروج، والرعاية للأمانات، والدوام على إقامة الصلوات، وبعد دقّة النظر في كل واحد منها يظهر للمتأمل الخبير والعارف النبيل أن التزكّي وذكر الاسم يعادلها جميعاً لمكان الإجمال والتفصيل، وبناءً على القول بعدم كون المورد مخصصاً يتضح ما في ذكر الاسم من السرّ الإلهي العظيم، ويؤيد المطلوب ما جاء في القرآن الكريم من بيان وجوه الفلاح وأسبابه، فهي بالإجمال تعني ما يلي:

الأول: التقوى.

الثاني: الإيمان بالغيب.

الثالث: اقامة الصلاة والمحافظة عليها.

الرابع: الإنفاق في سبيل الله في جميع الأحوال.

الخامس: الإيمان بالمُنزل على النبي ﷺ ومن قبله من الرسل عليهم السلام.

السادس: الإيقان بالآخرة.

السابع: الدعوة إلى الخير.

الثامن: الأمر بالمعروف والنهي عن المنكر.

التاسع: الصبر بجميع أقسامه.

العاشر: الاستقامة في العقيدة والعمل وفي السراء والضراء.

الحادي عشر: المرابطة.

الثاني عشر: المراقبة عن حدود الله تعالى.

الثالث عشر: ترك أكل الربا.

الرابع عشر: ابتغاء الوسيلة إلى الله جل وعلا.

الخامس عشر: الجهاد في سبيل الله سبحانه وتعالى.

السادس عشر: الاجتناب عن أعمال الشيطان.

السابع عشر: ذكر ما أنعم الله تعالى من الوجود والصحة والمال والأولاد والكرامة والتوفيق للأعمال الصالحة والتجنب عن المعاصي.

الثامن عشر: الثبات في مقابل العدو.

التاسع عشر: كثرة ذكر الله.

العشرون: الركوع والسجود والعبادة وفعل الخيرات.

الواحد والعشرون: التوبة والإنابة بعد ارتكاب المعصية وقبلها.

الثاني والعشرون: إيتاء الحقوق لذويها مع قصد الوجه والتقرب إلى الله عز شأنه.

الثالث والعشرون: الإطاعة التامة قولاً وفعلاً.

الرابع والعشرون: ترك التولّي بأعداء الله ورسوله.

وأما عن تفاصيل ذلك فهي مدعومة بالآيات المباركة التالية:

أ ـ ﴿هُدًى لِّلْمُتَّقِينَ * ٱلَّذِينَ يُؤْمِنُونَ بِٱلْغَيْبِ وَيُقِيمُونَ ٱلصَّلَوٰةَ وَمِمَّا رَزَقْنَٰهُمْ يُنفِقُونَ * وَٱلَّذِينَ يُؤْمِنُونَ بِمَآ أُنزِلَ إِلَيْكَ وَمَآ أُنزِلَ مِن قَبْلِكَ وَبِٱلْءَاخِرَةِ هُمْ يُوقِنُونَ * أُوْلَٰٓئِكَ عَلَىٰ هُدًى مِّن رَّبِّهِمْ وَأُوْلَٰٓئِكَ هُمُ ٱلْمُفْلِحُونَ﴾ (البقرة: ٢ ـ ٥)، أي التقوى والإيمان بالغيب، وإقامة الصلاة، والإنفاق، والإيمان بالمُنزل على النبي ﷺ ومَن قبله من الرسل، والإيقان بالآخرة، فمَن استجمعت فيه هذه الأوصاف والأعمال كلها فهو المفلح، ويلاحظ فيها ذكر اسم الرب تعالى بوجه.

ب ـ ﴿وَلْتَكُن مِّنكُمْ أُمَّةٌ يَدْعُونَ إِلَى ٱلْخَيْرِ وَيَأْمُرُونَ بِٱلْمَعْرُوفِ وَيَنْهَوْنَ عَنِ ٱلْمُنكَرِ وَأُوْلَٰٓئِكَ هُمُ ٱلْمُفْلِحُونَ﴾ (آل عمران: ١٠٤)، أي الدعوة إلى الخير والأمر بالمعروف والنهي عن المنكر، ولا يخفى ما فيها من وجوه ذكر الاسم وآثاره في الاستنتاج.

ت ـ ﴿يَٰٓأَيُّهَا ٱلَّذِينَ ءَامَنُوا۟ ٱصْبِرُوا۟ وَصَابِرُوا۟ وَرَابِطُوا۟ وَٱتَّقُوا۟ ٱللَّهَ لَعَلَّكُمْ تُفْلِحُونَ﴾ (آل عمران: ٢٠٠)، أي الصبر، والاستقامة والمرابطة والمراقبة عن حدود الله، والذي يتصف بهذه الصفات مع الإيمان والتقوى، فهو ذاكر الاسم لا محالة.

ث ـ ﴿يَٰٓأَيُّهَا ٱلَّذِينَ ءَامَنُوا۟ لَا تَأْكُلُوا۟ ٱلرِّبَوٰٓا۟ أَضْعَٰفًا مُّضَٰعَفَةً وَٱتَّقُوا۟ ٱللَّهَ لَعَلَّكُمْ تُفْلِحُونَ﴾ (آل عمران: ١٣٠)، أي ترك أكل الربا مع الإيمان والتقوى.

ج ـ ﴿يَٰٓأَيُّهَا ٱلَّذِينَ ءَامَنُوا۟ ٱتَّقُوا۟ ٱللَّهَ وَٱبْتَغُوٓا۟ إِلَيْهِ ٱلْوَسِيلَةَ وَجَٰهِدُوا۟ فِى سَبِيلِهِۦ لَعَلَّكُمْ تُفْلِحُونَ﴾ (المائدة: ٣٥)، أي ابتغاء الوسيلة إلى الله والجهاد في سبيله مع الإيمان والتقوى.

ح ـ ﴿يَٰٓأَيُّهَا ٱلَّذِينَ ءَامَنُوٓا۟ إِنَّمَا ٱلْخَمْرُ وَٱلْمَيْسِرُ وَٱلْأَنصَابُ وَٱلْأَزْلَٰمُ رِجْسٌ مِّنْ عَمَلِ ٱلشَّيْطَٰنِ فَٱجْتَنِبُوهُ لَعَلَّكُمْ تُفْلِحُونَ﴾ (المائدة: ٩٠)، أي الاجتناب من أعمال الشيطان.

خ - ﴿فَٱذۡكُرُوٓاْ ءَالَآءَ ٱللَّهِ لَعَلَّكُمۡ تُفۡلِحُونَ﴾ (المائدة: ١٠٠)، أي ذكر ما أنعم الله تعالى من الوجود والصحة والمال والأولاد والعز والكرامة والتوفيق للأعمال الصالحة وللتجنّب عن المعاصي.

د - ﴿فَٱذۡكُرُوٓاْ ءَالَآءَ ٱللَّهِ لَعَلَّكُمۡ تُفۡلِحُونَ﴾ (الأنفال: ٤٥)، أي الثبات والاستقامة في مقابل العدو، وكثرة ذكر الله.

ذ - ﴿يَٰٓأَيُّهَا ٱلَّذِينَ ءَامَنُواْ ٱرۡكَعُواْ وَٱسۡجُدُواْ وَٱعۡبُدُواْ رَبَّكُمۡ وَٱفۡعَلُواْ ٱلۡخَيۡرَ لَعَلَّكُمۡ تُفۡلِحُونَ﴾ (الحج: ٧٧)، أي الركوع والسجود والعبادة وفعل الخير، فهذه موجبات الفلاح للمؤمنين، واعتبار قصد القُربة فيها يشعر بذكر اسم الله المأمور به في بدء كل أمر ذي بال.

ر - ﴿وَتُوبُوٓاْ إِلَى ٱللَّهِ جَمِيعًا أَيُّهَ ٱلۡمُؤۡمِنُونَ لَعَلَّكُمۡ تُفۡلِحُونَ﴾ (النور: ٣١)، أي التوبة والإنابة بعد ارتكاب المعصية وقبلها.

ز - ﴿فَـَٔاتِ ذَا ٱلۡقُرۡبَىٰ حَقَّهُۥ وَٱلۡمِسۡكِينَ وَٱبۡنَ ٱلسَّبِيلِۚ ذَٰلِكَ خَيۡرٞ لِّلَّذِينَ يُرِيدُونَ وَجۡهَ ٱللَّهِۖ وَأُوْلَٰٓئِكَ هُمُ ٱلۡمُفۡلِحُونَ﴾ (الروم: ٣٨)، أي إيتاء الحقوق لذويها مع قصد الوجه والتقرب إلى الله.

س - ﴿إِنَّمَا كَانَ قَوۡلَ ٱلۡمُؤۡمِنِينَ إِذَا دُعُوٓاْ إِلَى ٱللَّهِ وَرَسُولِهِۦ لِيَحۡكُمَ بَيۡنَهُمۡ أَن يَقُولُواْ سَمِعۡنَا وَأَطَعۡنَاۚ وَأُوْلَٰٓئِكَ هُمُ ٱلۡمُفۡلِحُونَ﴾ (النور: ٥١)، أي الإطاعة التامة قولاً وفعلاً، ظاهراً وباطناً، فرداً وجمْعاً.

ش - ﴿لَّا تَجِدُ قَوۡمٗا يُؤۡمِنُونَ بِٱللَّهِ وَٱلۡيَوۡمِ ٱلۡأٓخِرِ يُوَآدُّونَ مَنۡ حَآدَّ ٱللَّهَ وَرَسُولَهُۥ ... أُوْلَٰٓئِكَ حِزۡبُ ٱللَّهِۚ أَلَآ إِنَّ حِزۡبَ ٱللَّهِ هُمُ ٱلۡمُفۡلِحُونَ﴾ (المجادلة: ٢٢)، أي ترك التولّي بأعداء الله ورسوله في كل الأحوال.

هذه الأعمال ونظائرها يلاحظ فيها ما يلاحظ في ذكر الاسم من التوجه والالتفات إلى إنعام الرب وإكرامه على المؤمنين المتقين.

الآية الرابعة عشرة:

﴿ٱقۡرَأۡ بِٱسۡمِ رَبِّكَ ٱلَّذِي خَلَقَ﴾ (العلق: ١)، وهي الآية الأولى من أول سورة نزلت من القرآن ـ كما هو المعروف، وقيل بتقدم الفاتحة على سائر السور نزولاً ـ، نزلت على النبي الأعظم ﷺ، وقد ورد في فضل السورة عن أبي عبد الله عليه السلام قال: "مَن قرأها في يومه أو في ليلته ثم مات في يومه أو ليلته مات شهيداً، وبعثه الله شهيداً، وأحياه كمن ضرب بسيفه في سبيل الله مع رسول الله ﷺ".

فعلى القول ببدء الوحي من هذه السورة ففيه عناية بأمرين:

الأول: وقوع البسملة في مفتتح السورة، وهو الذي نحن بصدد بيانه.

والثاني: أمر الله للنبي ﷺ بذكر اسمه حين القراءة، أي عند تلقي الوحي من عنده، ولا ينافي ذلك كون البسملة المبتدئة بها السورة جزءاً من السورة، فهي من كلام الله، افتتح سبحانه بها وأمر أن يقرأ مبتدئاً بها، ويجري فيها ما يجري في البسملة من الفضل والكرامة، فإذا كان النبي المرسل ﷺ مأموراً بذكر الاسم في بدء عمله فلا يبقى المجال للبحث حوله من دوره في الفوز والنيل لما هو المراد والمطلوب من الأعمال في الحياة، ففي حياته أُسوة حسنة للبشرية، وعمله نموذج عبادي يتكفّل جميع الأبعاد الروحية والمعنوية، فهو ذاكرٌ لله سبحانه وتعالى بلسانه وسيرته الطيبة، فهو ﷺ أول ما خلقه الباري تعالى بنور وجوده، وفي وجوده مظهرية لقدرة الخالق القوي العزيز، والله سبحانه ابتدأ كلامه بذكر اسمه المبارك، فيلزم التأدّب به للخلق في جميع أمورهم.

فالعبد الصالح هو الذي يتخلّق بأخلاق الله ويتأدّب بآدابه ويطيع أوامره، بل ويشري نفسه ابتغاء مرضاة الله، ويصبر ويستقيم بما أُمر به، ويرضى بما يرضى به مولاه، ويحب لما يحبه مولاه، ويكره ما يكرهه مولاه ويتأمر بما أمر به مولاه ويتناه عما ينهى عنه مولاه، ويذكر اسمه في بدء كل عمل يعمله بل وفي

كل أمر يقصده، وفي جميع شؤونه في الحياة، وهي قضية العبديّة والعبودية، وبه قال النبي ﷺ: "تخلّقوا بأخلاق الله". ولاشك أن عادته تعالى في ابتداء كل سورة هو إتيان البسملة، فنحن مأمورون بذلك.

الآية الخامسة عشرة:

﴿وَقَالَ ٱرۡكَبُواْ فِيهَا بِسۡمِ ٱللَّهِ مَجۡرٜىٰهَا وَمُرۡسَىٰهَآۚ﴾ (هود: ٤١).

والآية تحكي عن قول النبي نوح عليه السلام، ولبعض أعلام المفسرين بيان قيّم وجامع حول الآية ننقله بلفظه: تسميته منه عليه السلام يجلب به الخير والبركة لجري السفينة وإرسائها فإن في تعليق فعل من الأفعال أو أمر من الأمور على اسم الله تعالى وربطه به صيانة له من الهلاك والفساد واتّقاءً من الضلال والخسران لما أنه تعالى رفيع الدرجات منيع الجانب لا سبيل للدثور والفناء والعيّ والعناء إليه، فما تعلَّق به مصون لا محالة من تطرق عارض السوء، فهو عليه السلام يعلّق جري السفينة وإرساءها باسم الله، وهذان هما السببان الظاهران في نجاة السفينة ومَن فيها من الغرق، وإنما ينجو لهذين السببين لو شملت العناية الإلهية مَن ركبها، وإنما تشمل العناية بشمول المغفرة الإلهية لخطايا ركابها والرحمة الإلهية لهم لينجوا من الغرق ويعيشوا على رسْلِهم في الأرض، ولذلك علّل عليه السلام تسميته بقوله: ﴿إِنَّ رَبِّي غَفُورٌ رَّحِيمٌ﴾ (يوسف: ٥٣) أي إنما أذكر اسم الله على مجرى سفينتي ومرساها لأنه ربي الغفور الرحيم، له أن يحفظ مجراها ومرساها من الاختلال والتخبط حتى ينجو بذلك من الغرق بمغفرته ورحمته، ونوح عليه السلام أول إنسان حكى الله سبحانه عنه التسمية باسمه الكريم فيما أوحاه من كتابه، فهو عليه السلام أول فاتح فتح هذا الباب كما أنه أول مَن أقام الحجة على التوحيد، وأول مَن جاء بكتاب وشريعة، وأول مَن انتهض لإلغاء الطبقيّة، والقضاء على التناقضات في المجتمع الإنساني، وما قدَّمناه من معنى قوله: ﴿بِسۡمِ ٱللَّهِ مَجۡرٜىٰهَا وَمُرۡسَىٰهَآۚ﴾ مبنيٌّ على ما هو الظاهر من كون الجملة تسمية من

نوح عليه السلام، والمجرى والمرسى مصدرين ميميين، وربما احتمل كونه تسمية ممن مع نوح عليه السلام بأمره أو كون مجراها ومرساها اسمين للزمان أو المكان، فيختلف المعنى.

قال الزمخشري في الكشاف معلقاً على الآية ما نصه: يجوز أن يكون كلاماً واحداً وكلامين، فالكلام الواحد أن يتصل باسم الله اركبوا حالاً من الواو، بمعنى اركبوا فيها مسمّين الله أو قائلين باسم الله وقت إجرائها ووقت إرسائها، إما لأن المجرى والمرسى للوقت، وإما لأنهما مصدران كالإجراء والإرساء، حُذف منهما الوقت المضاف، كقولهم: خفوق النجم ومقدم الحاج، ويجوز أن يراد مكانا الإجراء والإرساء، وانتصابهما في بسم الله من معنى الفعل أو بما فيه من إرادة القول، والكلامان أن يكون بسم الله مجراها ومرساها جملة من مبتدأ وخبر مقتضبة ـ أي ابتدائية ـ أي بسم الله إجراؤها وإرساؤها. يروى أنه إذا أراد أن تجري السفينة قال: "بسم الله" فجَرَتْ، وإذا أراد أن ترسو قال: "بسم الله" فرَسَتْ، ويجوز أن يقحم الإسم كقوله: "ثم السلام عليكما"، ويراد بالله إجراؤها وإرساؤها. قال: وقرأ مجراها ومرساها، بفتح الميم من جرى ورسا إما مصدرين أو وقتين أو مكانين، وقرأ مجاهد: مجريها ومرسيها بلفظ اسم الفاعل مجروري المحل صفتين لله". انتهى كلامه. وفيه كفاية للمطلوب.

قصة نوح عليه السلام وسفينته طويلة جدا ذكرها أصحاب التفسير والتاريخ، فمن أرادها فليراجع مواردها، والعمدة فيما نحن بصدده التوجه إلى ما لذكر اسم الله تعالى من الأهمية في الحياة، ويمكن القول بالتأسّي بالنبي نوح عليه السلام في قوله: ﴿ٱرۡكَبُواْ فِيهَا بِسۡمِ ٱللَّهِ﴾ تعميماً للحكم وتعظيماً للاسم وترسيماً للسنّة. والنبي العظيم صلى الله عليه وآله مثل أهل بيته بسفينة نوح عليه السلام فقال: "مثَلُ أهل بيتي كسفينة نوح مَنْ ركبها نجا ومَنْ تخلّف عنها غرق وهوى"، فمن تدبر في هذا التمثيل

المعنوي يدرك ما فيه من سر ارتباط السفينة مع أهل بيت النبي الأطهار ﷺ في هداية الخلق وإيصالهم إلى طريق النجاة من الهلكة.

الآية السادسة عشرة:

﴿إِنَّهُۥ مِن سُلَيْمَٰنَ وَإِنَّهُۥ بِسْمِ ٱللَّهِ ٱلرَّحْمَٰنِ ٱلرَّحِيمِ﴾ (النمل: ٣٠).

وردت الآية في سورة النمل التي قال رسول الله ﷺ فيها: "ومَن قرأها كان له من الأجر عشر حسنات بعدد من صدّق بسليمان وكذّب به، وهود وشعيب وصالح وإبراهيم، ويخرج من قبره وهو ينادي لا إله إلا الله، والآية تحكي عن قول ملكة سبأ حينما قرأت كتاب سليمان بن داود عليه السلام، وكان مبدوءاً ببسم الله الرحمن الرحيم، فسمّته كتاباً كريماً، والقصة على لطافتها ومحاسنها المعنوية طويلة مذكورة في التفاسير وكتب التاريخ، والأمر المهم في المقام اشتمال الكتاب ببدايته على البسملة، وهو أول كتاب في العالم كُتب في مفتتحه ﴿بِسْمِ ٱللَّهِ ٱلرَّحْمَٰنِ ٱلرَّحِيمِ﴾، ولم يعهد مثله من قبل، والنبي سليمان عليه السلام هو أول من استفتح بها في الكتابة، وهذا ما نلاحظه في كتب الرسول الأعظم ﷺ ورسائله المرسلة إلى الملوك وغيرهم أنها تبدأ ببسم الله الرحمن الرحيم، وقد قال ﷺ: مَن كتبَ ﴿بِسْمِ ٱللَّهِ ٱلرَّحْمَٰنِ ٱلرَّحِيمِ﴾ فجوّده تعظيماً لله غفر الله له" (مستدرك الوسائل: ١/ ٣١٢).

وعن الإمام أبي جعفر محمد الباقر عليه السلام قال: أول كل كتاب نزل من السماء ﴿بِسْمِ ٱللَّهِ ٱلرَّحْمَٰنِ ٱلرَّحِيمِ﴾ فإذا قرأتَ ﴿بِسْمِ ٱللَّهِ ٱلرَّحْمَٰنِ ٱلرَّحِيمِ﴾ فلا تبالي ألا تستعيذ، وإذا قرأتَ ﴿بِسْمِ ٱللَّهِ ٱلرَّحْمَٰنِ ٱلرَّحِيمِ﴾ سترتْكَ فيما بين السماء والأرض (الوسائل: ٤/ ٧٤٦).

وسورة النمل تتميز عن غيرها من السور القرآنية باشتمالها على البسملة مرتين: الأولى في مفتتح السورة، والثانية في الآية (٣٠)، وذكرها مرتين ـ ولو

في ضمن الآيات ـ يكمّل عدد السور القرآنية (١١٤) لعدم بدء سورة براءة بها، فلأجل ذلك فُضِّلت على غيرها من السور المباركة.

وقد روي عن النبي ﷺ قال: أول ما كتب القلم ﴿بِسْمِ اللَّهِ الرَّحْمَٰنِ الرَّحِيمِ﴾ فإذا كتبتم كتاباً فاكتبوها أوله وهي مفتاح كل كتاب أنزل، ولما نزل عليّ جبرائيل بها أعادها ثلاثا وقال: هي لك ولأُمَّتك، فمُرهم لا يدعوها في أمورهم.

وفي رواية ان النبي ﷺ قال: ليلة أُسري بي إلى السماء عرض علي جميع الجنان فرأيت فيها أربعة أنهار، نهراً من ماء، ونهراً من لبن، ونهراً من عسل، ونهراً من عصير، فقلت يا جبرئيل من أين تجيء هذه الأنهار وإلى أين تذهب؟ قال: إلى حوض كوثر، ولا أدري من أين تجيء هذه الأنهار، فادْعُ الله تعالى ليعلِّمك أو يريك، فدعا ربه، فجاء ملك فسلَّم على النبي ﷺ ثم قال يا محمد! غمض عينيك، قال ﷺ: فغمضت عيني، ثم قال افتح عينيك، ففتحت فإذا أنا عند شجرة، ورأيت قبَّة من درة بيضاء ولها باب من ذهب أحمر وقفل، لو أن جميع ما في الدنيا من الجن والإنس وضعوا على تلك القبة لكانوا مثل طائر جالس على جبل فرأيت هذه الأنهار الأربعة تخرج من تحت هذه القبة، فلما أردت أن أرجع قال لي ذلك الملك: لِمَ لا تدخل القبَّة؟ قلت: كيف أدخل وعلى بابها قفل لا مفتاح له عندي، قال: مفتاحه ﴿بِسْمِ اللَّهِ الرَّحْمَٰنِ الرَّحِيمِ﴾، فلما دَنَوْتُ من القفل وقلت ﴿بِسْمِ اللَّهِ الرَّحْمَٰنِ الرَّحِيمِ﴾ انفتح القفل، فدخلت في القبَّة فرأيت هذه الانهار تجري من أربعة أركان القبة، ورأيت مكتوباً على أربعة أركان القبة ﴿بِسْمِ اللَّهِ الرَّحْمَٰنِ الرَّحِيمِ﴾، ورأيت نهر الماء يخرج من ميم بسم الله، ورأيت نهر اللبن يخرج من هاء "الله"، ونهر العسل من ميم "الرحمن"، ونهر العصير من ميم "الرحيم"، فعلمت أن أصل هذه الانهار الاربعة من البسملة، فقال الله عز وجل يا محمد! مَنْ ذكرني بهذه

الأسماء من أُمتك بقلب خالص من رياء، وقال ﴿بِسْمِ ٱللَّهِ ٱلرَّحْمَٰنِ ٱلرَّحِيمِ﴾ سَقَيته من هذه الانهار.

وجاء في الحديث أن النبي الأكرم ﷺ قال: مَنْ رفع قرطاساً من الأرض مكتوباً عليه ﴿بِسْمِ ٱللَّهِ ٱلرَّحْمَٰنِ ٱلرَّحِيمِ﴾ إجلالاً له ولاسمه عن أن يُدنَّس كان عند الله من الصديقين وخفَّف عن والديه وإن كانا مُشْرِكَين.

وورد في الحديث القدسي عن النبي ﷺ حالفاً عن جبريل عليه السلام حالفاً عن ميكائيل عليه السلام حالفاً عن إسرافيل عليه السلام قال الله عز وجل: يا إسرافيل! بعزتي وجلالي وجودي وكرمي مَنْ قرأ ﴿بِسْمِ ٱللَّهِ ٱلرَّحْمَٰنِ ٱلرَّحِيمِ﴾ متصلاً بفاتحة الكتاب مرة واحدة فاشهدوا على أني قد غفرت له وقبلت منه الحسنات وتجاوزت عنه السيئات ولا أُحرق لسانه بالنار وأُجيره من عذاب القبر وعذاب النار وعذاب يوم القيامة والفزع الأكبر وتلقاني قبل الأنبياء والأولياء أجمعين (القرآن وفضائله ص٢١٩).

الآية السابعة عشرة:

﴿وَمَنْ أَظْلَمُ مِمَّن مَّنَعَ مَسَٰجِدَ ٱللَّهِ أَن يُذْكَرَ فِيهَا ٱسْمُهُۥ﴾ (البقرة: ١١٤)

والآية تذمّ المانع عن مساجد الله أن يُذكر فيها اسمه، وتعدّه "أظلم" أي أشد وأعظم ظلماً، فتعلّق الذم بملاحظة ذكر اسم الله، وهو أعم من العبادات الخاصة وغيرها، بل وهو يعني ذكر اسم الله على الإطلاق، والمساجد وإن كانت تختص بالصلوات غالباً ولكن العناية الملحوظة في التعبير وهو مع قيد الإسم تشعر بما في ذكر الإسم من الخصوصية، وإلا لكان من الممكن أن يقول: ﴿وَمَنْ أَظْلَمُ مِمَّن مَّنَعَ مَسَٰجِدَ ٱللَّهِ أَن يُذْكَرَ فِيهَا﴾. فإذاً التعبير لا يخلو من وجه، بل هو سرّ الهي عظيم، ومع ذلك لا ينافي شموله العبادات المخصوصة المعيّنة والمتعيّنة من الصلوات والدعاء، ولم يكتف بالذم للمانع عن المساجد بل

أضيف في عقابه بأن لا يجوز له الدخول فيها، وعدّ له الخزي في الدنيا وعظيم العذاب في الآخرة، وأي خزي أكبر من عدم سماحه بدخول المساجد، وهو أظلم من كل ظالم، فيعذّب في نار جهنم بالعذاب الأعظم لأجل ما عمل من المنع عن ذكر اسم الله، فذاكر اسم الله تعالى حين الذكر يُعد عابداً متعبّداً مخلصاً وقاصد التقرب إلى معبوده وفاعل الخير وعامل الصلاح وطالب المواهب الإلهية ومؤمناً بربه وموقناً بلقائه ومسلّماً نفسه لخالقه ومطيعاً لأمر مولاه ومخالفاً لهواه ومنقطعاً إلى الله من كل مَن سواه وهو يرجو رحمة الرب الرحيم ويتمنى الكرم والكرامة من المالك الكريم وينوي مرضاة المنعم العظيم، وهو بذكره اسم الله اختار لنفسه الصراط المستقيم، فليس لمانعه عنه إلا الجحيم.

الآية الثامنة عشرة:

﴿فِى بُيُوتٍ أَذِنَ ٱللَّهُ أَن تُرْفَعَ وَيُذْكَرَ فِيهَا ٱسْمُهُۥ﴾ (النور: ٣٦).

الله الله في هذه الآية المباركة من المعاني القويمة والمعارف الولائية العظيمة، وهي تتعلق بما قبلها من الآية (٣٥) وفيها ﴿ٱللَّهُ نُورُ ٱلسَّمَٰوَٰتِ وَٱلْأَرْضِ مَثَلُ نُورِهِۦ كَمِشْكَوٰةٍ﴾ فقيل: إن الآية تتعلق بها، أي بالمشكاة، والمعنى أن المشكاة في بيوت أذن الله أن تُرفع ويُذكر فيها اسمه.

وقيل: إنه عنى بالنور محمداً ﷺ وأضافه إلى نفسه تشريفاً له.

وقيل: إن المشكاة عبد المطلب، والزجاجة عبد الله، والمصباح هو النبي ﷺ لا شرقية ولا غربية بل مكية لأن مكة وسط الدنيا.

وروي عن الإمام أبي جعفر محمد الباقر عليه السلام في قوله: "كمشكاة فيها مصباح" قال: نور العلم في صدر النبي ﷺ، والمصباح في زجاجة، والزجاجة صدر علي عليه السلام، صار علم النبي ﷺ إلى صدر علي عليه السلام، علّم

النبي علياً عليه السلام يوقد من شجرة مباركة نور العلم، لا شرقية ولا غربية، لا يهودية ولا نصرانية، يكاد زيتها يضيء ولو لم تمسسه النار، قال يكاد العالم من آل محمد صلى الله عليه وآله وسلم يتكلم بالعلم قبل أن يُسأل، نور على نور، أي إمام مؤيد بنور العلم والحكمة في أثر إمام من آل محمد صلى الله عليه وآله وسلم وذلك من لدن آدم إلى أن تقوم الساعة، فهؤلاء الأوصياء الذين جعلهم الله خلفاء في أرضه وحجة على خلقه، لا تخلو الأرض في كل عصر من واحد منهم.

وروى صالح بن سهل عن الإمام الصادق عليه السلام أنه قال في حديث: إن المشكاة فاطمة الزهراء عليها السلام، والمصباح الحسن عليه السلام، والزجاجة الحسين عليه السلام، والشجرة المباركة إبراهيم عليه السلام، ولا شرقية ولا غربية، ما كان يهودياً ولا نصرانياً، ونورٌ على نور إمامٌ بعد إمام، ويهدي الله لنوره مَن يشاء يهدي الله للأئمة عليهم السلام مَن يشاء.

وروى أنس بن مالك وبريد أن رسول الله صلى الله عليه وآله وسلم قرأ هذه الآية ﴿فِي بُيُوتٍ أَذِنَ ٱللَّهُ أَن تُرْفَعَ وَيُذْكَرَ فِيهَا ٱسْمُهُۥ﴾ فقام إليه رجل فقال: أي بيوت هذه يا رسول الله؟ قال صلى الله عليه وآله وسلم: بيوت الأنبياء، فقام إليه أبو بكر فقال: يا رسول الله: هذا البيت منها لبيت علي وفاطمة؟ قال صلى الله عليه وآله وسلم: نعم من أفاضلها، الحديث.

ومن المعلوم أن رفع البيوت بسبب ذكر الاسم فيها أي يرتفع قدرها به، وهذا هو الاسم الذي يبارك لذاكره في أموره وأعماله كلها، والبيت الذي يذكر فيه اسم الله تعالى بالغدوّ والآصال فهي تليق بتسميتها بالمساجد. وفي ذيل الآية تذكر أن في تلك البيوت ﴿رِجَالٌ لَّا تُلْهِيهِمْ تِجَٰرَةٌ وَلَا بَيْعٌ عَن ذِكْرِ ٱللَّهِ وَإِقَامِ ٱلصَّلَوٰةِ وَإِيتَآءِ ٱلزَّكَوٰةِ ۙ يَخَافُونَ يَوْمًا تَتَقَلَّبُ فِيهِ ٱلْقُلُوبُ وَٱلْأَبْصَٰرُ * لِيَجْزِيَهُمُ ٱللَّهُ أَحْسَنَ مَا عَمِلُوا۟ وَيَزِيدَهُم مِّن فَضْلِهِۦ ۗ وَٱللَّهُ يَرْزُقُ مَن يَشَآءُ بِغَيْرِ حِسَابٍ﴾ وسرّه واضح لأن ذكر "الله" أكبر الأعمال وأحسنها وأجملها وأتقنها وأرضاها لا يُقاس به عمل آخر، فكيف لا تلهيهم تجارة ولا بيع عنه، وبذكره تطمئن القلوب كما في قوله تعالى ﴿ٱلَّذِينَ ءَامَنُوا۟

وَتَطْمَئِنُّ قُلُوبُهُم بِذِكْرِ ٱللَّهِ ۗ أَلَا بِذِكْرِ ٱللَّهِ تَطْمَئِنُّ ٱلْقُلُوبُ﴾ (الرعد: ٢٨) وقوله تعالى ﴿يَٰٓأَيُّهَا ٱلَّذِينَ ءَامَنُوا۟ لَا تُلْهِكُمْ أَمْوَٰلُكُمْ وَلَآ أَوْلَٰدُكُمْ عَن ذِكْرِ ٱللَّهِ﴾ (المنافقون: ٩) وقوله تعالى ﴿يَٰٓأَيُّهَا ٱلَّذِينَ ءَامَنُوا۟ ٱذْكُرُوا۟ ٱللَّهَ ذِكْرًا كَثِيرًا﴾ (الأحزاب: ٤١)، والله يصف المؤمنين به في قوله ﴿ٱلَّذِينَ يَذْكُرُونَ ٱللَّهَ قِيَٰمًا وَقُعُودًا وَعَلَىٰ جُنُوبِهِمْ﴾ (آل عمران: ١٩١) ويأمر الناس بذلك في قوله: ﴿فَٱذْكُرُونِىٓ أَذْكُرْكُمْ﴾ (البقرة: ١٥٢).

والذي يذكر الله باسمه فالله يذكره باسمه، ومن أعزّ وأكرم ممن ذَكَرَهُ الله، والعبد إذا ذكر ربه في الأرض يذكره ربه في السماء، وهذا هو معنى الوعد الذي قطعه الله على نفسه في الآية الكريمة، وما للاسم من دلالة أو كشف أو ظهور لمسمّاه.

فالذي يذكر اسم الله تعالى فهو يتمتع برؤية الله بعين القلب، كما نُقل عن أمير المؤمنين عليه السلام إذ سُئل عنه: هل رأيت ربك؟ فأجاب: نعم، وكيف أعبد مَن لا أراه، وإذا سُئل أنه هل من الممكن أن يرى أحد ربه؟ فأجاب: نعم، ولكن بعين القلب، ورأيت ربي بعين القلب.

وما ورد في الرواية أن الإمام عليه السلام قال: نحن أسماء الله الحسنى، فهو لكونهم أدلاّء عليه والهداة إليه والمظاهر لصفاته الكمالية، فذكرهم ذكره تعالى، كما هو الحال في الولاء والعداء والرضا والغضب والطاعة والمعصية، فمن تولاهم فقد تولّى الله، ومَن عاداهم فقد عاداه، ومَن أرضاهم فقد أرضاه، ومَن أغضبهم فقد أغضبه، ومَن أطاعهم فقد أطاعه، ومَن عصاهم فقد عصاه، ومَن أحبّهم فقد أحبّه، ومَن أحبّ الله أحبّه الله، ومَن صلّى عليهم صلّى الله عليه، وكما ترتفع البيوت التي يذكر فيها اسم الله قدراً ومنزلةً كذلك الذاكر لاسمه يكون رفيع القدر عظيم المرتبة جليل المقام عند الله تعالى، بل ويكون ربه ذاكره.

ولا يخفى على المؤمن العارف ما في الاسم ـ أي اسم الله ـ من الأثر

الوضعي مضافاً إلى الأثر التكليفي بل والأثر التكويني، وبسببه وجد مَن وجد وما وجد، وبسببه بقي مَن بقي وما بقي، وبسببه يوجد مَن يوجد وما يوجد، وبسببه يبقى مَن يبقى وما يبقى.

من الملاحظ أن هذه الآيات المباركة تُشير إلى أهمية ذكر اسم الله تعالى ودوره في الأمور العبادية للعباد بل وفي كل ما يتعلق بهم، وهذا بحد ذاته من عظيم المنن التي أولاها الله تعالى على عباده إذ جعل لهم في اسمه البركة والرحمة، وأمرَهُم بذكره في كل أمر ذي بال، وذلك لأنه سبحانه هو الرحمن الرحيم.

وفي كلمة "اسم" جهة أخرى من علو الشأن ورفعة المقام، وهي انه المبدو بها كلام الله تعالى، فالباء من الحروف والاسم من الكلمات أخذا هذه الميزة والشرف على أقرانهما، فيا لهما من العظمة، والله اختارهما لبداية كلامه وهو المتكلم الحكيم والمعلم العليم والمنعم بالنعيم والمحسن لمن أتاه بقلب سليم.

معارف إلهيّة
من وحي البسملة

معارف إلهيّة من وحي البسملة

في هذا المطاف نبدأ اقتباسنا من نور القرآن بالحديث عن أول آية منه اتباعاً لسنّة الله تعالى في البدء بها، واقتداءً بعمل رسول الله ﷺ والأئمة المعصومين عليهم السلام في كل بداية وشروع.

﴿بِسْمِ ٱللَّهِ ٱلرَّحْمَٰنِ ٱلرَّحِيمِ﴾

إن الله تبارك وتعالى ابتدأ كلامه بهذه الآية المباركة ربما للأمور التالية:

الأول: فيها اسمه الأعظم وهو من أسمائه الحسنى التي أمرنا أن ندعوه بها، كما قال عز من قائل ﴿وَلِلَّهِ ٱلْأَسْمَآءُ ٱلْحُسْنَىٰ فَٱدْعُوهُ بِهَا ۖ وَذَرُوا۟ ٱلَّذِينَ يُلْحِدُونَ فِىٓ أَسْمَٰٓئِهِۦ ۚ سَيُجْزَوْنَ مَا كَانُوا۟ يَعْمَلُونَ﴾ [الأعراف: ١٨٠].

وفي رواية ابن عباس أنه قال: سُئل رسول الله ﷺ عن ﴿بِسْمِ ٱللَّهِ ٱلرَّحْمَٰنِ ٱلرَّحِيمِ﴾ فقال: هو اسم من أسماء الله، وما بينه وبين اسم الله الأكبر إلا كما بين سواد العينين وبياضهما من القرب، وسبق الحديث عنها، فقارئها كذاكر اسم الله الأعظم والداعي به يمتثل أمره تعالى.

الثاني: تأديب منه تعالى للعباد في جميع أمورهم وأحوالهم بأن يبدأوا أعمالهم وأقوالهم بها لتكون بداياتهم مبروكة ميمونة، ومضمونة بالصلاح والنجاح لهم في أُمنياتهم وآمالهم.

الثالث: إذا قرأها العبد استحق على الله إتمام أمره ومباركة حاله، فعن أمير

المؤمنين عليه السلام قال سمعت رسول الله صلى الله عليه وآله وسلم يقول: إذا قال العبد ﴿بِسْمِ ٱللَّهِ ٱلرَّحْمَٰنِ ٱلرَّحِيمِ﴾ قال الله عز وجل: بدأ عبدي باسمي، وحقٌّ عليَّ أن أتمم أموره وأُبارك في أحواله [عيون أخبار الرضا عليه السلام].

الرابع: هي جامعة للمعارف الإلهية العظيمة التي هي الأسس القويمة للدين السماوي الكافل لسعادة الخلق كله من التوحيد والرحمة العامة الشاملة للموجودات كافة بما هي هي، والرحمة الخاصة المختصة بالمؤمنين في الدنيا والآخرة.

لهذا السبب فإن البسملة آية مستقلة في كل سورة، بدءاً بسورة الفاتحة وانتهاءً بسورة الناس إلا سورة براءة، ويدل على هذا مضافا إلى تواتر القراءات المعهودة من زمن الوحي إلى زماننا هذا، حيث عمل الرسول الأعظم صلى الله عليه وآله وسلم وبذلك أمر الأمة، وعليه كان عمل الأئمة المعصومين عليهم السلام واحداً بعد واحد، فقد تحدث النبي صلى الله عليه وآله وسلم وأئمة أهل البيت عليهم السلام بهذا الشأن، ومن ذلك ما روي عن أمير المؤمنين عليه السلام أنها من الفاتحة، وأن رسول الله صلى الله عليه وآله وسلم كان يقرؤها ويعدّها آية منها، ويقول فاتحة الكتاب هي السبع المثاني.

وفي رواية أخرى عن أم المؤمنين أم سلمة (رضي الله عنها) قالت: كان رسول الله صلى الله عليه وآله وسلم يقطّع قراءته، أي يقرأ آية آية: ﴿بِسْمِ ٱللَّهِ ٱلرَّحْمَٰنِ ٱلرَّحِيمِ * ٱلْحَمْدُ لِلَّهِ رَبِّ ٱلْعَٰلَمِينَ * ٱلرَّحْمَٰنِ ٱلرَّحِيمِ * مَٰلِكِ يَوْمِ ٱلدِّينِ * إِيَّاكَ نَعْبُدُ وَإِيَّاكَ نَسْتَعِينُ * ٱهْدِنَا ٱلصِّرَٰطَ ٱلْمُسْتَقِيمَ * صِرَٰطَ ٱلَّذِينَ أَنْعَمْتَ عَلَيْهِمْ غَيْرِ ٱلْمَغْضُوبِ عَلَيْهِمْ وَلَا ٱلضَّآلِّينَ﴾ (ذكرها السيوطي في الدر المنثور، وأبو داود في مسنده، وأحمد بن حنبل في مسنده، والحاكم في المستدرك، وابن خزيمة في صحيحه).

وقد ورد العديد من الروايات في هذا الباب تدل بوضوح على جزئية البسملة في كل سورة من سور القرآن.

منها: ما روي عن الإمام أمير المؤمنين علي بن أبي طالب عليه السلام أنه سئل عن السبع المثاني، فقال عليه السلام ﴿ٱلْحَمْدُ لِلَّهِ رَبِّ ٱلْعَٰلَمِينَ﴾ أي سورة الفاتحة، فقيل له: إنها ست آيات، فقال عليه السلام ﴿بِسْمِ ٱللَّهِ ٱلرَّحْمَٰنِ ٱلرَّحِيمِ﴾ آية، أي من الفاتحة.

ومنها: ما روي عن الرسول الأعظم صلى الله عليه وآله وسلم أنه قال ﴿ٱلْحَمْدُ لِلَّهِ رَبِّ ٱلْعَٰلَمِينَ﴾ سبع آيات ﴿بِسْمِ ٱللَّهِ ٱلرَّحْمَٰنِ ٱلرَّحِيمِ﴾ إحداهن، وهي السبع المثاني والقرآن العظيم، وهي أم القرآن، وهي فاتحة الكتاب ـ ذكرها البيهقي والدارقطني ـ، وهذه الرواية بصراحتها تدل على المطلوب، وبعد ذلك لا يشك في جزئيتها إلا مَن كان في قلبه مرض فزاده الله مرضاً.

ومنها: ما روي عن ابن عباس أنه قال: كان النبي صلى الله عليه وآله وسلم لا يعرف خاتمة السورة حتى تنزل عليه ﴿بِسْمِ ٱللَّهِ ٱلرَّحْمَٰنِ ٱلرَّحِيمِ﴾ فإذا نزلت ﴿بِسْمِ ٱللَّهِ ٱلرَّحْمَٰنِ ٱلرَّحِيمِ﴾ عرف أن السورة قد ختمت وابتدأت سورة أخرى (ذكرها البيهقي في المعرفة، والطبراني، والحاكم، وأبو داود وغيرهم من أكابر المحدثين)، ونظيرها ورد عن ابن عباس أيضاً أنه قال: إن النبي صلى الله عليه وآله وسلم كان إذا جاء جبرئيل فقرأ ﴿بِسْمِ ٱللَّهِ ٱلرَّحْمَٰنِ ٱلرَّحِيمِ﴾ علم أنها سورة، أي نزلت سورة أخرى غير السورة السابقة في النزول.

ومنها: ما روي عن النبي صلى الله عليه وآله وسلم أنه قال: إذا قرأتم الحمد فاقرأوا ﴿بِسْمِ ٱللَّهِ ٱلرَّحْمَٰنِ ٱلرَّحِيمِ﴾ فإنها أم القرآن والسبع المثاني، و﴿بِسْمِ ٱللَّهِ ٱلرَّحْمَٰنِ ٱلرَّحِيمِ﴾ إحدى آياتها.

وقد ورد في بعض الروايات أن الله تعالى لما نزّل على موسى التوراة وهي تشتمل على ألف سورة وفي كل سورة ألف آية، قال موسى عليه السلام: يا رب ومَن يطبق قراءة هذا الكتاب وحفظه؟ فقال تعالى: إني أنزل كتاباً أعظم من هذا، قال عليه السلام على مَن؟ قال: على خاتم النبيين، قال عليه السلام: وكيف تقرأه أمّته ولهم

أعمار قصيرة؟ قال الله تعالى: إني أيسّره عليهم حتى تقرأُهُ صبيانهم، قال ﷺ: يا رب وكيف تفعل؟ قال: إني أنزلت من السماء إلى الأرض مائة كتاب وواحداً، خمسين على شيث، وثلاثين على إدريس، وعشرين على إبراهيم، والتوراة عليك، والزبور على داود، والإنجيل على عيسى، وذكرت الكائنات في هذه الكتب فاذكر جميع معاني هذه الكتب في كتاب محمد عليه الصلاة والسلام، وأجمع ذلك كله في مائة وأربع عشرة سورة، وأجعل هذه السور في ثلاثين جزءاً، والأجزاء في سبعة أسباع، ومعنى هذه الأسباع في سبعة آيات: الفاتحة ثم معانيها في سبعة أحرف وهي "بسم الله". الحديث، (خزينة الأسرار).

أقول: وفي بعض ما ذُكر في الحديث نظر من حيث الأجزاء والأسباع وغيره، وأما ما يرتبط بما نحن فيه فهو أغنى من التوضيح والمطلوب حاصل لأن المتيقن عند أهل الفن أن أول ما نزل على النبي ﷺ هي ﴿بِسْمِ ٱللَّهِ ٱلرَّحْمَٰنِ ٱلرَّحِيمِ﴾ ﴿ٱقْرَأْ بِٱسْمِ رَبِّكَ﴾ .وعن أم سلمة زوجة الرسول الأعظم ﷺ قالت: إن رسول الله ﷺ قرأ البسملة في أول الفاتحة في الصلوات وعدّها آية وسائر الروايات الواردة في هذا الباب وفيها دلالة على كونها آية مستقلة كسائر آيات القرآن، وبعد ثبوتها بالأدلة الواضحة والبراهين القاطعة وعمل النبي ﷺ والأئمة الهُداة عليهم السلام، لا يبقى مجال للمناقشة في جزئيتها ولا نرى حاجة لذكر ما قيل في الموضوع أو ما يقال من الأقوال والنظريات والرد عليها.

ولا يخفى على المتدبر المتأمل أن هذه الآية المباركة المبدو بها كلام الله تعالى وكتابه العظيم تشتمل على مفاهيم عالية وحقائق سامية ذات علاقة عميقة وربط قوي بهداية الخلق إلى معرفة المبدأ والمعاد والإرشاد إلى إسعاد أنفسهم بالتخلق بأخلاق الله والسلوك على سبيله والتجنّب عن اتباع شياطين الجن

والإنس والانقياد لأهوائهم والذي يحوز أهمية كبرى، ومن الضروري التوجه إلى ما في هذه الآية من معان ذات أهمية معنوية عالية، والقدر المتيقن منها هو إلفات النظر إلى مكانتها الرفيعة حسب موقعها من الكلام الإلهي العظيم، فهي مبدأ الكلام ومفتاحه، ولو لم تكن فيها من الميزات والخصوصيات لكان في موقعها كفاية لإظهار شرفها وفضلها، حيث إنه أولاها تلك المنزلة العظيمة والمكانة السامية في كلامه المنزل على نبيه المرسل ليخرج به الخلق من الظلمات إلى النور، وحاشا أن يخلو فعله من الحكمة وهو المتكلم العليم والفاعل الحكيم.

فمن المعارف التي تدعو إلى المزيد من التفكر والتدبر في هذه الآية المباركة هي:

أ: معنى الاسم واسم الله بالذات وما يتعلق به، أي هل هو جامد أو مشتق؟ وما هو دوره بالنسبة إلى الذات من الدلالة والظهور والكشف؟ وما الفرق بين اسم الله وغيره؟ وكذلك بين لفظ الجلالة "الله" وبين سائر أسمائه الحسنى؟ ومن سر عدم جواز تسمية غير الله بهذا الاسم؟ ومن الفرق بين الاسم والذات؟.

ب: نوعية الرحمة في الرحمن من حيث المعنى والمورد، سعةً وضيقاً.

ت: نوعية الرحمة في الرحيم، مفهوماً وتطبيقاً، وما هو الفرق بين الرحمن والرحيم من حيث الوصف.

ث: علاقة الاسم بذكر الرحمة، من حيث الوضع والإطلاق.

ج: دور البسملة في أمر الهداية، أي هداية الخلق إلى الخالق علماً وعملاً، بداية ونهايةً، كمالا وتماما.

ح: الدعوة الإلهية للإنسان إلى التأدب بآداب العبودية، لمكان حاجته إليه في جميع شؤون وجوده وبقائه.

خ: السر في التركيز على ذكر صفة الرحمة بعد الألوهية، أي لماذا اختص الذكر إسمي الرحمة بعد لفظ الجلالة دون سائر أسمائه تعالى.

د: دور البسملة في عدد آي السور كلها، في التدوين والترتيب، والوصل والفصل، والبدء والختم.

ذ: مكانة المتكلّم والكلام والمراد منه من حيث عظيم شأنه وعلو مكانه، وأن كلامه يتميز عن غيره لمكانه خالقاً وإلهاً وقادراً غير عاجز، وكاملاً غير ناقص، وغنياً غير محتاج.

ر: البدء والختم والعلاقة بينهما في الكلام وغيره من حيث المعاني والمفاهيم والحقائق والمعارف والمبدأ والآثار.

ز: سعة دائرة المجالات المنظورة فيها موضوعاً وحكماً.

س: نظم الأحرف والكلمات في الآية وترتيبها، من حيث البلاغة والأدب الإلهي العظيم.

ش: قيمة قراءة البسملة في الحياة الفكرية والعملية، تعبّداً وتوكّلاً، تيمناً وتوسلاً، تأثيراً وتفعيلاً، وتثبيتاً وتنويراً.

ص: عناية الرب القدير بالعباد في النيابة عنهم في الكلام، لتأديبهم أدب العبودية وتعليمهم الخُلق الروحانية وتقريبهم إلى ساحة ذاته المتعالية.

ض: الآثار الطبيعية للبسملة في مختلف المجالات، من دون استثناء بين المادية والمعنوية والفردية والاجتماعية وغيرها.

ط: أثرها الوضعي في التكلم والكتابة، من دون فرق بين مورد وآخر وفي حال دون حال وفي زمان دون آخر.

ظ: أثرها الوجودي في حراسة العمل بل وكل أمر ذي بال عن وساوس الشيطان وزلاّته للمؤمنين السالكين سبيل التقوى منّةً من الله تعالى على أهل الحق وأصحاب المعرفة.

ع: دور الحضور الكلامي لله تعالى في إيصال العبد إلى مطلوبه، وذلك من أهم أسباب التوفيق الإلهي.

هذه نبذة من المعارف اللطيفة والمفاهيم الخفيّة من قبس أنوار البسملة كآية من آيات القرآن الكريم، ولنا أن نبحث عن مغزاها ونتدبر فيها بأسلوب يليق بمقام الكتاب العزيز بعيداً عن القياس والرأي لأنهما لا يغنيان عن الحق شيئاً، بل قد يُسبّبان الهلاك والضلال والابتعاد عن الصراط المستقيم، فالمقياس لفهم القرآن هو القرآن نفسه أولاً وأهل القرآن الذين جعلهم الله أمناء على وحيه وهم الرسول ﷺ والأئمة من آله عليهم السلام ثانياً.

فبعد مراجعة آيات الكتاب العزيز والروايات الصحيحة الواردة عن الرسول ﷺ وأهل بيته عليهم السلام نجد أنها تحثنا على الأمر بالتفكير والتدبر فيها بعمق لنتوصل إلى المطلوب بأحسن الوجوه وأفضلها، ومن تلك الآيات قوله تعالى ﴿أَفَلَا يَتَدَبَّرُونَ ٱلْقُرْءَانَ وَلَوْ كَانَ مِنْ عِندِ غَيْرِ ٱللَّهِ لَوَجَدُواْ فِيهِ ٱخْتِلَٰفًا كَثِيرًا﴾ [النساء: ٨٢]، ويقول في شأن الكتاب ﴿كِتَٰبٌ أَنزَلْنَٰهُ إِلَيْكَ مُبَٰرَكٌ لِّيَدَّبَّرُوٓاْ ءَايَٰتِهِۦ وَلِيَتَذَكَّرَ أُوْلُواْ ٱلْأَلْبَٰبِ﴾ (ص: ٢٩)، وقوله تعالى ﴿وَأَنزَلْنَآ إِلَيْكَ ٱلذِّكْرَ لِتُبَيِّنَ لِلنَّاسِ مَا نُزِّلَ إِلَيْهِمْ وَلَعَلَّهُمْ يَتَفَكَّرُونَ﴾ (النحل: ٤٤) إلى غيرها من الآيات الداعية إلى التفكر والتدبّر في كتابه الكريم الذي لا ريب فيه، هدًى للمتقين، والروايات في هذا الباب كثيرة جداً.

غ: ورود تأكيد في الالتزام بذكرها، وذلك في كثير من الأحاديث والروايات كما ورد تحذير شديد عن تركها، فقد روي عن ابن عباس أنه قال:

مَن تركها فقد ترك مائة وأربع عشرة آية من كتاب الله، وفي بعض النسخ مائة وأربع عشرة سورة.

ف: ذكر البسملة مطلوب بالذات عند كل بداية ولا مجال لتبديلها بآية أخرى ولا باسم من أسماء الله الحسنى لاعتبارها بما هي هي من دون أي تغيير في ترتيبها وتركيبها.

ق: بناءً على القول بأن الباء في البسملة هي للالصاق فيكون المعنى المقصود لذكرها في بدء العمل هو إيجاد القرب للعبد بمولاه الرحمن الرحيم وذلك من أسمى المقاصد وأعلى المطالب في تقوية روح التعبد ومنظور التقرب، ولعله يعبر عنها بـ "حبيبة أهل ولاية الله" وبأنها كلمة قدسية من كنز الهداية وخلعة ربوبية من خلع الولاية ووصلة قربية لأهل العناية ورحمة خاصة لأهل الجناية، وهي آية عظيمة لمن عرف حقها ونعمة جسيمة لا نهاية لفوائدها ولا غاية لقيمة فرائدها.

ونعم ما قيل فيها: إن الباحث عنها مع قصرها إذا أراد ذرة من علمها ودرة من عيلمها احتاج إلى باع طويل في العلوم واطلاع عريض في المنطق والمفهوم، وإن أراد أن يعرف كنه ما فيها من الأسماء احتاج إلى علم الكلام، وإن أراد معرفة حكم الابتداء بها وهل يختلف باختلاف المبدوّ به احتاج إلى علم الفقه، وإن أراد معرفة ما فيها من ظاهر أو نص مثلاً احتاج إلى علم الأصول، وإن أراد معرفة طبائع حروفها احتاج إلى علم الحروف، وإن أراد معرفة أنواع الرحمة المشار إليها بها احتاج إلى علم الأفلاك وعلم تشريح الأعضاء وخواص الأشياء وعلم المساحة وغير ذلك، وإن أراد معرفة ما يمكن التخلق به مما تدل عليه الأسماء احتاج إلى علم الاحتجاج، وإن أراد معرفة ما خفي على أرباب الرسوم من الإشارات فليتضرع إلى ربه، وإن أراد أن يقف على جميع ما فيها من الأسرار فليعد عداً غير متناهٍ، وكيف يطمع في ذلك

وهي عنوان كلام الله تعالى المجيد، والحال هي جنة القرآن الذي لا يأتيه الباطل من بين يديه ولا من خلفه تنزيل من عند حكيم حميد.

ك: محلّها في الكتاب محل الباب من الدار، فمن أراد الدخول في الدار فليأت الباب ويدقّه، ودقّ باب القرآن هو قراءة ﴿بِسْمِ اللَّهِ الرَّحْمَٰنِ الرَّحِيمِ﴾ ومعرفتها، وبها يتيسّر الوصول إلى داخل الدار والأخذ بالمطلوب، وبعبارة أخرى أنها مفتاح فاتحة الكتاب الذي لا ريب فيه هدًى للمتقين، فهي مفتاح كنوز الكتاب الإلهي العظيم المبارك الذي أنزله الله تعالى على النبي الكريم الذي بعثه في الأميين يتلو عليهم آياته ويزكيهم ويعلّمهم الكتاب والحكمة وإن كانوا من قبل لفي ضلال مبين.

ل: أفضليتها على سائر الآيات القرآنية بالعموم، وعلى ست آيات بالخصوص، وذلك المعنى جاء في رواية عن ابن مسلم قال: سألت أبا عبد الله عليه السلام عن السبع المثاني والقرآن العظيم أهي الفاتحة؟ قال عليه السلام: نعم. قلت: ﴿بِسْمِ اللَّهِ الرَّحْمَٰنِ الرَّحِيمِ﴾ من السبع المثاني؟ قال عليه السلام: نعم، هي أفضلهن. (التهذيب للطوسي: ج ٢ ص ٢٨٩).

م: في اشتمالها على حرف "ب" في البدء إشعار إلى ما فيها من المعاني السامية والحقائق اللطيفة التي لها علاقة عميقة وواسعة بالوجود والكون والموجودات والكائنات بما لها من المراتب والمقامات وجهات الكمال والجمال، والدعوة إلى التدبر والتفكر فيها حسب الطاقات، والله المستعان.

ن: في اشتمالها على كلمة "اسم" اشارة إلى سموها وعلوها معنًى ومصداقاً، منطوقاً ومفهوماً، كمالاً وجمالاً، تأثيراً وتنويراً.

هـ: فيها دعوة عامة لكافة الناس وارشاد خاص للمؤمنين بالله وبكتابه إلى بذل كافة الجهود في استفهام المعارف واستلهام الحقائق من آي الكتاب العزيز المبدو به بالبسملة.

و: استطماع القارىء لها في الرحمة الإلهية أمر مطلوب للرب الرحيم، فرحمته وسعت كل شيء وهي تختص بعباده الصالحين في توفيقهم إلى الأعمال المرضية له، وتعم جميع الخلق بإفاضة الرحمة التكوينية اليهم وإن لم يكن مورد للرحمة التشريعية بالنسبة إلى أجناسهم وانواعهم.

ي: فيها جانب عملي للتوسل المأمور به للتوصل إلى الهدف المنظور اليه، حيث قال جل وعلا: ﴿وَٱبْتَغُوٓاْ إِلَيْهِ ٱلْوَسِيلَةَ﴾، وذلك بملاحظة عجزهم عن الوصول إليه من دون سبب ووسيلة لكون العالم عالم الاسباب، فاختيار الوسيلة من الله وابتغاؤها من العباد، وبدايتها بـ ﴿بِسْمِ ٱللَّهِ ٱلرَّحْمَٰنِ ٱلرَّحِيمِ﴾ تضمن النيل بالمطلوب والفوز بالمقصود.

اللَّه..
عبادة المعنى أم اللفظ؟

اللّه.. عبادة المعنى أم اللفظ؟

الاسم بكسر الهمزة أو ضمها، وهو في اللغة: اللفظ الموضوع على جوهر أو عرض لتعيينه وتمييزه عن غيره، وقد بذل الباحثون حول الاسم جهوداً كثيرة، ولكل قوم فيه رأي، فللنُحاة رأي غير رأي الفلاسفة، وللمتكلمين رأي يختلف عن رأي الأصوليين، وللعُرفاء رأي يختص بهم، وهكذا، والذي يهمنا النظر فيه هو أن الاسم ما يُعرف به ذات الشيء، وعليه القول باشتقاقه من السمة بمعنى العلامة، فالاسم آية لشيء، فالتعبير عنه بـ "المعرف" أقرب إلى الأذهان من التعبير عنه بـ "الدال" ولا دور له في الحكاية عن المسمى إلا مجرد التمييز عن الغير، والبحث عن كونه عين المسمى أو غيره لا طائل تحته، أو ضرورة وضوح الأمر، ولا نرى حاجة إلى تفسيره بما يؤدي إليه التحليل النظري من القول بمسمى الاسم إسماً وبالأوصاف الدالة على ذوات أسماء، لرجوع الأمر إلى نفس المعنى بالنتيجة وهو التمييز، كما لا نرى حاجة إلى ذكر ما قيل أو يقال فيما وقع بين المتكلمين في الصدر الأول من الإسلام من المشاجرات في عينية الاسم مع المسمى وغيريته.

وأما ما روي عن الإمام أبي الحسن الرضا عليه السلام عن الاسم بقوله: هو "صفة لموصوف" (نور الثقلين: ٨/١) فمعناه أن الاسم ما يُعرف به مسماه أو يوصف به، وهو علامة للمسمى وآية له، كما هو المتعارف في استعمالاتنا العامة في الحياة الفردية والاجتماعية حيث نُسمّي شيئاً باسم خاص لنميّزه عما سواه كما

نُسمّي كتاباً فقهياً في كذا مجال لتمييزه عن سائر الكتب المؤلفة في ذلك العلم، وتسمية المدن والمناطق كذلك للتمييز عن غيرها، وكذا الحال في سائر الأمور، فما تسمية الشيء إلا لتمييزه عن غيره ليس إلاّ.

وأما أقسام الاسم فهي بلحاظ المتعلق، فقد يكون اسم عينٍ بحكايته عن معنى يقوم بالذات، واسم معنى بحكايته عن معنى وصفيّ، وجودياً كان كالعلم أو عدمياً كالجهل، ولا يخفى خلوّه عن زمان بأصله، فدور الاسم بالنسبة إلى المسمى تعريفه وتمييزه عما سواه وتعيينه.

هذا كله يتعلق بالاسم لفظاً ومعنًى، وأما بالنسبة إلى اسم الله سبحانه وتعالى ففيه بحث علمي عميق، فالحديث عنه تارة عن أصله بأنه سبحانه هل له اسم خاص ينطبق عليه ما ذكرنا من تعريف الاسم أم لا؟ وإذا كان له اسم فهل ذاك الاسم يحكي عن ذاته ويدل عليه كما هو الحال في غيره تعالى أم لا؟ وأخرى عن تقدّمه على الذات وتأخره، وثالثة عن قِدَمِهِ وحدوثه، ورابعة عن وحدته وتعدُده وهكذا، والعمدة في المباحث كلها النظر في علاقة الاسم بذات واجب الوجود تعالى شأنه.

لفظ الجلالة "الله" اسم خاص للذات المتعالية، وهو عَلَمٌ لا يجوز إطلاقه على غيره تعالى بأي وجه من الوجوه لإمكان توصيفه بسائر الأسماء الحسنى لا بالعكس، وهو ليس باسم يكون له دور الحكاية والدلالة، بل الحق أن يقال: بأن لفظ الجلالة له دور الكشف عن الذات المستجمعة لجميع الصفات الكمالية والاشارة إلى حقها وحقيقتها التفاتاً إلى ما في معناه من اللطف، وإذا قلنا "الله" فالمنظور هو المصداق لا اللفظ، ودور اللفظ إشارة إلى المعنى المصداقي ولا غير، وإلا فيلزم أن يكون اسماً كسائر الأسماء يُحدّ بحدٍّ ويُنعت بنعتٍ والمصداق أعظم من ذلك كما قال أمير المؤمنين علي عليه السلام: "ومَن أشار إليه فقد حدّه، ومَن حدّه فقد عدّه"، ومعلوم أن الذات المتعالية لا تكون

محدودة بحد لضرورة كون المشار إليه في جهة مخصوصة، تعالى الله عن ذلك علواً كبيراً، ومن الواضح أن المراد من الإشارة في قوله ﷺ هي الإشارة الناشئة من الحس لا من العقل، وتصور الإشارة العقلية أيضاً عن إدراك المشار إليه بتمامه مما لا يخفى على مَن له أدنى تأمل وخبرة في المعقولات، وقد بيّن ذلك الإمام علي ﷺ بقوله: "لا يدركه بُعد الهمم ولا يناله غوص الفطن"، ومن الممكن جبر هذا القصور بالإيمان بالغيب، وإلا فالهمم البعيدة والفطن الغائصة لا توصلنا إلا إلى المفهوم اللفظي فقط أو إلى شعاع من نور الذات باتصافها بالكمال كله. وأما القلب الذي هو مجمع المشاعر الباطنة فلا تتجاوز إدراكاته عن عالم الإمكان ثبوتاً وإثباتاً، وذات الواجب وراء ذلك كله وهو أجلّ من أن ينال بما ينال المحسوس والممكن، فكل ما يُقال فيه فهو إظهار الإذعان بوجوده من القائل، فمراتب المعرفة بالذات المتعالية تختلف بحسب الملكات والاستعدادات، كما لا توصلنا إلى ذات الواجب، فإنها لا توصلنا إلى صفاته أيضاً، وبما أن صفاته عين ذاته لا تُحد ولا تعرف كما قال الإمام علي بن الحسين زين العابدين ﷺ: "كيف يوصف بمحدودية من لا يُحد" وإلا استلزم الحدّ التركيب المنافي للواجب والأحدية، ونِعْمَ ما قيل في الموضوع بأن الذات الأحدية والألوهية القيوميّة مما لا ماهيّة له ولا جزء لذاته، فلا حدّ له ولا صورة تساويه، فلا حكاية عنه، ولأن وجوده الذي هو عين ذاته غير متناهي الشدة في النورية فلا يتكهَّنه.

فعليه إذا قلنا "بسم الله" فالمنظور فيه التوجه إلى مُسمّاه أي الذات الأحدية، والمعنى بأننا نبدأ باسمه تعالى بالالتفات إليه التفات الفقير على الإطلاق إلى الغني على الإطلاق، والتفات الناقص على الإطلاق إلى الكامل على الإطلاق، والتفات العاجز على الإطلاق إلى القادر على الإطلاق، وفي هذا الالتفات كفاية للاستفادة مما في اسم الذات المتعالية من جانب الإفاضة القدسية التامة العامة الكاملة الشاملة الواسعة الباقية الكافية الوافية الواقية.

ولا بأس هنا بالإشارة السريعة إلى لفظ الجلالة والخلاف في كونه جامداً أو مشتقاً مع أن للوجهين وجهاً وجيهاً، وفي روايات الباب إشعار إلى الوجهين، وبناء على ذلك قيل إن الأقرب إلى الصواب هو الثاني بلحاظ الجانب اللفظي، والأول بالنظر إلى المعنى، ويقوى الوجه الأول لو قيل بعدم لزوم الاشتقاق في كل لفظ، فيكون اسماً موضوعاً. وقد ذهب بعض الأعلام إلى أن الألفاظ العربية أصلها الاشتقاق إلا لفظ الجلالة، ولا نرى حاجة في ذكر ما يقال في أصل اشتقاق لفظ الجلالة "الله" هل هو من الألوهية بمعنى العبادة أو من الوَلَه، بمعنى التحير أو من لاه بمعنى احتجب وغير ذلك،لوجود الروايات عن الأئمة عليهم السلام في هذا المجال، وفيها التفاتة إلى جميع تلك المعاني بوجه من الوجوه، والعمدة هو التوجه إلى كونه عَلَماً للذات الأحدية في البداية باسم تلك الذات المتعالية المفيضة التي نورت عالم الإمكان بنور وجودها.

وأما الألف واللام فقيل هو للتعظيم وقيل هو للتعريف، والأول أقوى لغناه عن الثاني، وهو أعرف مما سواه.

ولعل السر في كون البدء باسم "الله" بالخصوص هو عدم كونه معدوداً من أسمائه الحسنى ولكن يشكل بما في الآية ١١٠ من سورة الإسراء حيث قال تعالى ﴿قُلِ ٱدْعُوا۟ ٱللَّهَ أَوِ ٱدْعُوا۟ ٱلرَّحْمَٰنَ أَيًّا مَّا تَدْعُوا۟ فَلَهُ ٱلْأَسْمَآءُ ٱلْحُسْنَىٰ﴾ فقد عدّ لفظ الجلالة من الأسماء الحسنى بإضافة "الرحمن" معه، اللهم إلا أن يقال باختصاصه بالدعاء والدعوة، وأما الجهات الأخرى فغير ملحوظة في الآية.

ولا يخفى أن لفظ الجلالة علمٌ للذات الواجب تعالى شأنه كما مرّ ذكره وهو مقدّم على سائر أسمائه المباركة معنًى ومنزلةً، فعليه أن كلمة "الله" تذكر قبل سائر أسمائه وصفاته، ويشهد به ما ذكر في الآيات القرآنية من ذكر الأسماء الصفاتية بعد اسم الذات، وأما ما ذُكر في بداية سورة إبراهيم بقوله ﴿الٓر * كِتَٰبٌ أَنزَلْنَٰهُ إِلَيْكَ لِتُخْرِجَ ٱلنَّاسَ مِنَ ٱلظُّلُمَٰتِ إِلَى ٱلنُّورِ بِإِذْنِ رَبِّهِمْ إِلَىٰ صِرَٰطِ ٱلْعَزِيزِ

ٱلْحَمِيدِ * ٱللَّهِ ٱلَّذِى لَهُۥ مَا فِى ٱلسَّمَٰوَٰتِ وَمَا فِى ٱلْأَرْضِ﴾ فهو مؤوّل بجعل لفظة الجلالة مبتدأ غير وصف لما قبله، والمبتدأ مرفوع، وعلى القراءة المعروفة فيكون بياناً لما قبله، ولا يكون وصفاً على أي تقدير، واستدل على علميّته أن الألف واللام من بُنية هذا الاسم ولم تدخلا للتعريف دخول النداء عليه كما يقال: يا الله، وحروف النداء لا تجتمع مع الألف واللام للتعريف فلذلك لا يقال: يا رحمن، ويا رحيم، فلولا هذا شأن حروف النداء لصحَّ اتيانها على غير الأعلام من الأسماء.

وأما القول بلزوم تعيين الاسم لكل شيء للتمييز عن الغير فذلك يجري فيما سواه جل وعلا، فإنه غنيٌّ عنه بالأصالة.

وأما لزوم كون الاسم للاتصاف فهو أيضاً كذلك، والله أجلّ وأكرم من الحاجة بأصلها وجميع صورها.

ومن لطيف الحديث أن للفظ الجلالة "الله" خصوصيات يتميز بها عن سائر أسماء الله الحسنى التي أمرنا تعالى أن ندعوه بها، ومن تلك الخصوصيات كونها علماً للذات الواجب ولا يجوز تسمية أحد به سواه جل وعز، كما صرّح به أمير المؤمنين علي بن أبي طالب عليه السلام بقوله: "لا ينبغي أن يسمّى به غير الله ولم يتّسم به مخلوق"، وهذا من الموارد التي يمكن أن نقول فيها بدلالة الجملة "لا ينبغي" على النهي، ولا يخفى على المتأمل الخبير بالاستخدامات اللغوية أن إطلاق اللفظ وإرادة أظهر معانيه مما شاع بين أصحاب الفن، ولفظ "الله" بملاحظة أظهر معانيه هو مع كونه أجمع الصفات الإلهية العظيمة، أقرب دلالة على مَن لا يحق أن يُعبد غيره بل وهو المعبود حقاً والذي يبدأ عمله باسمه تعالى شأنه فهو يضمن لنفسه وعمله الصلاح والنجاح والفوز بما شاءه والنيل بما أراده، فهو الذي يتبرك لسانه بذكر المعبود قبل كل شيء ويتنور عمله بنور التسبيح باسم الخالق، وليس من أسماء الله تعالى ما يقوم مقامه فيما

يختص به، أي لا في البدء بقراءة القرآن في الصلاة وغيرها ولا في الذبح ولا في الإسلام ولا في سائر الأعمال والأفعال العبادية أو غيرها، من دون فرق بين قصد المتكلم بالاسم من التقرب أو التوسل أو التعبّد والاقتداء بالنبي ﷺ والأئمة المعصومين عليهم السلام فيه أو الامتثال بما أمره النبي ﷺ في ذلك أو التأدب بما أدّبه الله تعالى لعباده في كتابه العظيم، لوحدة الغرض في الجميع.

ويمكن أن نضيف على ما ذُكر في لفظ الجلالة أنه يدل ويرشد القائل إلى حضيرة معرفة الله تعالى بالسهولة ومن دون معونة زائدة، فالإنسان إذا جرى على لسانه اسم الذات المستجمع لجميع الصفات الكمالية والجلاليّة فهو يحسّ في قلبه نوعاً من روح العبوديّة التي تجرّه إلى معبوده وتقرّبه إلى محبوبه، بل وتبعّده عما سواه، وذلك من الآثار الروحانية القيّمة للاسم المبارك، وأيّ شيء أفضل وأثمن لهذا العبد الحقير الذليل المسكين المستكين المحتاج وجوداً وبقاءً من التمتع بنعمة المعرفة والتلذذ بها، ولا يخفى أن ذاك التمتع يزيد بالذكر والتسبيح، ومن المعلوم أن ذلك التلذذ والتمتع يزيد فيه من الفرحة الباطنية إذا اقترن ذكر الاسم بالالتفات إلى ما فيه من المعنى المألوف، فالقائل به هو الذاكر والمسبّح، والعابد والمتعبد، والمتوسل والمتقرب، والمطيع والمقتدي، والمؤمن والمسلّم نفسه لربه، فأي اسم عظيم يكون له هذا الوصف المميّز من أسماء الله المباركة، وكل أسمائه عظيمة.

ومن إحدى الخصوصيات التي لا يشك فيها أحد ممن له أدنى ذوق علمي وأدبي أن لفظ "الله" لا يأتي منه التثنية ولا الجمع، وهو واحد موحد، ولعل هذا هو السر في كونه علماً للذات الواحد الذي لا إله غيره، وهو الفرد الذي ليس له شريك، فاسمه الدال على وحدته ووحدانيته هو الوحيد الخاص المختص به، ولعل هذا السر أيضاً وراء عدم جواز تسمية أحد غيره بذلك، لأن كل ما يتصور في عالم الوجود فهو ينتهي بالنهاية إليه تعالى شأنه،

وللوحدانية الملحوظة في لفظ "الله" معانٍ عرفانية عظيمة ومفاهيم روحانيّة فخيمة لا يعرفها أحد سوى من ارتضاه الله تعالى لذلك من أوليائه: الأنبياء والرسل والأئمة المعصومون عليهم أفضل الصلاة والسلام، ولأجل ذلك فقد وردت بعض المرويات عن الأئمة المعصومين عليهم السلام:

"نحن أسماء الله الحسنى التي لا يقبل الله من العباد عملاً إلا بمعرفتنا"،

فهم الوسائط بين الخلق والخالق،

وهم الوسائل بين العباد والمعبود،

وهم الأدلاء على الذات الواجب الوجود،

وهم الاسباب للخيرات من الله إلى العباد،

وهم الأسماء التي يعرف بها من لا يعرفه أحد سواهم، كما ورد في الرواية أن الرسول صلى الله عليه وآله وسلم قال لأمير المؤمنين عليه السلام: "يا علي ما عرف الله أحد إلا أنا وأنت". فبعد عرض هذا القول من النبي صلى الله عليه وآله وسلم الذي لا ينطق عن الهوى إن هو إلا وحي يوحى على ما قاله الرسول الصادق الأمين صلى الله عليه وآله وسلم: "أوّلنا محمد وأوسطنا محمد وآخرنا محمد وكلنا محمد" يتضح معنى حصر معرفة الله فيه صلى الله عليه وآله وسلم وفي علي عليه السلام والأئمة من ولده لوحدة الملاك.

وما ورد عن سلمان الفارسي في قدوم الجاثليق المدينة مع مائة من النصارى وما سأله من الإمام علي بن أبي طالب عليه السلام عن مسائل فأجابه عنها وكان فيما سأله أن قال له: أخبرني عرفت الله بمحمد أم عرفت محمداً بالله عز وجل؟ فقال علي بن أبي طالب عليه السلام: "ما عرفت الله بمحمد صلى الله عليه وآله وسلم ولكن عرفت محمداً بالله عز وجل حين خلقه وأحدث فيه الحدود من طول وعرض فعرفت أنه مدبر مصنوع باستدلال وإلهام منه وإرادة، كما ألْهَمَ الملائكة طاعته وعرَّفهم نفسه بلا شبه ولا كيف".

فالمراد من كلامه عليه السلام إني ما عرفت ذاته تعالى بحدود ذات محمد صلى الله عليه وآله وسلم، لأن ذاته تعالى لا تدرك بذاته ولا بشيء من الذوات، ولكن عرفت محمداً صلى الله عليه وآله وسلم وخصوصياته، أنه مصنوع مدبر له بإلهامه تعالى ودلالته إياي، وإرشاده وهدايته إيّاي إلى ذلك.

والحق أن للامام عليه السلام منهجاً خاصاً ومختصاً به في معرفة الله تعالى ومعرفة النبي العظيم كما كان للنبي صلى الله عليه وآله وسلم طريق خاص ومختص به في هذا الباب وكذلك للأئمة المعصومين عليهم السلام كما لا يخفى على مَن له الاطلاع على المباني الكلامية والولائية، وبه أشار إليه الإمام زين العابدين عليه السلام في دعائه بقوله: "إلهي بك عرفتك"، ونظير هذا الكلام يوجد في الكلمات الواردة عن سائر الأئمة المعصومين عليهم السلام، وللبحث جوانب أخرى كثيرة نتركها إلى مجالها.

ولفظ "الله" هو اسم الله الأعظم، كما ورد في الحديث عن ابن عباس أنه قال عليه السلام: "سمعت رسول الله صلى الله عليه وآله وسلم يقول: اسم الله الأعظم هو الله، وقال أمير المؤمنين عليه السلام: "الله" أعظم اسم من أسماء الله عز وجل، ولعل السرّ في كونه كذلك أن سائر الأسماء الحسنى تقع تحت شعاعه وهو يشملها من دون عكس، وبه بدأت السور القرآنية كلها إلا التوبة المبدوءة بما فيها من النقمة الشديدة على المشركين. ولبعض العرفاء توجيه لطيف في الباب بأن السورة المباركة "التوبة" وإن لم تبدأ بالبسملة ولكنها مبدوءة بحرف الباء.

وفي آخر المطاف لا بأس بالالتفات إلى توصيف هذه اللفظة بـ "الجلالة" دون غيرها، ففيه عناية معنوية ودلالة عرفانية إلى جلال الذات وجماله، فالقائل به تنزل عليه من الفيوضات الربانية حسب ما يستعدّها وتمطر عليه شآبيب رحمانية حسب ما يستحقها. فالقائل حين ما يقول: "الله"، فيتجلى عليه نور الذات الإلهية فيتجلى معنى الكلمة بجلالته، وحينئذ لا تبقى حاجة إلى شيء يعرفه ودليل يدل عليه، فأي معرف يكون أجلى منه تعالى شأنه وعظم

مقامه لأنه يقال في باب التعريف بأن المُعرِّف ـ بكسر الراء ـ يجب أن يكون أجلى من المُعرَّف ـ بفتح الراء ـ، فالعالم كله من دون استثناء يفتقر في معرفة ربه إلى معرف يعرفه، فمَن الذي يكون له هذا الدور؟ فالله سبحانه وتعالى هو المعرف نفسه أولا وبالذات، وهو الذي عرف نفسه لكل ما خلقه ومَن خلقه.

فالطاقات تختلف والملكات تميِّز العارفين بعضهم عن بعض، فليست معرفة الأنبياء والأئمة عليهم السلام كمعرفة غيرهم من الخلق، فلهم أعلى مراتبها بما لهم من المزايا الوجودية النورانية والكمالات العرفانية الإلهية، وهم الذين قالوا: "بلى" في عالم الذر قبل الآخرين، وهم الذين أنعم الله عليهم بنعمة المعرفة بوجه خاص، وهم أبواب معرفة الله في خلقه كما أنهم أبواب الله في إفاضة الرحمة على الخلق، فهم الذين قالوا: بنا بدأ الله وبنا ختم، وبنا يُعرف الله، ولولا نحن لَمَا كان يُعبد الله، ونحن موضع سرِّه ولجاء أمره وعيبة علمه وموئل حكمه وكهف كتبه وجبال دينه. فهؤلاء المعصومون المطهرون الذين أذهب الله عنهم الرجس وطهَّرهم تطهيرا هُم الوسائل إلى معرفة الله والوسائط إلى فضل الله على الأنام في الليالي والأيام وذلك من فضل الله تعالى عليهم أنْ أعطاهم هذه الفضيلة ومنحَهُم هذه الكرامة بخلقهم من نور عظمته وجعلهم أبواب معرفته، فهم أدّوا أماناتهم وراعوا عهودهم مع الله تبارك وتعالى فتمتعوا بنعمه التي خصَّها الله لهم، وهُم شجرة النبوة ومحطّ الرسالة ومختلف الملائكة ومعادن العلم وينابيع الحكم، وهذا الإمام علي عليه أفضل التحية والسلام يقول: ألا إنَّ مثل آل محمد كمثل نجوم السماء إذا خوى نجمٌ طلع نجمٌ، فيظهر من هذا الكلام أنَّ الله سبحانه وتعالى لم يترك خلقه في الحيرة من معرفته بل وجعل لهم من عباده الذين اصطفاهم من خلقه واختارهم على العالمين لإمامة الأمم وهداية الملل إلى يوم القيامة من لَدُنْ آدم إلى قيام القائم من النبيين والمرسلين والأئمة الهُداة المهديين وأوليائه الصالحين الصادقين الذين أمر باتِّباعهم للذين آمنوا، فقال: ﴿يَٰٓأَيُّهَا ٱلَّذِينَ ءَامَنُواْ ٱتَّقُواْ ٱللَّهَ وَكُونُواْ مَعَ

ٱلصَّـٰدِقِينَ﴾، فهؤلاء الصادقون أدلاّء على وجود الواجب جل وعلا ونحن مأمورون باتِّباعهم واقتدائهم إيماناً وتصديقاً.

❁ ❁ ❁

كيف ننزّه اللَّه
عن مكونات المادة؟

كيف ننزّه اللّه عن مكونات المادة؟

ضمن الحديث عن اسم الله تعالى ـ الذي نبدأ به في أمورنا ـ لا بأس بذكر شيء فيما يتعلق بمعرفة المُسمّى، فإذا قلنا "بسم الله" أي نبدأ أمورنا باسمه تعالى شأنه، ففيه إشعار إلى سبق معرفتنا به لتفرع البداية بالاسم على معرفة المُسمّى.

سؤال يطرح نفسه:

وهنا سؤال يطرح نفسه بأننا كيف نعرفه بالذات لتنزهه عن مكونات الوجود المادي فينا؟ ففي معرفة أي شيء من الموجودات لابد من معرفة مكوناته كما لا يخفى، ولكن الله سبحانه وتعالى شيء لا كالأشياء، وموجود لا كالموجودات بل موجود بوجوده أو وجوده بموجوديته، وذلك يقتضي الوجوب في ذاته، فيمكن أنْ يعبّر عنه بوجود الموجود بالوجوب، أو بموجود بوجوبه الواجب، أو بواجب الوجود بموجوديته، وهو على بساطة الذات فهو الصمد المستجمع لجميع الصفات مع عدم السبيل للتركيب في ذاته واتصافه بصفات عديدة لا يضر بوحدته وبساطته، لأن تعدد الصفات إنما هو باعتبار المفهوم الذهني وليس باعتبار الوجود والواقع الخارجي، بمعنى أن كل واحد من تلك الصفات هي عين الأخرى وليس غيرها، وهي أجمع عين الذات الأحدية، والحاصل أن هذه الصفات مجموعة هو شيء واحد غير مركَّب بل مبرزة لجانب من جوانبه، وإنما كثُرت الصفات لعدم استيعاب المفردات لوصفه،

فعلى ما وصفناه ما هو الطريق إلى معرفته لمن يريد أن يبدأ أموره باسمه تعالى ضرورة استحالة الابتداء بالاسم قبل معرفة المسمى ولو في الجملة؟

الحق في الجواب:

إن معرفة وجود الله سبحانه وتعالى الذي هو المُسمّى في بدايتنا لأمورنا باسمه إنما تحصل بوحي الفطرة، ولا منافاة بين فطرية الأمر وبين حسّ البحث عنه تعالى، لاشتراك الأمرين في العلاقة مع مصدر الاقتضاء، وهذا الشعور الفطري يدعو الإنسان إلى الإذعان بوجوده تعالى، ويزرع في ضمير البشر بذور الإيمان به، والذي ينمو بنمو القوى المدركة في وجوده، ويثمر بثمار تستمتع النفس البشرية وتتلذذ بها في عملية إرواء الهلع الباطني وإشباع القوى الروحية بتغذيتها المطلوبة، وعلى ضوئه نستنتج أن معرفة المسمى ـ لا بِكُنْهِ ذاته ـ من الأمور الملازمة بالفطرة وصاحبتها، ولأجل ذلك يُعد دليل الفطرة من أول الأدلة على وجود الله تعالى وأقواها، والفطرة تهدي الإنسان إلى معرفة الذات الأحدية دون الاستعانة بشيء آخر، وأما ما استدل على وجوده وتوحيده بالبراهين القويمة الأخرى فهي تساعد في عملية الكشف عن الذات، وتزيد في الاطمئنان، وترفع غبار الظنون الباطلة والتوهمات الفاسدة عن الأذهان، وهذا دور تلك الأدلة والبراهين التي أُقيمت أو تقام في هذا الموضوع كبرهان الحدوث الذي اعتمد عليه المتكلمون بأسرهم، باعتباره أقرب الأدلة إلى متناول العقول والأفهام، ولبّه: إن العالم حادث لسبقه بالعدم ويمتنع تحقق وجود الحادث بدون محدث غير حادث، فبوجود العالم يحصل لنا العلم بوجود موجود وهو الله سبحانه وتعالى الذي غير حادث في وجوده، وكبرهان الإمكان الذي يتوسل به غالبية الفلاسفة الإسلاميون، بعد تقسيمهم الأشياء إلى واجب وممتنع وممكن، وخلاصته أن كل شيء في العالم إما يقتضي الوجود لذاته أو يقتضي العدم لذاته أو لا يقتضي شيئاً منهما بذاته، بل يتصف بأحدهما

بسبب عامل خارج عن الذات، فالأول هو الواجب، والثاني هو الممتنع، والثالث هو الممكن، فذاك العامل الذي يؤثر في الممكن لا يمكن أن يكون على غرار الممكن نفسه وإلا فيحتاج إلى عامل آخر يؤثر فيه ويكون غير الأول، وإلا فيلزم التسلسل، ولا يتوقف وجوده على مثله، وإلا فيلزم الدور، وبطلان الدور والتسلسل من الواضحات، ولا نرى حاجة فيه إلى إقامة الدليل، فينتج إلى الإذعان بوجود الموجد المؤثر في الممكن وهو الأول، أي الواجب الوجود تعالى شأنه، وهذا البرهان يسمى عند العُرفاء ببرهان الفقر، وكذلك برهان الحركة الذي تمسَّك به أرسطو وأتباعه، وبرهان التوازن والضبط الذي هو من فروع برهان النظم، وبرهان الوجوب، وبرهان الأسد والأخصر قد تحدث عنهما صدر المتألهين في كتابه الشهير بـ "الأسفار"، وبرهان الصديقين الذي توجد جذوره في القرآن الكريم، ويعبّر عنه بذات الأصل القرآني، وغيرها من البراهين والأدلة، ولكن كل ذلك لأجل إبطال التوهمات الشيطانية، وإلا فبداهة وجود الله سبحانه وتعالى وفطريته تغنينا عن إقامة الدليل عليه، فقد أودعت في كيان الإنسان غريزة معرفة الله سبحانه وتعالى، وإلا لما كانت تنمو غريزة المَيل إلى معرفته مع تكامل الاستعدادات والقابليات في وجود الإنسان، وما كانت مورثات الخلايا لدى كل إنسان تحمل بين جوانحها هذه الخاصية الروحية التي تتكامل مع تكامل الخلية وتنمو بنموها، فإذا قال الإنسان "بسم الله" تجلّى نور معرفته وعلا على صفحة وجوده في الآن نفسه، وهو يتوجه إلى إفاضته القدسية في الأمر المبدو فيه.

وغير خفيٍّ على مَنْ له خبرة في العلوم والمعارف بأننا إذا قلنا ببداهة وجود الله تعالى بوحي الفطرة، فلا نقصد بذلك عدم إمكان الاختلاف فيه، بل الحق أن تلك البداهة ذات مراتب، ولكل مرتبة منها حكم خاص بشأن مخصوص، ويدل عليه اختلاف آراء البشر حول وجود الله تعالى مع كونه بديهيا، ولقد أحسن القول الفيلسوف الإنكليزي توما كاريل ـ في عدم الحاجة إلى إقامة

الدليل على إثبات وجوده تعالى ـ حينما قال: "إن الذين يريدون إثبات وجود الله بالبرهان والدليل ما هم إلا كالذي يريد الاستدلال على وجود الشمس الساطعة الوهّاجة بالفانوس".

والحق أن الاستدلال على وجود الله جل شأنه الذي دلّ على ذاته بذاته، على حدّ تعبير الإمام أمير المؤمنين علي عليه السلام خارج عن الطاقة البشرية، حيث يقول عليه السلام: "الذي لا يدركه بُعد الهِمَم ولا يناله غوص الفطن".

أجل، كيف لا يكون ذلك والبشر محتاج إليه في أصل وجوده، كما ينسب إلى الإمام الحسين عليه السلام في ملحق دعاء عرفة: "كيف يُستدل عليك بما هو في وجوده مفتقر إليك؟ متى غِبْتَ حتى تحتاج إلى دليل يدلّ عليك؟ ومتى بعُدْتَ حتى تكون الآثار هي التي توصل إليك؟ عَمِيَتْ عينٌ لا تراك عليها رقيبا".

وقد تقرر في علم المنطق بكون الفطريات من أحد أقسام البداهة، فبداهة وجود الله سبحانه وتعالى تتولد من فطريته، فإذا قال العبد "بسم الله" فبوحي الفطرة يلتفت إلى مُسمّاه ويتحرك نحو المطلوب باسم المعبود ويستعين به لنيل المراد، ولذا صحّ ما ورد في معنى الباء بأنها للاستعانة، وهي تشمل الابتداء والانتهاء وجميع مراحل الأمر المنظور.

قول في بسملة الحمد:

والقول بتعلّق الباء في بسملة الحمد بالأشد خاصة، وأن المراد بها تتميم الإخلاص في مقام العبودية بالتخاطب، كما ذكره بعض أعاظم المفسرين المعاصرين، وقواه في مقابل معنى الاستعانة، مستدلاً باشتمال السورة على الاستعانة صريحاً في قوله "إياك نستعين" ليس إلا أحد الاحتمالات في المقام، واشتمال السورة على الاستعانة لا ينافي بكون الباء للاستعانة بملاحظة المقام وفائدة ذكر الخاص بعد العام، ففي قراءة البسملة في السورة يمكن

تقدير هذا المعنى: "أقرأ مبتدئاً بتسمية الله" ولكن قد يختص هذا التقدير حينئذ بالمقام ولا يعمّ غيره، مع أن الاستعانة يشمل معناها القراءة والكتابة وجميع الأعمال، وكذلك البداية والنهاية وما بينهما من الحالات، ضرورة عدم تخصيص المورد بالمورد، كما هو مقرر في علم الأصول، ونستفيد من كلام المعصوم عموم الأمر بقراءة البسملة في جميع البدايات، كما قال الإمام محمد الباقر عليه السلام: "وينبغي الإتيان بها عند افتتاح كل أمر عظيم أو صغير ليُبارَك فيه".

فالتعليل في قوله: "ليُبارك فيه" لا يحدد معناه بحالة الافتتاح، بل تعمّ جميع الحالات في كل الأمور من عظيم وصغير، فشأن العبد الفقير الاستعانة بالرب الغني في كل الأمور والأحوال، وشأن الرب القدير الإعانة لعبده في كل ما يحتاج إليه، فالاستعانة في بداية الأمر بالاسم تُشعر بتوجّه المستعين إلى المسمى، والإذعان بكمال عنايته وقدرته وانقطاعه عن غيره، والتوكل على الذات الأحدية، وهو بفقر ذاته يرتبط بالغني بالذات دائماً ارتباط المعلول بالعلّة، كما هو محتاج في أصل وجوده إليه تعالى، كذلك يفتقر إليه في بقائه وسلامته وكفاية أموره كما قال عزّ من قائل ﴿يَٰٓأَيُّهَا ٱلنَّاسُ أَنتُمُ ٱلۡفُقَرَآءُ إِلَى ٱللَّهِۖ وَٱللَّهُ هُوَ ٱلۡغَنِيُّ ٱلۡحَمِيدُ﴾، فالفقر الذاتي في الإنسان واحتياجه إلى العلّة الموصلة إلى الله سبحانه وتعالى تستدعي أن يستعين هو بربه في جميع أموره باسمه العزيز المبارك، ليُبارك له، لأنه هو الغني على الإطلاق، والظاهر أنَّ المراد بكونه غنياً أنه غير محتاج في وجوده وبقائه إلى غيره، بينما الإنسان وجميع المخلوقات تحتاج في وجودها وبقائها بل وفي كافة حالاتها وأحوالها إليه تعالى شأنه.

التفاتة لطيفة في الباء:

وفي المقام لا بأس بالاشارة إلى ملاحظة، وهي أن القول بالاستعانة في

الباء يكفي في مسألة معرفة المسمى لأن في الاستعانة أي طلب العون من المجهول أو مَن لا معرفة عنه أمر غير معقول، فالطالب والمستعين هو العارف للمستعان، بل ويجزم على أنه يقدر على إعانته، فإذا قال "بسم الله" عنى بذلك أبتدىء مستعيناً باسم الله. فبما أن "الاسم" يكشف عن مسماه، والباء للاستعانة، فلا يبقى المجال لتوهم عدم معرفة القائل بالمسمى الذي هو أعرف الأشياء في وجوده وأظهر الموجودات في وجوبه وأكملها في أوصافه، وهو الذي لا يبلغ مدحته القائلون ولا يحصي نعماءه العادون ولا يؤدي حقه المجتهدون، كما قاله الإمام أمير المؤمنين علي بن أبي طالب عليه السلام.

ولا يخفى أن المعرفة يتم تحققها حسب قدرة العارف واستعداده لا المعروف وكنه حقيقته، فإذا كان المعروف أو مَن تتعلق به المعرفة من جنس العارف أو نوعه أو صنفه فقد يمكن تصور معرفته تامّة أو شبه تامّة حسب الظروف، وأما بالنسبة إلى الخالق فلا يمكن ذلك بنحو من الأنحاء وبوجه من الوجوه، بل ويمتنع ويستحيل إدراك حقيقته عقلاً ونقلاً، فإذاً الطالب العارف ليس له حظّ وافرٌ في معرفة الله أكثر مما منحه سبحانه عن طريق الهداية الباطنية وذلك بالاستفادة من القوة العقلانية المودعة بالفطرة، بعد مشاهدة الآثار الدالّة على وجوده بالضرورة، ومن طريق الهداية الظاهرية، أي بالتمسك بالعروة الوثقى إلى معرفته، وهم الأنبياء والرسل والهُداة المعصومون عليهم أفضل الصلاة وأزكى السلام.

فالإنسان مهما كان عارفاً بالحقائق فهو لا يتجاوز ـ بما هو هو ـ عن حدّ الإمكان في وجوده وهو ممكن الوجود في جميع ما يتعلق بوجوده من الكمالات الذاتية، ولا يصل إلى الواجب بما هو هو. فالطالب العارف يستعين ربّه في بداية عمله حسب رؤية ربّه بعين القلب ومعرفته حسب شأنه ومقامه لا شأن ربّه ومقامه، ولا يحتاج أكثر من ذلك، وهذا المقدار من المعرفة هو

أساس الدين وأصله، وبه عبّر الإمام علي عليه السلام بأوّله في قوله: "أوّل الدين معرفته"، والإمام عليه السلام يذكر المراحل المتأخرة بقوله: "وكمال معرفته التصديق به، وكمال تصديقه توحيده، وكمال توحيده نفي الصفات عنه لشهادة كل صفة أنها غير الموصوف وشهادة كل موصوف أنه غير الصفة".

القول الحسن في الباب:

ونِعْمَ ما قيل في الباب بأن البشر كيف يرجو أن يعرف الله معرفة تامّة وأن يحيط به إحاطة كاملة وهو في الحضيض (ولكنه مغرور لما قد منَّ الله عليه بمعرفته بعض الدساتير وبعض المكتشفات)، فيمكن رؤية الله عز وجل بعين القلب، وبعد ذلك بإرشاد العقل، والعقل هو الهادي إلى أسهل طرق معرفة الله، ولذا ورد في الروايات أن بالعقل يُعرف الله ويوحَّد، لا بالحواس الخمس التي يستخدمها الإنسان في قضاء حوائجه في الحياة، فهي لا تقدر أن تدرك الذات الواجب الوجود، لكونها محدودة القوى والقابليات، وكثيرة الأخطاء، بينما العقل هو المصحح لأخطائها، وليس للعقل دور في معرفة الله أكثر من الإرشاد إلى آثاره ونتائج صنعه. فالبشر يدركه عز وجل في حيّز إمكانياته المادية فقط، ومع ذلك لا يقدر على إدراك كيفية صنعه وكنه حقيقة إيجاده العالم كلّه أو جزؤه، فكيف يقدر على إدراك مَن خلقَ العالم من دون شريك له في الخلق، فيستحيل على الإنسان أن يعرف الله عز وجل معرفة كاملة. فالرسول الأعظم صلى الله عليه وآله وسلم يقول: "سبحانك ما عرفناك حقّ معرفتك"، أي بتمامها وكمالها، وهو يعرف ويعلم ما هو، كما ورد في بعض ما روي عن الأئمة عليهم السلام: "سبحان مَن لا يعلم كيف هو إلا هو". وأما قول النبي الكريم صلى الله عليه وآله وسلم: "يا علي لم يعرف الله أحد إلا أنا وأنت"، فالمراد منه هو أسمى مرتبة من معرفة الله التي يمكن للبشر من الوصول إليها بإذن الله عز وجل، ومما قال الإمام علي بن موسى الرضا عليه السلام في معرفة الله تعالى: "أنه هو الذي أيَّن

الأَيْن بلا أَيْن، وكيَّف الكَيف بلا كَيف، فلا يُعرف بكيفوفيّة ولا بأينونيّة ولا يُدرك بحاسّة ولا يُقاس بشيء من الأشياء ـ إلى أن قال ـ إني لمّا نظرت إلى جسدي ولم يمكنني فيه زيادةً ولا نقصاناً في العرض والطول ودفع المكاره عنه وجرّ المنفعة إليه، علمت أن لهذا البنيان بانياً، فأقررت به، مع ما أرى من دوران الفلك بقدرته وإنشاء السحاب وتصريف الرياح ومجرى الشمس والقمر والنجوم وغير ذلك من الآيات العجيبات البيّنات، علمت أن لهذا مُقدِّراً ومُنشئاً".

ففي ضوء بيان الامام عليه السلام يتضح لنا أن في وجود الكون والكائنات بأسرها دليلاً بل أدلة واضحة وبينة على وجود الله سبحانه وتعالى ووجوبه كما ينطق بذلك القرآن الكريم في آيات شتى منها: ﴿إِنَّ فِى خَلْقِ ٱلسَّمَٰوَٰتِ وَٱلْأَرْضِ وَٱخْتِلَٰفِ ٱلَّيْلِ وَٱلنَّهَارِ وَٱلْفُلْكِ ٱلَّتِى تَجْرِى فِى ٱلْبَحْرِ بِمَا يَنفَعُ ٱلنَّاسَ وَمَآ أَنزَلَ ٱللَّهُ مِنَ ٱلسَّمَآءِ مِن مَّآءٍ فَأَحْيَا بِهِ ٱلْأَرْضَ بَعْدَ مَوْتِهَا وَبَثَّ فِيهَا مِن كُلِّ دَآبَّةٍ وَتَصْرِيفِ ٱلرِّيَٰحِ وَٱلسَّحَابِ ٱلْمُسَخَّرِ بَيْنَ ٱلسَّمَآءِ وَٱلْأَرْضِ لَءَايَٰتٍ لِّقَوْمٍ يَعْقِلُونَ﴾ (البقرة: ١٦٥).

ومنها:

﴿إِنَّ فِى خَلْقِ ٱلسَّمَٰوَٰتِ وَٱلْأَرْضِ وَٱخْتِلَٰفِ ٱلَّيْلِ وَٱلنَّهَارِ لَءَايَٰتٍ لِّأُو۟لِى ٱلْأَلْبَٰبِ﴾ (آل عمران: ١٩١).

ومن لطف اللطيف على عباده أنه بيَّن في الآيات اللاحقة صفات تختص بأُولي الألباب في قوله: ﴿ٱلَّذِينَ يَذْكُرُونَ ٱللَّهَ قِيَٰمًا وَقُعُودًا وَعَلَىٰ جُنُوبِهِمْ وَيَتَفَكَّرُونَ فِى خَلْقِ ٱلسَّمَٰوَٰتِ وَٱلْأَرْضِ رَبَّنَا مَا خَلَقْتَ هَٰذَا بَٰطِلًا سُبْحَٰنَكَ فَقِنَا عَذَابَ ٱلنَّارِ ۞ رَبَّنَآ إِنَّكَ مَن تُدْخِلِ ٱلنَّارَ فَقَدْ أَخْزَيْتَهُۥ وَمَا لِلظَّٰلِمِينَ مِنْ أَنصَارٍ ۞ رَّبَّنَآ إِنَّنَا سَمِعْنَا مُنَادِيًا يُنَادِى لِلْإِيمَٰنِ أَنْ ءَامِنُوا۟ بِرَبِّكُمْ فَـَٔامَنَّا رَبَّنَا فَٱغْفِرْ لَنَا ذُنُوبَنَا وَكَفِّرْ عَنَّا سَيِّـَٔاتِنَا وَتَوَفَّنَا مَعَ ٱلْأَبْرَارِ ۞ رَبَّنَا وَءَاتِنَا مَا وَعَدتَّنَا عَلَىٰ رُسُلِكَ وَلَا تُخْزِنَا يَوْمَ ٱلْقِيَٰمَةِ إِنَّكَ لَا تُخْلِفُ ٱلْمِيعَادَ﴾ (آل عمران: ١٩١ ـ ١٩٤).

وفي هذا الباب آيات كثيرة تدل على وجود البراهين القويمة في العالم كله

والبينات العظيمة في الموجودات بأسرها على وجود الخالق البارىء القوي، فمن تفكَّر وتدبَّر فيها، فقد نال بمراده وتشرف برؤية ربه بعين القلب.

مقولة الإمام الرضا عليه السلام :

وروي أيضاً عن الإمام الرضا عليه السلام أنه قال: "لا يكون صفة لغير موصوف ولا اسم لغير معنى ولا حد لغير محدود، والصفات والأسماء كلها تدلّ على الكمال والوجود، ولا تدل على الإحاطة كما تدل على الحدود التي هي التربيع والتثليث والتسديس، لأن الله عز وجل وتقدّس تدرك معرفته بالصفات والأسماء ولا تُدرك بالتحديد بالطول والعرض والقلّة والكثرة واللون والوزن وما أشبه ذلك، وليس يحلّ بالله جلّ وتقدّس شيء من ذلك حتى يعرفه خلقه بمعرفة أنفسهم بالضرورة" . وجاء في نسخة أخرى: "ولكن يدل على الله عز وجل بصفاته ويُدرك بأسمائه، ويُستدل عليه بخلقه حتى لا يحتاج في ذلك الطالب المرتاد إلى رؤية عين ولا استماع أذن ولا لمس كفّ ولا إحاطة بقلب، فلو كانت صفاته جل ثناؤه لا تدل عليه وأسماؤه لا تدعو إليه والمعلمة من الخلق لا تدركه لمعناه كانت العبادة من الخلق لأسمائه وصفاته دون معناه".

مقولة الإمام الصادق عليه السلام :

وروي عن أبي عبد الله عليه السلام أنه قال: "اسم الله غير الله، وكل شيء وقع عليه اسم شيء فهو مخلوق ما خلا الله، فأما ما عبّرت الألسن عنه أو عملت الأيدي فيه فهو مخلوق والله غاية من غاياته، والمغيى غير الغاية، والغاية موصوفة، وكل موصوف مصنوع، وصانع الأشياء غير موصوف بحدّ مسمّى، لم يتكون فتعرف كينونته بصنع غيره، ولم يَتَنَاهَ إلى غاية إلا كانت غيره، لا يذلُّ مَنْ فَهِمَ هذا الحُكم أبداً وهو التوحيد الخالص، فاعتقدوه وصدّقوه وتفهّموه بإذن الله عز وجل، ومَن زعمَ أنه يعرف الله بحجاب أو بصورة أو بمثال فهو

مشرك، لأن الحجاب والمثال والصورة غيره، وإنما واحد موحّد، فكيف يوحّد مَن زعمَ أنه عرفه بغيره، إنما عرف الله من عرفه بالله، فمن لم يعرفه به فليس يعرفه، إنما يعرف غيره، والموصوف غير الواصف، فمن زعمَ أنه يؤمن بما يعرف فهو ضالٌّ عن المعرفة، لا يدرك مخلوق شيئاً إلا بالله، ولا تدرك معرفة الله إلا بالله"، والحق إنَّ الله سبحانه وتعالى في وجوده وموجوديته مُنزَّه عن المادة ومكوناتها ومطهَّر عن الجسم ولوازمه فكيف يعرفه مَنْ هو محتاج إلى المادة ومكوناتها والجسم ومختصاته معرفة تامة كاملة، فسبحانه وتعالى عما يصفون.

التوسل إلى اللَّه
باسمه المبارك

التوسل إلى اللّه باسمه المبارك

قد ثبت مما ذكرناه في الحلقات السابقة أن الابتداء باسم الذات الأحدية هو بملاحظة مورد الباء للاستعانة أولاً وبالذات، وللتبرك والتيمّن في حركة العامل للوصول إلى المراد من العمل المبدو به ثانياً وبالعرض، وأما ما ورد في الحديث النبوي الشريف بأنه قال ﷺ: "كل أمر ذي بال لم يبدأ فيه باسم الله فهو أبتر" فهو بملاحظة حرص العامل على حصول آثار ونتائج مطلوبة وخالدة لجلب نفع منظور أو دفع ضرر منفور وهو أيضاً نوع من النفع، فكأنه ببداية عمله باسم الذات الأحدية يضمن لنفسه تلك الآثار والنتائج من عمله، وهو في عين الحال يحرص على أمره أن لا يكون مقطوع الأثر، أي أبترَ، فمع ذلك كله تقتضي عبودية العبد مثل هذا التأدب بغض النظر عن حوله وقوته، ولا حول ولا قوة إلا باللّه، والاعتصام بالذات الأحدية بالالتجاء إلى اسم الله الشريف، وبهذا يصل هو، أي الإنسان، إلى مقام يغني عن مشاهدة نفسه في فعله وإرادته ويرى الذات الأحدية بما يليق بساحتها.

فكل خير يحصله ينسبه إلى اسمه تعالى كما ذكر هذا المعنى في الحديث القدسي الشريف وفيه أن الله سبحانه وتعالى قال لنبيه محمد ﷺ: "يا محمد ومَن أراد من أمتك أن تُقبل منه النوافل والفرائض فليقل خلف كل صلاة فريضة أو تطوّع: يا شارعاً لملائكته دين القيمة ديناً راضياً به منهم لنفسه.. ويا مجازي أهل الدين بما عملوا في الدين، اجعلني بحق اسمك الذي كل شيء من

الخيرات منسوب إليه من أهل دينك الموثرية بإلزامهم حبّه وتفريغك قلوبهم للرغبة في أداء حقك فيه إليك لا تجعل بحق اسمك الذي فيه تفصيل الأمور كلها شيئا سوى دينك عندي أبين فضلاً.." (المجالس للطبرسي).

ففي هذا الحديث المبارك ذكرت للاسم صفتان:

الأولى: أن كل شيء من الخيرات منسوب إليه، ففيه إشعار إلى ما في الاسم من تأثير خاص ودور مخصوص في نزول البركات على من بدأ أمره به، وأيضاً كونه سبباً لوصول الفيض إليه في إتمام المقصود، وكيف لا يكون كذلك وهو مبدأ الخيرات ومصدرها وهو يريد إفاضة نعمه على عباده لكونهم محتاجين إليها في جميع أُمورهم وأحوالهم، والذي يستمتع من خير في الحياة فذلك ببركة الاسم، وبما أن دائرة الخيرات واسعة لا يقدر البشر تحديدها فتتوقف الاستفادة منها على قدر إمكانه ومدى حاجته، والله سبحانه وتعالى منّ على عباده بجعل الاسم مفتاحاً للخيرات منه، وإذا توسل العبد إلى الله باسمه المبارك فتنفتح عليه أبواب رحمته الواسعة وتنزل عليه الملائكة بباقة الخيرات والبركات مع بشارة غفران الذنوب وكفارة السيئات.

الثانية: إن فيه تفصيل الأمور كلها، فإذا قال العبد "بسم الله" أي ابتدأ باسم الذات الأحدية فتتجلى عليه الأنوار الإلهية وتمطر عليه الفيوضات الربانية وتتلبس جميع جهات أمره بلباس الخير والتوفيق من الله تعالى، فالمبتدئ أموره بقوله "بسم الله" يعلن بعدم استقلاله في فعله وإرادته، ولا يرى ذاته مصدراً لأفعاله ومعتمداً على نفسه من دون عناية ربانية، وفي قوله "إن فيه تفصيل الأمور كلها" إشارة إلى تضمن الاسم لمعانٍ رفيعة لا يطلع عليها إلا مَن امتحن الله قلبه بالإيمان، ولا يلتفت إليها إلا مَن أتى الله بقلب سليم.

فللإسم دور في الإشراق كما نقرأ في الدعاء المروي عن الإمام جعفر بن محمد الصادق عليه السلام: "يا حي يا قيّوم أسألك باسمك الذي أشرقَتْ به

السماوات والأرضون"، ولهذه الاشراقة دور هام وواسع لاسعاد العباد في الحياة، فالمتوسل بالاسم يتمتع من تلك الإشراقة في جميع شؤونه وأموره وأقواله وأعماله من العبادات والمعاملات وحتى في العقود والإيقاعات، وله دور في الإصلاح، كما ورد في الدعاء نفسه، "وباسمك الذي يصلح به الأولون والآخرون".

والمبتدئ باسمه سبحانه وتعالى، أي اسم كان من أسمائه الحسنى، كما قال عز من قائل ﴿قُلِ ٱدْعُوا۟ ٱللَّهَ أَوِ ٱدْعُوا۟ ٱلرَّحْمَٰنَ أَيًّا مَّا تَدْعُوا۟ فَلَهُ ٱلْأَسْمَآءُ ٱلْحُسْنَىٰ﴾ [الإسراء: ١١٠]، يطلب منه كل ما يضمن له الوصول إلى المطلوب والحصول بالمقصود والنيل بالمراد.

فلإسمه تعالى مكانة عظيمة نلمسها في الأدعية المباركة المروية عن الأئمة المعصومين عليهم السلام عبر المعرفة والإيمان، منها ما ورد في دعاء الإمام أمير المؤمنين علي بن أبي طالب عليه السلام الذي علّمه لأويس القرني: "وبأسمائك الحسنى وأمثالك العليا ونعمك التي لا تُحصى وبأكرم أسمائك عليه وأحبّها إليك وأشرفها عندك منزلة وأقربها منك وسيلة وأجزلها مبلغاً وأسرعها منك إجابة، وباسمك المخزون الجليل الأجل الأعظم الذي تحبه وترضاه وترضى عمَّن دعاك به فاستجبت دعاءه، وحقٌّ عليك ألا تحرم سائلك، وبكل اسم هو لك علّمته أحداً من خلقك أو لم تعلّمه أحداً، وبكل اسم دعاك به حملة عرشك وملائكتك وأصفياؤك من خلقك".

أشار الإمام عليه السلام إلى حسن أسمائه تعالى وعلو أمثاله ووسع نعمه، والذي يتوسل إليه باسمائه لا يغفل عما فيها من الكرامة والشرف والمنزلة عند الله تعالى وإن فيها اسمه الذي أحبَّها اليه، ويمكن أن يكون ذلك الاسم هو الذي أراده الله تعالى في بداية كلامه بقوله: ﴿بِسْمِ ٱللَّهِ ٱلرَّحْمَٰنِ ٱلرَّحِيمِ﴾.

وجاء في دعاء الحجب المروي عن النبي الأكرم ﷺ: "وبكل اسم هو لك أنزلته في كتابك أو أثبته في قلوب الصافين الحافين حول عرشك..».

فقد أشار النبي الكريم ﷺ إلى أن الله سبحانه وتعالى أنزل الاسم في القرآن الكريم الذي هو شفاء لما في الصدور، ومن يقرأ القرآن فهو يتوسل إلى الله بالاسم حين تلاوته الآيات المباركة ويتشرف لسانه بذكر الاسم ويتنور قلبه بنوره، ومن المقطوع به أن الله تعالى لا يخيب عبده إذا دعاه ويتوسط فيه باسمه المبارك الذي جاء به في بدء كتابه وقال: ﴿بِسۡمِ ٱللَّهِ ٱلرَّحۡمَٰنِ ٱلرَّحِيمِ﴾ وغيره من الأسماء التي أنزلها في الكتاب.

ونقرأ في دعاء السمات: "اللهم إني أسألك باسمك العظيم الأعظم الأعز الأجل الأكرم الذي إذا دُعيت به على مغالق أبواب السماء للفتح بالرحمة انفتحت".

فقد أشير في هذه الكلمات إلى ما للاسم من الدور في فتح أبواب الرحمة الإلهية التي يحتاج إليها الناس في أصل وجودهم وبقائهم، ولعله السر في اتيان اسمي "الرحمن الرحيم" مع اسم الجلالة "الله" في البسملة، وقد يوجد في كثير من الأدعية المباركة التوسل بالاسم وأسمائه الحسنى التي لا يعلم تأويلها وأسرارها إلا هو تعالى شأنه.

فإذا كان للاسم مثل هذا الدور والتأثير، فالمبتدئ باسمه تعالى يتوسل به ويستعين بالله سبحانه في جميع أموره وأحواله عارفاً ـ بوحي الفطرة ـ بما في الاسم من التأثير، وكيف لا يكون كذلك وهو اسم الذات التي تستجمع الصفات الكمالية والجلالية كلها، وهو حي لا يموت بيده الخير وهو على كل شيء قدير.

وهذا العبد لا استقلال له في وجوده ولا في إرادته الا باذنه وهو لا يملك لنفسه نفعاً ولا ضراً، وهو يستعين بالله تعالى بقوله ﴿بِسۡمِ ٱللَّهِ ٱلرَّحۡمَٰنِ ٱلرَّحِيمِ﴾ إظهاراً لما خفي في باطنه من الإيمان بالمسمى وقدرته على إعطاء

ما يريد منه، وهو يتوجه إليه باسمه لأنه لولا الاسم لما كان لايجاد الارتباط بينه وبين الذات الأحدية سبيل، لقصور العقول والأوهام على إدراكه بما هو في ذاته، وبما أن الاستعداد لابد منه للموجود الممكن الوجود لبقاء وجوده، فلذلك عيّن وعلَّم الله سبحانه لخلقه أسماءه الحسنى لأن يدعوه بها ويذروا الذين يُلحدون في أسمائه حيث قال جل وعلا ﴿وَلِلَّهِ ٱلْأَسْمَآءُ ٱلْحُسْنَىٰ فَٱدْعُوهُ بِهَا ۖ وَذَرُوا۟ ٱلَّذِينَ يُلْحِدُونَ فِىٓ أَسْمَـٰٓئِهِۦ ۚ سَيُجْزَوْنَ مَا كَانُوا۟ يَعْمَلُونَ﴾ (الأعراف: ١٨٠).

فالدعاء يُستجاب باسم الله سبحانه وتعالى، والله يرضى عمن دعاه باسمه ويحبّه، ففي رضاه وحبّه أقوى ضمان للوصول إلى المراد، فإذا قال العبد "بسم الله" أي ابتدئ بالاستعانة من الله باسمه، فكل ما للاسم من التأثير، فللقائل منه نصيب حسب النيّة والإخلاص لأنه سبحانه وتعالى يتعامل مع العباد على أساس العدل والإحسان لا الظلم والعدوان، وهو يعطي لصاحب الحق حقّه، بل ويُحسن به إعطاء الزيادة، تفضلاً وكرماً منه بخلقه، والذي يبدأ أمره باسمه ويذكره في شروع عمله فالله تعالى لا ينساه في إتمام مقصوده لأنه وعد عباده أن يذكرهم إذا ذكروه حينما يقول: ﴿فَٱذْكُرُونِىٓ أَذْكُرْكُمْ﴾ (البقرة: ١٥٢)، ولهذا فالذكر لا يختص بمورد دون آخر، بل يعمّ كل ما له علاقة بحياة الإنسان وكل أمر يرتبط بسعادة البشر في العاجلة والآجلة، ومَن هو أحب إلى الخالق من خلقه غيره؟ وهل يعقل أن ينسى مَن خلقه ولا يهتم بأموره وبالأخص إذا قام بذكره تعالى إذا هو يذكره، وليس معنى ذكر الله له إلا التفضل والإفاضة والترحم والتقبل والعطاء والرضا، بينما العبد الذاكر لربه لا أمل له إلا أن يرضى له مولاه، فهو يقول بما يقوله مولاه، ويعمل ما يرضى به مولاه، ويريد ما يريده منه مولاه، ويأتمر بما أمره مولاه، وينتهي عما نهى عنه مولاه، ويتوسل إليه في حاجاته بما توسل به مولاه لإفاضاته، والعبد فقير والمولى هو الغني، والعبد عاجز والمولى هو القادر على كل شيء، والعبد ذليل والمولى هو الجليل في ذاته وصفاته، والعبد مذنب والمولى هو الغافر، والعبد مسيء

والمولى هو المحسن، وهذا الإمام زين العابدين عليه السلام يقول في دعائه: اللهم إني أخلصت بانقطاعي اليك، وأقبلت بكلي عليك، وصرفت وجهي عمن يحتاج إلى رفدك، وقلبت مسألتي عمن لم يستغن عن فضلك، ورأيت أن طلب المحتاج إلى المحتاج سفهٌ من رأيه وضلة عن عقله، فكم قد رأيت يا الهي من أُناس طلبوا العزَّ بغيرك فذلوا وراموا الثروة من سواك فافتقروا، وحاولوا الارتفاع فاتضعوا..."، ويقول عليه السلام: "يا مَنْ ذِكْرُه شرف للذاكرين، ويا مَنْ شكره فوزٌ للشاكرين، ويا مَنْ طاعته نجاة للمطيعين، صلّ على محمد وآله، واشغل قلوبنا بذكرك عن كل ذِكْر، وألسنتنا بشكرك عن كل شكر...."، فعدّ الشُكر من الشَّرف للذاكر، والشُكر من الفوز للشاكر، وفي الذكر توسل إلى الله باسمه، وفي الشُكر تشرُّفٌ بالاستفادة من نعمه، وبالتوسل تنزل النعم وبالشُكر تزداد، كما قال تعالى: ﴿لَئِن شَكَرْتُمْ لَأَزِيدَنَّكُمْ﴾ (إبراهيم: ٧)، وهذا الوعد من المولى الكريم الذي وعده الحق وهو لا يخلف الميعاد، والذَّاكر والشاكر هو المتوسل إلى الله باسمه، ولهذا الاسم المتوسل به مكانة عظيمة ومنزلة رفيعة عند الله تعالى فاختاره لنفسه علماً وجعله أكرم الأسماء عنده منزلة وأشرفها لديه مقاماً والأمر الذي يحوز الأهمية هو أن الله تعالى جعل اسمه وسيلة للخلق إليه في نزول الخيرات منه على من يشاء من عباده، وهذا الذي أُشير إليه في دعاء الإمام علي عليه السلام: "يا مَنْ اسمه دواء وذكره شفاء"، "اللهم إني أتقرب اليك بذكرك"، "أن تجعل أوقاتي من الليل والنهار بذكرك معمورة"، "واجعل لساني بذكرك لهجاً".

فيظهر من هذا كله أن التوسل إلى الله باسمه المبارك من اهم الأمور وبه استقرت سيرة النبي صلى الله عليه وآله وسلم والأئمة المعصومين عليهم السلام في جميع الأحوال فكانوا يتوسلون به وفي عمله هذا كسائر أعمالهم أُسوة حسنة لمن اتقى. فعلى مَن آمن بهم ووالاهم وسار على طريقهم وركب في سفينتهم أن يتوسل إلى الله باسمه المبارك ويقول في بداية كل أمر ذي بال وبداية كل عمل يعمله بل وفي كافة

مراحله ﴿بِسْمِ ٱللَّهِ ٱلرَّحْمَٰنِ ٱلرَّحِيمِ﴾ ليكون عمله مضموناً بالصلاح والنجاح والفوز والفلاح، وإذا كانت البداية مقرونة بالبركة والرحمة فتكون النهاية مضمونة بهما البتة، فاخلاص القائل بها يسبب ذلك، والتوفيق من الله تعالى يكمله ويحققه، فالعبد يحتاج إلى التوفيق الإلهي والله يوفق لمن أتاه بقلب سليم وأطاعه في بداية أموره بقوله: ﴿بِسْمِ ٱللَّهِ ٱلرَّحْمَٰنِ ٱلرَّحِيمِ﴾.

ولا يخفى أنَّ لله سبحانه وتعالى أسماء كثيرة لفظية مضافا إلى الأسماء الكونية ـ وفي كل شيء له آية... تدل على أنه واحد ـ وأما المتعارف مما يذكر من أسمائه تعالى شأنه هو تسعة وتسعون إسماً حسب ما ورد في العديد من الأحاديث والروايات وكلها مذكورة في القرآن الكريم، بينما لفظ الجلالة الله قد جاء ذكره في كتاب الله بألفين وستمائة وثمانٍ وتسعين مرة، والرحمن جاء ذكره بسبع وخمسين مرة، وقيل بالتنصيص عليه في مائة وتسعة سبعين موضعاً من الكتاب العزيز، والرحيم ذُكر بمائة وأربع عشرة مرة، وذكرَ بعض المختصين في إحصاء كلمات القرآن أنَّ التنصيص على الرحيم في خصوص مادة الرحمة هو بمائتين وست وعشرين مرة وذلك في السور المختلفة من القرآن الكريم وضمن العديد من المواضيع الأصلية والفرعية الدينية والأخروية العقائدية والعملية الأخلاقية والاجتماعية الحقوقية والتاريخية العامة والخاصة، فالقرآن الكريم يذكِّرنا بإفاضات وإشراقات لأسمائه الحُسنى وبركات وآثار لآياته الكبرى فَلِيَتَدَبَّرِ المتدبرون ويعمل العاملون والعاقبة للمتقين، فالتوسل إلى الله باسمه المبارك يضمن السعادة في حياة الدنيا والآخرة ويجلب مرضاته لمن كان مؤمناً مخلصاً وموقناً متوكلاً عارفاً بحقه ومعترفاً بعبوديته راجياً لرحمته ومتمسكاً بعروته ذاكراً لأسمائه وشاكراً لنعمائه، ففي كل اسم من أسمائه سرٌّ من أسراره ونور من أنواره، كما نرى أنَّ من أسمائه لفظ الجلالة الله، ففيه دلالة واضحة إلى أُلوهيته الحقَّة ووحدانيته الذاتية، وهو خارج عن العدد، أي من تسعة وتسعين أُتي بعنوان المسمى الجاري عليه الأسماء بمكانه

علما لذات الواجب، ولا يجوز لأحد أنْ يسمي به نفسه سواه عز وجل. وأما الرحمن الرحيم ففيهما إشارة بيِّنة إلى رحمته الواسعة الدائمة على عباده، ومن المعلوم أنَّ المراد من الرحمة فيهما هو الفضل والإحسان والعطاء والإنعام واللطف والكرم والرأفة والرفق ويجمع كلها النعمة، فالله هو المنعم وهو الراحم وهو الرحيم، وليس معنى الرحمة الرقة في القلب، وهي منفية عن الله تعالى لتنزهه عن الجسم وما يقتضيه، فالعبد الفقير إذا توسل إلى ربه الغني باسمه المبارك أيّا ما كان فهو يكفيه بكفايته ويغنيه بغناه ويرحمه برحمته ويغفره بغفرانه ويتفضل عليه بلطفه وإحسانه، فكل اسم يتوسل به العبد إلى مولاه يكون مفتاحاً لأبواب رحمة الله الواسعة وهو أرحم الراحمين، وجدير بالذكر في المقام أنَّ الإمام الصادق عليه السلام ذكرَ أنَّ أسماء الله تعالى ثلاثمائة وسبعون إسما، وفي رواية عنه عليه السلام قال: إنَّ لله تعالى ألفاً من الأسماء المقدسة المطهرة، وفي رواية أنها أربعة آلاف، فالعبد إذا توسل إلى الله بأي اسم من أسمائه الشريفة فهو ينال بمراده والله لا يردّ سائلاً إذا سأله عارفاً بحقه.

وفي موضوع التوسل إلى الله باسمه المبارك جل وعلا مباحث كثيرة جليلة وعميقة لأهل الفن من المفسرين والمتكلمين والفلاسفة والمحدثين وجُلّها تبتني على الآراء والنظريات تختص بهم فلا نتعرَّض لها في المقام خوفا من الإطالة في الكلام فنوكلها إلى مواردها والله المستعان وعليه التكلان وهو الرحمن الرحيم ونعوذ به من الشيطان الرجيم.

الفقر الذاتي يقتضي
الاستمداد من الغني بالذات

الفقر الذاتي يقتضي الاستمداد من الغني بالذات

يعلّمنا القرآن الكريم كيف نتوسل إلى الله سبحانه وتعالى باسمه الشريف المبارك في مختلف المجالات والأحوال في حياتنا الفردية والاجتماعية، وكيف نستمد منه ونستعين به في أمورنا الدنيوية والأخروية، لأن الاستعانة به وطلب المدد منه مما لا مناص منهما لمكان الفقر الذاتي فينا، فإن الإنسان مهما كانت عنده قدرة وقوة فإنه يحتاج إلى الله تعالى الذي هو الغني بالذات، وهذه الحقيقة لا يمكن أن يشكك أو يجادل وينازع في أمرها أحد لأن مَن هو مسبوق بالعدم، ولم يكن شيئاً مذكوراً، ومحتاج في الوجود بنفسه لنفسه، وما لم تمتد إليه يد من الخارج لم يرتفع فقره ولم يندحر احتياجه، فكيف يتصور استقلاليته في بقائه وإبقائه.

وهذا هو شأن الظواهر الكونية بأسرها، فهي مقرونة بالفقر الذاتي ومنها الإنسان، فالموجود المحتاج في أصل وجوده يحتاج أيضاً في رفع حوائجه المتعلقة به إلى مَن أفاض عليه الوجود. ولو قلنا بأنه بعد خروجه من دائرة العدم ووروده إلى ساحة الوجود يصبح غنياً، فليس المراد منه الاستقلال الذاتي لأنه يوحي بأن يكون الفقير بالذات غنياً بالذات وهو محال، والقرآن الكريم ينادي بقوله ﴿يَـٰٓأَيُّهَا ٱلنَّاسُ أَنتُمُ ٱلۡفُقَرَآءُ إِلَى ٱللَّهِۖ وَٱللَّهُ هُوَ ٱلۡغَنِيُّ ٱلۡحَمِيدُ﴾ (فاطر: ١٥) بل المراد من كونه، أي الإنسان، غنياً بعد التلبس بالوجود هو الاستقلال

العرضي الذي هو غير مضاد للفقر الذاتي، بل ويجتمع معه ولا يناقضه والاستقلال الذاتي يختص بالذات الواجب الوجود الخالق لكل شيء ولا يتصور لغيره على الإطلاق.

الفقر والاحتياج معاً:

إن الفقر في الآية لا ينحصر في أصل الوجود بل في الأحوال المتعلقة به كافة، بحيث لو انقطع الارتباط بين المفيض للوجود والمستفيض عنه، أو بين العلّة والمعلول، على حدّ تعبير الفلاسفة، لانهدم أساس الموجود الممكن، فمن الضروري أن يبقى ويستمر الارتباط بينهما على الدوام وفي جميع الحالات، فالله سبحانه وتعالى بغنى ذاته يمكنه رفع حاجة الفقير بالذات بتمامها دون غيره، فالعبد إذا التفت إلى فقره وغنى ربه يستعين به في أفعاله وأعماله بقوله ﴿بِسْمِ ٱللَّهِ ٱلرَّحْمَٰنِ ٱلرَّحِيمِ﴾ فحينئذ تنزل مائدة الفيوضات الإلهية والعنايات الربانية عليه ويستمتع هو بنعم المفيض لوجوده في بقائه.

ومن المعلوم أنه ما دام الفقر موجوداً فالاحتياج بأعلى حالة ولا يرفع، وإذا رفع في موردٍ ما فرفعه نسبيٌ لا مطلقاً.

وعلى هذا يمكن أن يقال إن العبد فقير إلى ربه الغني في كل ما يرتبط ببقاء وجوده دائماً وفي كل زمان وآن، فإطلاق الآية التي ذكرناها يشمل الأزمنة كلها: الماضي والحاضر والمستقبل، ولا يقيّد بزمان دون آخر، وكذلك يشمل المكان كل المكان، فالإنسان إذا استعان بربه وتوسل إليه باسمه المبارك فهو يقرّ بفقره وفاقته ويعلن عجزه وحاجته بالإذعان لغنى ربه تعالى شأنه، سواء كان يمشي على الأرض أو يسير في الفضاء أو يكون على سطح القمر أو أيّة كرة من الكرات السماوية، فلا تنتهي حاجته إلى ربه في حال أبداً لكون الحاجة إليه أمر ملازم له لمكان الفقر والإمكان الذاتي، فقصر الفقر في الناس يدل على عدم استغنائهم عنه في شيء، فقول القائل في بداية أمره ﴿بِسْمِ ٱللَّهِ ٱلرَّحْمَٰنِ

﴿ٱلرَّحِيمِ﴾ إقرار باللسان بحاجته إلى الله سبحانه وتعالى وحاجة التوسل إليه باسمه الشريف الأعز الأجل الأكرم.

لا يتغير المعنى بتغير الأسلوب

وما جاء في سورة محمد الآية ٣٨ قد تغيّر الأسلوب في البيان لفقر العباد وغنى الله تعالى حيث يقول ﴿وَٱللَّهُ ٱلْغَنِيُّ وَأَنتُمُ ٱلْفُقَرَآءُ﴾ فقدّم ذكر غناه على ذكر فقر الناس، والمعنى أن الله هو الغني دونكم وأنتم الفقراء دونه فالله سبحانه وتعالى بمكان الغني بالذات يغني خلقه بإعطاء ما يحتاجون إليه أو يطلبون منه ولأجل حرمة اسمه الشريف الذي أمر خلقه بالتوسل به في دعواتهم لا يرد من استعان به حينما يقول ﴿بِسْمِ ٱللَّهِ ٱلرَّحْمَٰنِ ٱلرَّحِيمِ﴾ والاستعانة بالله في بداية الأمر تُعد امتثالاً لأمر الله تعالى من جهة، وإظهاراً للعجز من العبد في إتمام أموره من جهة أخرى، والله سبحانه وتعالى غني ومُغنٍ كما قال ﴿وَأَنَّهُۥ هُوَ أَغْنَىٰ وَأَقْنَىٰ﴾ (النجم: ٤٨) ومعنى "أغنى" أي أعطى الغنى، أغنى الناس بالأموال، و"أقنى" أي أرضى، القِنى ما يدوم من الأموال ويبقى ببقاء نفسه كالدار والبستان والحيوان، وقيل: أغنى بالكفاية وأقنى بالزيادة، وقيل: أغنى من شاء، وأقنى: أي أفقر وحرَم مَن شاء، وفي القول الأخير نظر، ونِعْمَ ما قال أحد الأكابر من المفسرين: إن ذكر "أقنى" من التعرض للخاص بعد العام لنفاسته وشرفه هذا، وقيل في معنى الآية: أن الإغناء هو التمويل، والإقناء الارضاء بذلك.

وفي معاني الأخبار عن الإمام الصادق جعفر بن محمد عن آبائهما عليهم السلام قال: قال أمير المؤمنين عليه السلام في قول الله عز وجل ﴿وَأَنَّهُۥ هُوَ أَغْنَىٰ وَأَقْنَىٰ﴾ أي أغنى كل إنسان بمعيشته وأرضاه بكسب يده.

والعبد إذا استعان بربه بقوله ﴿بِسْمِ ٱللَّهِ ٱلرَّحْمَٰنِ ٱلرَّحِيمِ﴾ فالله جل وعلا يغنيه عمن سواه في حوائجه وجميع أموره في الحياة، وهذا الأمر لا يختص

بالإنسان العادي بل يشمل جميع أفراد البشر، فمثلاً أنبياء الله ورسله عليهم السلام بما لهم من مكانة رفيعة في الخلق كلهم، ومقام عظيم من معرفة ربهم، بكونه غني بالذات وكل مَن سواه فقير بالذات، نرى أن كل واحد منهم حينما يناجي ربه ويناديه يخضع عنده بإظهار فقره وحاجته إليه، فيستعين باسمه المبارك كما في قصة موسى عليه السلام حيث قال ﴿رَبِّ إِنِّي لِمَآ أَنزَلْتَ إِلَيَّ مِنْ خَيْرٍ فَقِيرٌ﴾ (القصص: ٢٤)، فالنبي موسى عليه السلام يُظهر فقره بعدما أقرّ بما أُنزل إليه أنه من الخير، لأن عطاء الرب لا يكون إلا خيراً، فعبودية العبد كموسى عليه السلام تقتضي منه هذا القول، وإظهار الفقر عند الله الذي هو الغني الحميد.

النبي العظيم موسى الكليم عليه السلام

ولا بأس في المقام بذكر إجمالي عن النبي العظيم موسى الكليم عليه السلام لتعطير الكلام: لقد ولد موسى عليه السلام بمصر في بيت إسرائيلي حينما كانوا يذبحون المواليد الذكور من بني إسرائيل بأمر فرعون طاغية زمانه، فوضعته أمه في تابوت وألقته في البحر، وأخذه فرعون ثم ردّه إلى أمه للإرضاع والتربية، ونشأ في بيت فرعون، ثم بلغ أشدّه وقتل القبطي وهرب من مصر إلى مدين خوفاً من فرعون، ثم مكث في مدين عند النبي شعيب عليه السلام وتزوج إحدى ابنتيه، فلما قضى موسى الأجل وسار بأهله آنس من جانب الطور نارا، وقد ضلّا الطريق في ليلة شاتية، فأوقفها في مكانها وذهب إلى النار ليأتيها بقبس أو يجد على النار هدى، فلما أتاها ناداه الله من شاطئ الوادي الأيمن في البقعة المباركة من الشجرة وكلّمه واجتباه وزوّده بمعجزة العصا واليد البيضاء في تسع آيات، واختاره رسولا إلى فرعون وملئه لينجي بني إسرائيل منه، فأتى فرعون ودعاه إلى كلمة الحق، فلم يزل يدعوه وملأَه ويريهم الآية بعد الآية كالطوفان والجراد والقُمّل والضفادع والدم، آيات مفصلات، ولكنهم كانوا يصرّون على الاستكبار، فأمره الله أن يسري ببني إسرائيل ليلاً، فساروا حتى بلغوا ساحل

البحر، فأعقبهم فرعون بجنوده، فلما تراءى الفريقان قال أصحاب موسى إنا لمُدركون، قال: كلا، إن معي ربي سيهدين، فأُمر أن يضرب بعصاه البحر، فانشقَّ لهم ماء البحر وعَبَروه، وٱتبعهم فرعون وجنوده حتى إذا وصلوا فيه جميعاً، أطبق الله عليهم الماء فأغرقهم، وأنجى الله سيدنا موسى عليه السلام وقومه من فرعون وجنوده، وأخرجهم إلى البر، وأنزل عليهم المنَّ والسلوى.

فموسى عليه السلام كان أحد الخمسة من أولي العزم الذين هم سادة الأنبياء ولهم كتاب وشريعة، ويكفي في فضل موسى عليه السلام أن الله أثنى عليه بأجمل الثناء في القرآن بقوله: ﴿إِنَّهُۥ كَانَ مُخْلَصًا وَكَانَ رَسُولًا نَّبِيًّا﴾ (مريم: ٥١).

وبقوله: ﴿وَكَانَ عِندَ ٱللَّهِ وَجِيهًا﴾ (الأحزاب: ٦٩).

وبقوله: ﴿وَكَلَّمَ ٱللَّهُ مُوسَىٰ تَكْلِيمًا﴾ (النساء: ١٦٤).

وبقوله: ﴿وَءَاتَيْنَا مُوسَىٰ سُلْطَٰنًا مُّبِينًا﴾ (النساء: ١٥٣).

وبقوله: ﴿وَءَاتَيْنَا مُوسَى ٱلْكِتَٰبَ وَجَعَلْنَٰهُ هُدًى لِّبَنِىٓ إِسْرَٰٓءِيلَ﴾ (الإسراء: ٢٣).

وبقوله: ﴿سَلَٰمٌ عَلَىٰ مُوسَىٰ﴾ (الصافات: ١٢٠).

وهو أكثر الأنبياء ذكراً في القرآن الكريم، وأنزل الله عليه التوراة، بصائر للناس وهدى ورحمة، ومع هذا كله يُظهر بفقره أمام ربه، فهذا حال نبي من أنبياء الله ورسول من رسله، قد كلّمه الله تكليماً، فكيف بغيره، فجميع الناس محتاجون إلى الله عز وجل حدوثاً وبقاءً.

فالمتوسل إليه باسمه المبارك يخضع بوجوده الفقير عند الله الغني ليُحافظ على ممتلكات وجوده، فإذا بدأ أمره باسمه الشريف فلا يريد التبرك به في البدء فحسب بل ليستفيض منه من البدء إلى الختم وما بينهما، وهذا هو معنى الاستعانة في "الباء" من ﴿بِسْمِ ٱللَّهِ ٱلرَّحْمَٰنِ ٱلرَّحِيمِ﴾.

البدء باسم اللّٰه
يرسم مسيرة الحياة

البدء باسم الله يرسم مسيرة الحياة

تدعونا الآيات القرآنية إلى التأمل والتدبر في الاستعانة والتوسل باسم الذات الأحدية من اللطف، كما سبق وذكرنا بأن في الابتداء باسمه تعالى شأنه ضمان النجاح بنيل المراد، وقد أمر الله سبحانه وتعالى رسوله الأكرم ﷺ بتلاوته حينما بدأ التنزيل بقوله ﴿اقْرَأْ بِاسْمِ رَبِّكَ الَّذِي خَلَقَ * خَلَقَ الْإِنسَانَ مِنْ عَلَقٍ﴾ (العلق: ١ ـ ٢) وهي أول آية بعد البسملة من أول سورة نزلت على النبي الأعظم ﷺ من القرآن الكريم، كما تدل عليه الروايات المفسَّرة، فقد ورد عن الإمام جعفر الصادق عليه السلام أنه قال: "أول ما نزل على رسول الله ﷺ ﴿بِسْمِ اللَّهِ الرَّحْمَٰنِ الرَّحِيمِ﴾ إقرأ باسم ربك" [نور الثقلين]، فاقترنت بداية الوحي بالأمر بالتوسل باسم الرب الخالق.

والقراءة عمل من الأعمال، أي ضم الحروف والكلمات بعضهما إلى بعض في الترتيل، كما في كتاب المفردات للراغب الاصبهاني، وهو أول عمل أُمر به عن طريق الوحي بالتوسل باسم ربه، وفيه إشعار وإرشاد إلى شمول الأمر بكل عمل كبير أو صغير، صعب أو يسير، قليل أو كثير، جليّ أو خفيّ، فرديّ أو جماعيّ، وذلك لعدم تخصيص المورد، وفي إضافة الاسم إلى الرب في قوله تعالى ﴿بِاسْمِ رَبِّكَ﴾ عناية خاصة نوضّحها في موضعها بالبسط، ونُشير هنا إلى مجملها لمناسبة المقام.

فالرب هو المالك الذي يدبّر أمر مملوكه، وملكيته حقيقية وهي ملازمة

بالتدبير، بل وله حقيقة الملك، وبيده الأمر كله، ولا يتصور استقلال الخلق في الأعمال استقلالاً تاماً دون أي تَدَخُّلٍ من الخالق فيها. فالخلق كما هو يحتاج في أصل وجوده إلى الله تعالى، كذلك يفتقر إليه في آثار وجوده ولا يستقل عنه، ويبدو أن فكرة الاستقلالية عن الرب تعالى شأنه تنشأ من الجهل المركّب، وتتولد من ابليسية النفس، نستعيذ بالله منها، فإنها مصدر الانحراف عن الحق والصدق، فإذا كان العبد يبدأ في عمله باسم ربه فحينئذ يلتفت هو إلى فقر ذاته واستقلالية ربه، ويستمر في عمله على تلك الحال إلى أن ينال مقصوده، ولا يخفى أن إطلاق الرب على غيره سبحانه وتعالى لا يجوز إلا مع الاضافة مثل رب البيت، فالله هو الرب على الإطلاق وهو رب العالمين.

فهذا هو الاسم الذي يأتي البادئ به على طريق معرفة مالكه وهو الله سبحانه وتعالى، والبداية بالاسم نوع من الأدب علّمه الله تعالى خلقه، وقد أمر نبيه ﷺ بذلك، وهو القائل لنفسه سبحانه وتعالى في القرآن الكريم بقوله ﴿بِسْمِ ٱللَّهِ ٱلرَّحْمَٰنِ ٱلرَّحِيمِ﴾ وإن كان هذا العمل منه نيابة عن خلقه ولكن في انتساب الكلام إليه تعالى كناية للاقتداء به لكون الكتاب ـ القرآن الكريم ـ لا ريب فيه، هدًى للمتقين، ويهدي للتي هي أقوم، وأهمية بداية الكتاب وكذلك نهايته في ترسيخ معانيه وتفهيم معارفه مما لا يخفى على المتأمل الخبير، فنلاحظ أن أول كلمة من كتاب الله هي بسم والتي تقدمت على أسمائه تعالى وآخرها الناس ﴿بِسْمِ ٱللَّهِ ٱلرَّحْمَٰنِ ٱلرَّحِيمِ﴾ وآخرها "الناس"، فالبدء بالاستعانة والتوسل به، والختم بالاستعاذة منه، فالسورة الأولى ـ الحمد ـ والأخيرة ـ الناس ـ تشكّل منطق الابتداء والانتهاء في كل عمل، وترسم المسيرة في الحياة البشرية، وذاك من الله إلى الناس، وبالعكس لكي يبقى الإنسان على طريق الفطرة السليمة ولا ينحرف عنها بحال، ولا تؤثر عوامل التضليل في إبعاده عن الحق وتسميم روحه وتخدير فكره، فالبداية لها أثر كبير في كل عمل ودور أصيل في الإنتاج منه.

وبعد التفكر والتأمل في البسملة وموقعها في الكتاب العزيز يتضح لنا سر العلاقة بين أمره تعالى شأنه لنبيه ﷺ بقوله ﴿ٱقۡرَأۡ بِٱسۡمِ رَبِّكَ﴾ وبين افتتاحه كتابه بذلك، وتأسيساً على ذلك يمكن القول بأن العمل المبتدأ باسم الله جل وعلا يكون مقروناً برحمته الواسعة العاملة الشاملة لكل الأحوال وذلك العامل يتحسس في باطنه نحو حركة تجذبه نحو منازل الشرف والكمال.

فالابتداء باسم الذات الأحدية قد يكون سبباً لتحديد الهدف المتكفل بالمطلوب في الأعمال، ولهذا هو أحسن ما يراد من تفعيل القوى الظاهرية والباطنية في تأمين المقتضيات الحيوية كافة، وحتى في التفكير قبل العمل، والتدبير قبل الحركة، وبما أن الإنسان في قمّة التكامل الطبيعي من بين الموجودات، والهدف الأساسي من حياته هو تحقيق التطور، ولأجل ذلك أعطي الاختيار في أعماله، ويستطيع أن يفعل الخير أو لا يفعل، ويفعل الشر أو يتركه، وهو الكائن الوحيد الذي يملك وصف الإرادة، أي القدرة على عمل ما يريده بحرّيته حتى ولو كان ذلك العمل مخالفاً لغرائزه، حيث قال جل وعلا ﴿إِنَّا هَدَيۡنَٰهُ ٱلسَّبِيلَ إِمَّا شَاكِرٗا وَإِمَّا كَفُورًا﴾ وقال عزّ شأنه ﴿وَهَدَيۡنَٰهُ ٱلنَّجۡدَيۡنِ﴾ بخلاف الحيوان والنبات، فمن الضروري أن تقترن إرادته أو تتشرف بعناية ربه القدير الذي يُعطي الكمال لكل شيء ويدفعه للتكامل، فالذي يذكر اسم ربه في بداياته كلها يضمن لنفسه الاطمئنان بالوصول إلى المقصود، وهذا الاطمئنان ناتج عن ذكر الله سبحانه وتعالى، كما يقول عز من قائل ﴿أَلَا بِذِكۡرِ ٱللَّهِ تَطۡمَئِنُّ ٱلۡقُلُوبُ﴾ (الرعد: ٢٨) وبه يسهل طي المراحل الفكرية والعملية، وهو ينفخ روحاً جديدة في نفسية الإنسان وأُمنياته كلها، ويعينه في نموه روحياً وعقلياً ونفسياً، ويسوقه إلى أعلى مراتب التطور وأكمل مراحل التكامل الفطري، وأيضاً هذا الاطمئنان يمنح الإنسان قوة ليجمع بها بين التكامل المادي والتكامل المعنوي معاً، لعدم اقتصار التكامل في جانب واحد، وإذا استطاع ذلك فيحسن فكره

وعمله ويتفوق على بني نوعه لأنه حينئذ قد ينال مكانة تليق به لأن "قيمة كل امرئ ما يُحسنه" كما قال الإمام علي ﷺ (نهج البلاغة).

ونظراً إلى هذا الأمر المهم نستطيع أن نقول: إن الاستعانة باسم الله جل وعلا في بداية العمل واجب بحكم العقل الفطري، والشارع أرشدنا إليه في موارد شتى من أحكامه وأوامره. فالتوسل باسم الذات الأحدية يكون في البدء يجعل الأمر محروساً ومحفوظاً من إغراء الشيطان للإنسان وإغوائه له، فإنه في تلك المرحلة الحساسة التي تُبنى عليها المراحل الحركية بأسرها يخلق الوسوسة والتردد والتشكيك في قصده وإرادته ويريد أن يضلله ويغويه كما أغوى أبا البشر آدم على نبينا وآله وعليه السلام، حيث قال ﴿لَأَقْعُدَنَّ لَهُمْ صِرَٰطَكَ ٱلْمُسْتَقِيمَ﴾ (الأعراف: ١٦) وقال: ﴿وَلَأُغْوِيَنَّهُمْ أَجْمَعِينَ﴾ (الحجر: ٣٩) فهو يخدع الإنسان بتجسيم المنظر الخيالي لتحقيق الأحلام البشرية في الوصول إلى الكمال والسعادة في الحياة، ولكن القائل في بدء أمره ﴿بِنسْـمِ ٱللَّهِ ٱلرَّحْمَٰنِ ٱلرَّحِيمِ﴾ أي أبتدئ مستعيناً باسم الله رب العالمين، يدفع الشيطان (الشَّر المطلق) عن طريقه ومسيره، ويدافع عن ميزته على سائر المخلوقات وعن شخصيته الإنسانية المتفوقة على مَن سواه من الخلق، والله سبحانه وتعالى خلق الإنسان من عنصرين: المادة والروح، ولكل واحد منها اقتضاء خاص وميل مخصوص، فالأول يميل إلى الثبات والجمود وحبّ الراحة والقعود، بينما الثاني يأخذ به إلى السموّ والصعود. فالإنسان بين هذين العنصرين الأصليين، وهو لازال يمتلك الإرادة والاختيار، فيتمكن بهما أن يرتقي إلى أعلى قمّة يمكن تصورها والارتفاع إليها وهي البلوغ إلى الكمال المطلق، أو يتقاعس إلى الأرض كما يترسب الوحل في قاع البحر، وإذا تشرفت إرادته بعناية ربانيّة فلا يخرج إلا عن اختيار أحد الاتجاهين عن دائرة الاستواء والاعتدال، ولا يتجاوز عن حدود ما تقتضيه الفطرة السليمة، بل ويختار طريقاً يوصله إلى ما

قصده من عمله وفق المتطلبات المناسبة لوجوده بالتمتع من النعم الحاصلة من التوسل باسم الله سبحانه وتعالى، فيسير بإرادته واختياره نحو الكمال.

ومن المعلوم أن البدء باسمه جل وعلا، يُبارك في جهد العامل إلى نهاية عمله، وإذا ضعُفت البداية فكأنما ضعُف الأساس لبناء عالٍ، فينهدم البناء بأصغر زلزال، ولا تصل النوبة إلى تفاعل الريح العاصف، ولكن اسم الله سبحانه وتعالى بكونه رمزاً للكمال المطلق فهو يُحكم الأساس بقدرات غيبية وخيرات إلهية تسدّ طريق الشيطان لمن توسل باسم الرب الذي خلق الإنسان من علق، وهو الرب الأكرم، نقرأ باسمه ونفكّر باسمه ونعمل باسمه ونبدأ باسمه ونختم باسمه، لأنه المبدأ وإليه المنتهى، فنقول في البداية ﴿بِسْمِ ٱللَّهِ ٱلرَّحْمَٰنِ ٱلرَّحِيمِ﴾ ونقول في النهاية ﴿قُلْ أَعُوذُ بِرَبِّ ٱلنَّاسِ﴾، ففي التوسل في البداية والاستعاذة في النهاية ضمان للوصول إلى باب العناية والرضا من الله تعالى وهي الغاية القصوى والهدف الأعلى لكل عبد مؤمن. ففي البدء باسمه المبارك استنان بسنة الله تعالى فإنه بدأ كلامه به، وكما ثبت في محله وذكرناه في البحث عن جزئية البسملة لكل سورة من السور القرآنية إلا التوبة، فهذه سُنّة إلهية عظيمة، فإذن على العبد المطيع أن يسير في حياته بها ويجعلها في بداية كل أمر له علاقة بدنياه وآخرته ويقول ﴿بِسْمِ ٱللَّهِ ٱلرَّحْمَٰنِ ٱلرَّحِيمِ﴾ ويمد نظره إلى مغزاها فيكون واصلا بالمطلوب ونائلاً بالمراد وفائزاً بمقام القُرب عند ربه القدير باذنه تعالى شأنه وجلت عظمته وهو رؤوف بالعباد.

حرف الباء
والنقطة التي تحته

حرف الباء والنقطة التي تحته

إنَّ للحروف مكانة عالية ومنزلة سامية والله خلقها وأعطاها لباس الوجود وجعل لها محلاً لإعراب الموجودات، ومقاماً لتعريف الكلمات، وعنواناً لإظهار المعنويات، ولها دور فعال بل وأساسي في جري نظام الحياة الاجتماعي لتوقف الأمور على بيان المقصود وهو يتوقف على تنظيم الحروف وترتيبها، وترسيمها في صورة حاكية عن المراد ودالة على المطلوب ومعلنة لما في القلوب، والله يعلم ماهياتها ومعانيها والأسرار المخزونة فيها، في صورة ما هي؟ ولما هي؟ وكم هي؟ وكيف هي؟.

والذي عرّفنا القرآن منها أن الله تعالى بدأ كلامه بالباء واستقر أمره بالكاف والنون، فأساس الكلام الإلهي، أو بتعبير آخر مفتاح كلامه هو حرف الباء، وهو الرابط بين الخالق والمخلوق، والوسيط بين المتكلم والمخاطب، وخط الوصل بين العبد والمعبود، وأما الكاف والنون فهما حرفان اختارهما الخالق لاظهار إرادته للخلق والإيجاد وتحقيق المراد، وإرادته لا تتخلف عما أراده، فهذا الشرف والعز لا يُقاس ولا يوزن بشيء من الاشياء ولا بأمر من الأمور، والكاف والنون هما حرفان متميزان من الحروف كلها بمكان تشكيل القول الإلهي للإيجاد والإنشاء، أي "كُنْ"، قال الله تعالى ﴿إِنَّمَآ أَمْرُهُۥٓ إِذَآ أَرَادَ شَيْـًٔا أَن يَقُولَ لَهُۥ كُن فَيَكُونُ﴾ (يس: ٨٢)، فإذا تعلّقت المشيئة الإلهية بشيء فتحقيقها بسبب كلمة "كُنْ"، لأن النظام الإلهي قد قام على الأسباب وجرى بطبعه

الأولي على ذلك وهو ليس بمعنى عجزه أو عدم قدرته من دونه بل لتأسيس السنة للكون والكائنات وترسيم النظم في الموجودات، وهو على كل شيء قدير، وسع كرسيه السموات والأرض ولا يؤوده حفظهما، فما من شيء إلا وله نوع من الربط والعلقة الوجودية بتلك الكلمة التي تتشكل من حرفين، فقد بذل العلماء الإلهيون في الكشف عما في الحروف من المعاني والمفاهيم والرموز والأسرار، وسعى في ذلك كثير من الباحثين في علوم اللغات بل وخصصوا لكشف الأسرار من الحروف علماً سموه بـ سيمياء، وبذلوا جهودهم في الباب أكثر من الحاجة لأن مساعيهم مهما تكن واسعة فهم لا ينالون كنه ما أراده الله تعالى منها، فعلمها عنده أو عند أوليائه الذين ارتضاهم لذلك.

وبناءً على الاحصاء العددي للحروف فهي ثمانية وعشرون حرفاً على ما أرْسَتْ سفينتهم عليها أخيراً، أولها الألف وآخرها الياء، فكان من المفروض أن يكون الألف هو المبدوّ به في الكلام ولكن حرف الباء قد نال بذلك الشرف وصار أول حرف من الكلام الإلهي والوحي الرباني مع أنه في مقام يتلو الألف، فلذلك سرٌّ لا يعلمه إلا الله والراسخون في العلم.

وأما الذي استخرجه الباحثون عن أسرار الحروف في حكمة افتتاح كلامه تعالى بحرف الباء فهو مبني على المعاني التي غلب استعماله فيها، ومن أهم الجهات التي يمكن تصورها في القياس مع حرف الألف ما يلي:

(١) إنَّ في الألف ترفعاً وتكبراً وتطاولاً وفي الباء انكساراً وتواضعاً وتساقطاً، فمَن تواضع لله رفعَهُ الله.

(٢) إنّ الباء مخصوصة بالإلصاق بخلاف أكثر الحروف خصوصاً الألف من حروف القطع مع بعدها.

(٣) إنَّ الباء مكسورة، فلما كانت كسرة وانكسار في الصورة والمعنى نالت

شرف العنديّة من الله تعالى كما قال تعالى: "أنا عند المنكسرة قلوبهم من أجلي".

(٤) إنَّ في الباء تساقطاً وتكسراً في الظاهر ولكن رفعة درجة وعلو همة في الحقيقة وهي من صفات المؤمنين المخلصين وليس ذلك في الألف، أما رفعة درجة فبأنها اعطيت نقطة وليس للألف هذه الدرجة، وأما علو الهمة فإنها لما عرضت عليها النقط ما قبلت إلا واحدة ليكون حالها كحال محب لا يقبل إلا محبوباً واحداً.

(٥) إنَّ في الباء صدقاً في طلب قربة الحق لأنها لما وجدت درجة حصول النقطة وضعتها تحتها، ولا يناقضها الجيم والياء لأن نقطتيهما في وضع الحروف ليست تحتهما بعينها بل في وسطهما، وإنما توضع النقطة تحتهما عند اتصالهما بحرف آخر لئلا يشتبها بالخاء والتاء، بخلاف الباء فإن نقطتها موضوعة تحتها سواء كانت مفردة أو متصلة بحرف آخر، ولا يخفى أن التنقيط كان متأخراً عن رسم الحروف.

(٦) إنَّ الألف حرف علة بخلاف الباء، وإنَّ الباء حرف تام متبوع في المعنى وإن كان تابعاً صورة من حيث إن موضعه بعد الألف في وضع الحروف وذلك لأن الألف في لفظ الباء (باء) يتبعه بخلاف لفظ الألف، فإن الباء (باء) لا يتبعه والمتبوع في المعنى أقوى.

(٧) وإنَّ الباء حرف عامل ومتصرف في غيره فظهر له من هذا الوجه قدر وقدرة فصلح للابتداء بخلاف الألف فإنه ليس بعامل.

(٨) إنَّ الباء حرف كامل في صفات نفسه بأنه للإلصاق وبإضافته إلى غيره يكمل المعنى وذلك بأن يخفض الاسم التابع له ويجعله مكسورا متصفاً بصفات نفسه وله علو وقدرة في تكميل الغير بالتوحيد والإرشاد كما أشار إليه الإمام علي بن أبي طالب عليه السلام بقوله: "أنا النقطة تحت الباء"، فالباء له مرتبة

الارشاد والدلالة على التوحيد. والحق أن النقطة أساس الوجود وأُسّه وكل السطحيات والاحجام تبدأ بالنقطة كما أنّ النواة تبدأ من النقطة، فالنقطة هي ناموس الوجود.

(٩) إنَّ الباء حرف شفوي تنفتح الشفة به ما لا تنفتح بغيره من الحروف الشفوية، ولذلك كان أول انفتاح فم الذرة الإنسانية في عهد ألست بربكم بالباء في الجواب "بلى". فلما كان الباء أول حرف نطقَ به الإنسان وفتح به فمه وكان مخصوصاً بهذه المعاني اقتضت الحكمة الإلهية اختياره من سائر الحروف، فاختارها ورفع قدرها وأظهر برهانها وجعلها مفتاح كتابه ومبدأ كلامه وخطابه تعالى وتقدس، ولكن عند بعض الأعاظم من أصحاب الفن أنَّ الألف فيها الاستقامة بخلاف سائر الحروف التي فيها الانحراف، والألف دالٌّ على الوحدانية لرسمها على رسم الواحد الرقمي الدال على الوحدانية، وفي البسملة حرف الباء محتاج إلى الألف وإنْ أُختفي عن الانظار لضرورة تقدم الطالب على المطلوب فيه والسائل عن المسؤول منه، ومن هنا تقدم طلب العبد المتمثل بالباء القابل للانعطاف على المعبود المتمثل بالألف الغائب عن الأنظار والذي هو الأول قبل سائر الموجودات المتمثلة بالحروف والمنتهية بياء اليقين.

وأما بالنسبة إلى عدد حروف المعجم فمن المعهود والمعروف أنها ثمانية وعشرون كما مرَّ، وذلك مبني على عدم عدّ الهمزة حرفاً مستقلاً عن الألف، وأما على القول بعدّها مستقلة عن الألف فيكون عدد الحروف تسعة وعشرين وهو يتطابق مع عدد السور التي فيها الحروف المقطعة أو الكلمات المقطعة على القول بكونها كلمات وليست بحروف وهي تقرأ مقطعة بذكر أسمائها لا مُسمَّياتها، فيقال: ألف، لام، ميم ساكنة الأواخر وعددها سبعون حرفاً، وبعد حذف المكررات منها وهي ستة وخمسون حرفاً فيبقى أربعة عشر حرفاً وهو

نصف عدد الحروف الهجائية (ثمانية وعشرون) ويسميها أهل الفن بالحروف النورانية والتي تجمعها الجملة النورانية: "صراط عليٌّ حقٌّ نُمسكه"، وقد حاول البعض في ذلك وقال: إن الحروف النورانية تجمعها الجملة: "نصٌّ حكيمٌ قاطعٌ له سرٌّ"، ونقول له مرحباً لناصرنا، فإن هذه الجملة قد تعطينا المعنى الاجمالي للحروف وتفسيرها في الجملة التي ذكرناها وكذلك ذكرها أصحاب الولاية وهو طريق الجمع بل وأحسنه وبه يظهر المعنى من الجملة والاّ فتبقى غير واضحة المعنى وذلك خلاف بلاغة الكلام، ولكن مع ذلك كله نقول: إن هذه التعبيرات تبتنى على الذوق العلمي أو الأدبي أو الاعتقادي، والله تعالى أعلم بحقيقة كلامه ورموز نصه وأصول حكمته وأُسس خطاباته وأسراره المكنونة المخزونة فيها، وكذلك هو أعرف بالصراط وبالحق وبالذي أُضيف الصراط إليه يعني علي بن أبي طالب عليه السلام كما قال النبي العظيم صلى الله عليه وآله وسلم: "يا علي ما عرفك أحد الاّ الله وأنا" ﴿وَإِنَّ ٱلَّذِينَ لَا يُؤْمِنُونَ بِٱلْأَخِرَةِ عَنِ ٱلصِّرَٰطِ لَنَٰكِبُونَ﴾ (المؤمنون: ٧٤)، وقد ورد في الرواية أن المراد من الصراط في الآية وفي سورة الحمد ـ الصراط المستقيم ـ هو الإمام علي عليه السلام، ومن المعلوم أن ذلك من باب الجري وذكر المصداق والله العالم.

ومن لطيف القول إن هذه الحروف النورانية التي يبلغ عددها أربعة عشر وهو يطابق عدد المعصومين عليهم السلام تماماً، ولعله السر في تسمية هذه الحروف بالحروف النورانية وهو أوفق بالذوق الولائي والروح العرفاني، وقد يرى بعض الأعلام أن هذه الحروف المقطعة لا بد وأن تُقرأ مقطعة وهي ذات اتجاهين: اتجاه اختصاري للكلمات، واتجاه رمزي مشفَّر بين الله والراسخين في العلم المفسر بالرسول صلى الله عليه وآله وسلم وآله المعصومين عليهم السلام، بل ربما تشير إلى ألقابهم نذكرها حسب الترتيب:

الأمين، الرسول الأعظم محمد المصطفى صلى الله عليه وآله وسلم

الحوراء، السيدة فاطمة الزهراء سلام الله عليها

اليعسوب، الإمام علي بن أبي طالب عليه أزكى السلام

الطيب، الإمام حسن المجتبى عليه أطيب التحية والسلام

المبارك، الإمام حسين بن علي عليه أفضل الصلاة والسلام

السجاد، الإمام علي زين العابدين عليه آلاف التحية والسلام

الهادي، الإمام محمد الباقر صلوات الله وسلامه عليه

الصادق، الإمام جعفر بن محمد عليه أعلى الصلاة والسلام

الكاظم، الإمام موسى بن جعفر سلام الله وصلواته عليه

الرضا، الإمام علي بن موسى عليه الصلاة والسلام

القانع، الإمام محمد بن علي عليه الصلاة والسلام

النقي، الإمام علي بن محمد صلوات الله عليه

العالم، الإمام حسن العسكري عليه سلام الله القوي

وآخرهم لسان الحق ولواء النصر واللائذ واللاجىء عجل الله في فرجه صلوات الله عليهم أجمعين.

وإذا قلنا بأن الحروف مظاهر للمعاني وإلا فيكون خلقها بالإهمال عبثاً وهو يستحيل من الله الحكيم تعالى شأنه فلا بد من القول باتصاف الباء معنى يليق بمحله، وبعد العرض على ما هو المعروف حسب نقل العامة والخاصة من قول الإمام علي عليه السلام بأنه هو النقطة تحت الباء، فيصح انطباقه على ما قاله النبي صلى الله عليه وآله: "أنا مدينة العلم وعليٌّ بابها، فمَن أراد المدينة فليأتها من بابها"، وقال صلى الله عليه وآله: "أنا دار الحكمة وعلي بابها فمن أراد الحكمة فليأت بالباب"، وقال الإمام الصادق عليه السلام: "نحن أبواب الله التي يؤتى إليه منها".

فعلى ضوء هذه الكلمات النورانية يتضح لنا معنى الباء بمكانها باب الكلام الإلهي، فمَن أراد الكلام أي فهم معانيه وأخذ الهداية منه لأنه "هُدًى للمتقين" فعليه الإتيان إلى الباب بقلب سليم وروح اليقين ولا يكون ذلك إلا بالتمسك بولاية علي عليه السلام الذي هو باب الله الأعظم، وسرّ الله الأكرم، واسم الله الأحسن، وهو بمكانه نقطة تحت الباء أعرف بما في الكلام الإلهي العظيم لأنه بابه وهو يقول: "سلوني سلوني قبل أنْ تفقدوني فإن عندي علم الأولين والآخرين، أما والله لو ثُنيت لي الوسادة فجلست عليها لأفتيت بأهل التوراة بتوراتهم حتى تنطق التوراة فتقول صدق عليٌّ ما كذب، لقد أفتاكم بما أنزل الله فيّ، وأفتيت أهل الإنجيل بإنجيلهم حتى ينطق الإنجيل فيقول: صدق عليٌّ ما كذب، لقد أفتاكم بما أنزل الله فيّ، وأفتيت أهل الزبور بزبورهم حتى ينطق الزبور فيقول: صدق عليٌّ ما كذب، لقد أفتاكم بما أنزل الله فيّ، وأفتيت أهل القرآن بقرآنهم حتى ينطق القرآن فيقول: صدق عليٌّ ما كذب، لقد أفتاكم بما أنزل الله فيّ، وأنتم تتلون القرآن ليلاً ونهاراً، فهل فيكم أحد يعلم ما أنزل فيه، ولولا آية في كتاب الله لأخبرتكم بما كان وما يكون وما هو كائن إلى يوم القيامة وهي هذه الآية ﴿يَمْحُوا۟ ٱللَّهُ مَا يَشَآءُ وَيُثْبِتُ وَعِندَهُۥٓ أُمُّ ٱلْكِتَٰبِ﴾ فوالذي فلقَ الحبّة وبرأ النسمة لو سألتموني عن أيّة آية، في ليلٍ نزلتْ أو في نهار نزلتْ، مكيّها، ومدنيّها، سفريّها وحضريّها، ناسخها ومنسوخها، مُحكمها، ومتشابهها، وتأويلها، وتنزيلها، لأخبرتكم". [من كتاب التوحيد للصدوق رحمه الله]

ولذلك قال النبي الكريم صلى الله عليه وآله فيه عليه السلام: "عليٌّ مع القرآن والقرآن مع عليّ لا يفترقان حتى يَرِدا عليّ الحوض، فاسألوهما ما خلّفت فيهما" (ارجح المطالب: ص٣٤٠)، فالمعيّة التي ذكرها النبي صلى الله عليه وآله فهي تبيّن لنا معنى الإلصاق للباء، وهي من الحروف الجارّة التي تجرّ مدخولها، أي تجعلها مجرورة مكسورة منكسرة متواضعة، ولعله صار حرف الباء أول حرف نطق به الإنسان في الذر لكي يكون منكسراً بقلبه إلى الله ومتواضعاً لربوبيته، واختاره

الله لبداية كلامه ليكون قارؤه مستتبعاً معه، ولا ينافي ذلك ما للباء من المعاني كالابتداء والاستعانة فإنها بعد إمعان النظر فيها تؤيد المطلوب وتؤكد في المقصود.

هذا مجمل ما استظهرناه من معالم الحروف ومعارفها واستلهمناه من مخازن الكلمات ومعانيها واستفهمناه من ظواهر العبارات ومجاريها، والله أعلم بحقائق كلامه ودقائق بيانه. وهو الذي خلق الإنسان وعلمه البيان، وهو الذي خلق القلم وما يسطرون، وهو الذي أنزل الكتاب على عبده ليكون للعالمين نذيراً، وأسرار كلماته مخزونة عنده في الغيب الذي لا يظهره على أحد إلا مَن ارتضى من رسول، ولا يعلم غيبه إلا هو ولا يعلم تأويل كتابه إلا هو والراسخون في العلم يقولون آمنا به كل من عند ربنا.

وبملاحظة أهمية الموضوع لا بأس بذكر اختلاف رسم الكلمات الذي يرى في الآيات المباركة العديدة ومنها الاسم في البسملة:

﴿بِسۡمِ ٱللَّهِ ٱلرَّحۡمَٰنِ ٱلرَّحِيمِ﴾،

بينما يختلف رسمه في الآية: ١ من سورة العلق:

﴿ٱقۡرَأۡ بِٱسۡمِ رَبِّكَ ٱلَّذِي خَلَقَ﴾،

وفي الآيتين ٧٤ و٩٦ من سورة الواقعة:

﴿فَسَبِّحۡ بِٱسۡمِ رَبِّكَ ٱلۡعَظِيمِ﴾،

وفي الآية: ١ من سورة الأعلى:

﴿سَبِّحِ ٱسۡمَ رَبِّكَ ٱلۡأَعۡلَى﴾،

ونظائرها كثيرة في القرآن المجيد التي يختلف رسم كلمة "اسم" فيها، وكذلك في الكلمات الأخرى مثل:

إبن أم، (قال ابن أُمَّ.. الأعراف: ١٥٠) (قال يَبْنَؤُمَّ.. طه: ٩٤) "امرأة" و"امرأت" (وإن امرأة خافت.. النساء: ١٢٨) (إذ قالت امرأة عمران.. آل عمران: ٣٥) و"رحمة ورحمت" (هدًى ورحمة.. الأعراف: ٥٢) (إن رحمت الله قريب.. الأعراف: ٥٦)، و"ايّها" و"ايّه" (يأيها الناس.. البقرة: ٢١)، (يأيّه الساحر.. الزخرف: ٤٩)، و"سُنّت (الأنفال: ٣٨) و"سنة" (الإسراء: ٧٧)، و"شجرة" (البقرة: ٣٥) و"شجرة" (الدخان: ٤٣) و"لعنة" (البقرة: ١٦١) و"لعنت" (آل عمران: ٦١)، و"نعمة" (البقرة: ٢١١)، و"نعمت" (البقرة: ٢٣١).

ومن سخيف القول ما ذكره البعض حول هذا الاختلاف أنه من التحريف الرسمي، ويبدو أن هذا المسكين لم يفهم معنى الرسم ولا معنى التحريف وليس له حظ من العلم بالتاريخ من حيث تطور فن الكتابة والتنقيط والإعجام والتشكيل، بينما نرى أن الباحثين في هذه المجالات قد بذلوا جهودهم الواسعة ولكل منهم رأي ووجه وجيه، فمن أراد التفاصيل فليرجع إلى مظانها.

ونقول بالاجمال وبالاشارة السريعة:

إنَّ التنقيط يعنى به علامات الإعراب، فالنقط الملونة علامة للرفع والنصب والجر، وبعبارة أخرى أن التنقيط هو استخدام النقط الملونة للدلالة على إعراب الكلمة من الضم والنصب والجر.

والإعجام يعنى به النقط المستعملة أو العلامات المستخدمة للتمييز بين الحروف الروادف وهي ثمانية عشر حرفاً (ب ت ث، ج ح خ، د ذ، ر ز، س ش، ص ض، ط ظ، ع غ).

والتشكيل يعني به العلامات المتطورة للإعراب بالضمة والكسرة وعلامة الشدة والإدغام والسكون، فاستخدام هذه الحركات كان للدلالة على إعراب الكلمة بدل استخدام النقط.

فقيل إنَّ أول مَن بدأ بالتنقيط على المصحف هو أبو الأسود الدؤلي (المتوفى سنة ٩٥هـ) الذي أخذ معرفته بذلك من الإمام علي بن أبي طالب عليه السلام.

وأما الإعجام (وهو سلب الإبهام أعم من أن يكون بالإعراب أو بنقط الحروف المتشابهة كالباء والتاء لازالة اللبس بينها) فقد قام بذلك يحيى بن يعمر أو نصر بن عاصم تلميذا أبي الاسود الدؤلي في حكم الحجاج بن يوسف (ت٩٥هـ) الذي اهتم بتجزئة المصحف بالتسبيع، وقال فيه بعض الباحثين إنه ـ أي الحجاج ـ أسقط من القرآن آيات كثيرة كانت في حكم بني أُمية وزاد فيه ما لم يكن وكتب مصاحف وبعثها إلى مصر، وأما المصاحف الأخرى فقد جمعها ولم يبق منها شيئاً ولا نسخة واحدة (الزرقاني في مناهل العرفان).

وأما التشكيل (أي تبديل النقط الإعرابي بعلامات أخرى وهي الفتحة والضمة والكسرة) فقد تمّ على يد الخليل بن أحمد الفراهيدي (ت١٧٠هـ) كما هو المعروف.

ولكن الذي يهمنا في البحث أن البسملة لم يختلف رسم كلمة "اسم" فيها بل بقي إلى الآن كما كان المعهود من كتابتها زمن الوحي وذلك من فضل الكلمة، والله العالم. فلا يصح إطلاق كلمة التحريف في اختلاف الرسم والكتابة، والاختلاف شيء والتحريف شيء آخر، وفي التحريف بحث طويل لأهل الفن فنوكله إلى محله خوفاً من الإطالة في الكلام، وقد صرح الأعاظم من علمائنا في البحث عن التحريف في القرآن بما هو الحق في ذلك على مذهب أئمة أهل البيت عليهم السلام، ومن المؤسف أن المهتمين بالتجزئة أخرجوا أفضل سورة من السور القرآنية وهي سورة الفاتحة من عملهم ولعله كان من الغفلة لولا نقول بالعمد فيه أو البادي بذلك كان يراها عِدلاً للقرآن كله فأفردها وسمى الجزء الأول من أول كلمة من سورة البقرة (ألم) دون الفاتحة (بسم) بل

وأدرجها أي الفاتحة فيه، ويمكن أن يكون وجه آخر في العمل. ولا بأس في البحث أن نشير إلى سبب الاقدام على إعراب القرآن والتنقيط، فقد كان المصحف العثماني عارياً من الإعراب والنقط ولذلك صار منشأ للكثير من الالتباس بين الكلمات والخطأ في القراءة خاصة للذين لم يتشرفوا بدرك زمن النبي ﷺ أو أدركوا وكانوا من غير العرب أو من العرب الجهلاء أو من العرب المدركين لزمن الرسول ﷺ والحاضرين في مجالسه والمشرفين بصحبته وزيارته والسامعين منه ولكنهم لم يحفظوا كل ما سمعوا بل ووقعوا في الشبهات وخلطوا في الألفاظ، ومع ذلك فقد نشأ الالتباس في بعض الكلمات ببعض آخر حسب الرسوم الخطية التي كانت شائعة في ذلك الزمن كما في "الملك" و"المالك".

وقد ذكر الباحثون أن أبا الاسود الدؤلى سمع قارئاً يقرأ الآية ﴿أَنَّ ٱللَّهَ بَرِيٓءٞ مِّنَ ٱلۡمُشۡرِكِينَ وَرَسُولِهِۦ﴾، وكان يجر اللام في "رسوله" فصار معناه أمراً شنيعاً وباطلاً فأفزع أبا الاسود وأخافه، فقال: عزّ وجه الله أن يبرأ من رسوله، فجدّ جده إلى أن يجعل علامات هادية إلى الصواب حتى لا يتكرر ما رآه وسمعه.

وأما القول في حذف الألف من الاسم في كتابة "بسم" بأنه صار ذلك بكثرة الاستعمال فمردود ومنقوض بآية ٩٦ من سورة الواقعة والتي فيها ﴿فَسَبِّحۡ بِٱسۡمِ رَبِّكَ﴾ فلم يحذف الألف فيها.

وكذا الحال في القول بأن حذف الألف للإشارة إلى احتجاب ألوهية الإلهية في صورة الرحمة الانتشارية وظهورها في الصورة الإنسانية بحيث لا يعرفها الا أهلها، فالذات محجوبة بالصفات والصفات بالأفعال.

فلا قيمة لمثل هذه الآراء فإنها تبتني على وجهات نظر الخاصة غير صالحة للبحث والنقد فنتركها لأصحابها وأتباعهم.

اللمعة العرفانية في تفسير الحروف

الحق أن الحروف في الكلام كالأجزاء في البدن، فتركيب الكلام من الحروف كتركيب البدن من الأجزاء، فَدَوْر الحرف في الكلام مثل دور الجزء في البدن، والله سبحانه وتعالى منح للحروف مقاما عظيما ومنزلة سامية، والبسملة تحتوي تسعة عشر حرفا وفي كل حرف سرٌّ من أسرار الله تعالى عينا كما في الحروف المقطعة التي جاءت في بداية بعض السور وهي تشمل على الأسرار الربانية والتي علمُها عند الله تعالى وعند مَن ارتضاه من أوليائه وهم النبي محمد ﷺ والأئمة المعصومين عليهم السلام. وهذا ابن عباس يروي عن الرسول الأعظم ﷺ أنه قال: خلق الله تعالى الأحرف وجعل لها سرا، فلما خلق الله آدم عليه السلام بثَّ فيه السرّ ولم يبثّه في الملائكة، فجَرَتْ الأحرف على لسان آدم بفنون الجريان وفنون اللغات وقد أطلعه الله تعالى على أسرار أولاده وما يحدث بينهم إلى يوم القيامة، ومن هذه الكتب تفرَّعت سائر العلوم الحرفية والأسرار العددية إلى يومنا هذا وإلى ما شاء الله ثم بعده ورث ابنه علم أسرار الحروف وهو نبي الله شيث عليه السلام وهو نبي مرسل أنزل الله عليه خمسين صحيفة وهو وصي آدم وولي عهده، وهو الذي بنى الكعبة العظيمة بالطين والحجر وله سفر جليل الشأن في علم الحروف.

وهذا هو الإمام علي بن أبي طالب عليه السلام حينما يفسّر الحروف يقول: "إنَّ الباء بهجة الله، والسين سناء الله، والميم ملك الله، والألف آلاء الله، واللام لطف الله، والهاء هداية الله، والراء رأفة الله، والحاء حق الله، والنون نور الله، والياء يد الله"، وهي الحروف التي في ﴿بِسْمِ ٱللَّهِ ٱلرَّحْمَٰنِ ٱلرَّحِيمِ﴾ استخلصناها من تفسير حروف المعجم عن الإمام علي عليه السلام، وللإمام علي عليه السلام بيان عظيم في الحروف الأبجدية حيث يدعو بها ويقول "اللهم بألف الابتداء وبباء البهاء وبتاء التأليف وبثاء الثناء وبجيم الجلال وبحاء الحمد وبخاء الخفاء

وبدال الدوام وبذال الذكر وبِرَاءِ الربوبية وبِزاء الزيادة وبسين السلامة وبشين الشكر وبصاد الصبر وبضاد الضوء وبطاء الطول وبظاء الظلام وبعين العفو وبغين الغفران وبفاء الفردانية وبقاف القدرة وبكاف الكلمة وبلام اللوح وبميم الملك وبنون النور وبواو الوحدانية وبهاء الهيبة وبلام لا إله إلا أنت وبياء ذي الجلال والإكرام" (أسرار الكتاب ص٣٩).

والإمام عليه السلام استدل مع كل حرف بآية من القرآن المجيد، وهو الذي علَّمه رسول الله صلى الله عليه وآله وسلم ألف باب من العلم فانفتح له من كل باب ألف باب، وهو الذي ادعى بعلم آي القرآن بما فيها من المعالم والأسرار والحقائق والمفاهيم وناسخها ومنسوخها ومحكمها ومتشابهها ومكيها ومدنيها وعامها وخاصها، وهو الذي قال في تفسير باء البسملة لابن عباس: "أنا النقطة تحت الباء"، فبذلك لخَّص المعارف المتبلورة فيها.

وقد جاء في ما ورد عن الإمام أمير المؤمنين عليه السلام أنه قال: "ما من حرف إلا وهو اسم من أسماء الله عز وجل"، ثم قال: "أما الألف فالله لا إله إلا هو الحي القيوم، وأما الباء فالباقي بعد فناء خلقه، وأما السين فالسميع البصير، وأما الميم فمالك الملك، وأما اللام فلطيف بعباده، وأما الهاء فهاد لخلقه، وأما الراء فرؤوف بعباده، وأما الحاء فحق حي حليم، وأما النون فنور السماوات والأرض، وأما الياء فيد الله باسطة على خلقه" (من كتاب التوحيد للصدوق ٢٣٥).

وفي هذا المجال روي عن الإمام علي عليه السلام قال: "قال رسول الله صلى الله عليه وآله وسلم في تفسير الحروف: إن الألف فآلاء الله حرف بحرف من أسمائه، والباء بهجة الله، والجيم جنة الله وجلاله وجماله، والدال دين الله، هذا هو الأبجد، وأما هوَّز فالهاء هاء الهاوية، فويل لمن هوى في النار، وأما الواو فويل لأهل النار، وأما الزاي فزاوية في النار فنعوذ بالله مما في الزاوية، وأما حُطّي فالحاء

حطوط الخطايا عن المستغفرين في ليلة القدر وما نزل به جبرئيل مع الملائكة إلى مطلع الفجر، وأما الطاء فطوبى لهم وحُسن مآب وهي شجرة غرسها الله ونفخ فيها من روحه وإن أغصانها لتُرى من وراء سور الجنة تنبت بالحلي والحلل متدلية على أفواههم، وأما الياء فَيَدُ الله فوق خلقه باسطة سبحانه وتعالى عما يشركون، وأما كلمن فالكاف من كلام الله لا تبديل لكلمات الله ولن تجد من دونه مُلتحدا، وأما اللام أهل الجنة بينهم في الزيارة والتحية والسلام وتلاوم أهل النار فيما بينهم، وأما الميم فملك الله الذي لا يزول ودوامه الذي لا يفنى، وأما النون فنون والقلم وما يسطرون، والقلم قلم من نور وكتاب من نور في لوح محفوظ يشهده المقربون وكفى بالله شهيدا، وأما سعفص فالصاد صاع بصاع وفص بفص، يعني الجزاء بالجزاء كما تدين تُدان، إنَّ الله لا يريد ظلما للعباد، وأما قرشت يعني قرشهم وحشرهم ونشرهم بالحق وهم لا يظلمون".

وفي مجال البحث عن الحروف وأعدادها، فقد بذل الباحثون عن ذلك العلم جهودا كبيرة في استخراج اللئالئ والدرر من المعاني والمفاهيم عن بحور الأعداد بحيث عبَّر بعضهم عن المستخرج منها بالإعجاز العلمي، وقال إنَّ إعجاز القرآن يتجسَّد في عدد ١٩، وتعتبر البسملة مفتاح ذلك الاعجاز لمكانها أول آية في كتاب الله تعالى، والله أعطاها هذا الشرف، وحين الإحصاء لحروفها نرى أنها (١٩) التسعة عشر حرفاً، وفي جانب آخر نرى أن عدد ورود كل كلمة من كلماتها في جميع القرآن يدور مدار هذا العدد أي التسعة عشر بنحو من انحاء الضروب بعضها في بعض، فالتفاصيل مذكورة في مطولات هذا الفن وفي الموضوع أبحاث كثيرة من حيث تطبيق الاعداد على المعاني المختلفة لا ندخل في مظانها من قبولٍ وردٍّ نتركها لأصحاب الفن وذوقه لأنه لا ينقص ولا يزيد في الأبحاث الدينية ولا فائدة فيها إلا الترويح في النفس والله العالم.

وهنا كلام طيب وهو من أطيب الكلم قاله باب مدينة العلم الإمام أمير المؤمنين علي بن أبي طالب عليه أفضل الصلاة والسلام: "أنا النقطة أنا الخط أنا الخط أنا النقطة أنا النقطة والخط" (مفتاح الجنان في حل رموز القرآن نقلا عن غرر الحكم ص٩) وللكلام معانٍ علمية دقيقة ومفاهيم ولائية عميقة وحقائق عملية جميلة ودقائق فكرية جليلة يحتاج إلى إدراكها قلب سليم وفكر قويم لأنه كلام عظيم وقائله حكيم وهو باب دار الحكمة، على حد تعبير الرسول الأعظم ﷺ.

نظرة أخرى
إلى لفظ الجلالة

نظرة أخرى إلى لفظ الجلالة

إن للفظ الجلالة "الله" مكانة خاصة بين الأسماء الحسنى، ولكل اسم من أسمائه تعالى جهة كمال تختص به.

وبما أن أي اسم من أسمائه يتصور من جهة معناه الأسمى أو الوصفي فهو مظهر كمال من الكمالات الربانية العظيمة،ولفظة الجلالة بكونها اسمى الأسماء فيصح أن يعبّر عنه بأكملها، وأحسنها، وأجملها، وأعظمها، وأكرمها، وأعزّها، وأجلّها، وبما أن لكل اسم من أسمائه الحسنى ظهوراً معنوياً، فللفظ الجلالة ـ وكذلك الاسم الذي يقوم مقامها من وجه ـ ظهور على سائر الأسماء وفيه تجلٍ لنور الذات،فأسماؤه كلها مظاهره ولفظ الجلالة أظهر المظاهر للذات الواجب، ولعله هو السرّ في إتيانه مقدّماً على غيرها،وفي إتيانه مقدمة الكتاب أي في مفتتح الآية الأولى من السورة الأولى من السور القرآنية،وبما أن الأسماء الحسنى كلها أسرار إلهية من جهة الانتساب إلى الذات المتعالية، فلفظ الجلالة هو السرّ الأعظم.

وبما أن الأسماء الحسنى عناوين معنوية للإشارة إلى الذات للخلق لمكان فاقة الخلق إلى معرفته وعدم قدرته على تحصليها إلا بتلك العناوين، فلفظ الجلالة أوله دلالة وحكاية.

وبما أن أسماءه تعالى كلها حُسنى، فلفظ الجلالة أحسنها حقاً وحقيقةً،

وأيضاً أن أسماءه تعالى بما أنها مصادر الفيوضات الربانية، فلفظ الجلالة أوسع المصادر إفاضةً وعطاءً.

وبما أن الأسماء الإلهية العظيمة أنوار بهيّة للذات المقدّس، فلفظ الجلالة أكثرها بهاءً وجلاءً.

ونُقل عن بعض العرفاء أنه قال: إن لحقيقة ﴿بِسْمِ ٱللَّهِ ٱلرَّحْمَٰنِ ٱلرَّحِيمِ﴾ (التي فيها لفظ الجلالة) مراتب من الوجود ومراحل من النزول والصعود، بل لها حقائق كثيرة بحسب العوالم والنشآت، ولها تجلّيات في قلوب السالكين بمناسبة مقاماتهم وحالاتهم، وإن التسمية المذكورة في أول كل سورة من السور القرآنية غيرها في سورة أخرى بحسب الحقيقة، وأن بعضها عظيم وبعضها أعظم، وبعضها محيط وبعضها محاط، وحقيقتها في كل سورة تعرف من التدبر في حقيقة السور التي ذكرت لافتتاح مرتبة من مراتبها، وربما يعرف ذلك الراسخون في العلم من أهل بيت الوحي، (إلى أن قال): فإن فاتحة الكتاب مشتملة على جميع سلسلة الوجود وقوسي النزول والصعود من فواتيحه وخواتيمه من الحمد لله إلى يوم الدين بطريق التفصيل، وجميع حالات العبد ومقاماته منطوية من قوله "إياك نعبد" إلى آخر السورة المباركة وتمام الومضات الموجودة في الفاتحة بطريق التفصيل موجودة في الرحمن الرحيم بطريق الجمع وفي الاسم بطريق أحدية جمع الجمع، وفي الباء المختفي فيها ألف الذات بطريق أحدية جمع الجمع، وهذه الإحاطة والإطلاق لم تكن إلا في فاتحة الكتاب الإلهي، التي بها فتح الوجود وارتبط العابد بالمعبود، فحقيقة هذه التسمية جملةً وتفصيلاً عبارة عن الفيض القدسي المطلق بالنسبة إلى المخلوق؟ وبه ترتبط سلسلة الوجود من الغيب والشهود في قوس النزول والصعود وسائر التسميات من تعينات هذا الاسم الشريف ومراتبه، بل كل تسمية ذكرت لفتح فعل من الأفعال كالأكل والشرب والوقاع وغيرها يكون تعيناً من تعينات هذا

الاسم المطلق، كل بحسب حدّه ومقامه، ولا يكون الاسم المذكور فيها لهذا الاسم الأعظم وهو أجلّ من أن يتعلّق بهذه الأفعال الخسيسة بمقام إطلاقه وسريانه. (انتهى كلامه).

ومن المعلوم أن هذه التعابير مبتنية على ما هو المعهود بين أهل العرفان من المصطلحات والمعاني، وبناء على ذلك نرى أن هذا العارف الجليل يقول: إن الأسماء الحسنى الإلهية والصفات العليا الربوبيّة حُجُبٌ نورية للذات الأحدية المستهلك فيها جميع التعينات الأسمائية المُستجنّ في حضرتها كل التجليات الصفاتية، فإن غيب الهوية والذات الأحدية لا يظهر لأحد إلا في حجاب التعيين الأسمى، ولا يتجلى في عالم إلا في نقاب التجلي الصفتي، ولا اسم له ولا رسم بحسب هذه المرتبة، ولا تعين له ولا حد لحقيقته المقدسة، والاسم والرسم حدٌّ وتَعيُّن، فلا اسم ولا رسم له بحسب المفهوم والماهيّة ولا بحسب الحقيقة والهوية لا علماً ولا عيناً وليس وراءه شيء حتى يكون اسمه ورسمه، سبحان من تنزّه عن التحديد الاسمي وتقدس عن التعيّن الرسمي، فالعالم خيال في خيال، وذاته المقدسة حقيقة قائمة بنفسها، ولا تنكشف الحقيقة بالخيال كما هو قول الأحرار من الرجال، فالمفاهيم الأسمائية كلها والحقائق الغيبية بمراتبها تكشفان عن مقام ظهوره وتجلّيه أو إطلاقه وانبساطه، فالوجود المنبسط ومفهومه العام لا يكشفان إلا عن مقام إطلاقه، ولا يخفى ما في بعض التعابير من عدم ملاءمتها بظواهر الآيات والنصوص الكلامية، حيث فقدَ التوفيق بين ألفاظها ومعانيها، ولكن لسنا في مقام التصحيح أو نقل أقوال العرفاء الذين بذلوا جهودهم في تبيين المعالم وتوضيح المعارف، شكر الله مساعيهم وسدد خطاهم.

فلفظ الجلالة أجلّ الأسماء الإلهية لفظاً ومعنًى، ظاهراً وباطناً، ولولا أن لهذا الاسم المبارك جانب خاص من الحقيقة المقدسة الإلهية لَما خصّه الله

تعالى علماً له، ولما ذكره في مقدم كل اسم من أسمائه الحسنى، فإذا قلنا بكونه مصدراً للإفاضات الربانية فذلك بملاحظة أوليّته من حيث القول والكلام، ومحلّه في عالم الوجود.

والقول الحق وحق القول في لفظ "الله" إنه لفظ دال على المعبود بالحق، وتاهت العقول في ذاته وصفاته لاحتجابها بأنوار العظمة، وإطلاقه على المعبود بالحق إطلاق حقيقي بلحاظ اختصاص معناه بالذات الأحدية بالمعنى الاسمي وهو ليس بصفة مشتقّة من "العبادة" ولا بأس بالقول بأن لفظ "الله" مشتقّ من أَلَهَ إلى فلان أي سكن إليه، لاطمئنان القلوب بذكره وسكون الأرواح إلى معرفته وركون الخلائق إلى مسمّاه، وكذلك لا بأس بالقول باشتقاقه من التحيّر لتحيّر العقول في كنه عظمته ولا باشتقاقه من لاهَ الشيء إذا خفي لخفاء حقيقته ولا باشتقاقه من الغيبوبة لأنه لا تدركه الأبصار وهو مخفي عن الأنظار، ولا باشتقاقه من التعبد لأنه لا يستحق أحد أن يعبد غيره، ولا باشتقاقه من أَلَهَ بالمكان إذا أقام به، ولا باشتقاقه من لاهَ يلوه بمعنى ارتفع، ولا باشتقاقه من وَلَهَ الفصيل بأُمه إذا ولع بها كما أن العباد مولَهونَ أي مولَعونَ بالتضرع اليه، ولا باشتقاقه من الرجوع، يُقال أَلَهْتُ إلى فلان أي فزعتُ إليه ورجعتُ، والخلق يفزعون إليه تعالى في حوائجهم ويرجعون اليه، وقيل للمألوه أله كما قيل للمؤتم به إمام، فهذه الاشتقاقات بلحاظ ما في الألفاظ من المعاني المخصوصة ولكن الصواب في الموضوع هو ما ذكرناه من كون لفظ الجلالة اسم علم جامد غير مشتق بالأصل ولا يلزم في كل لفظ الاشتقاق بالمعنى المعهود والا فيتسلسل على حد تعبير بعض أهل الفن مثل الخليل والغزالي وغيرهما، ومجمل القول فيه أن اختصاصه بالذات الواجب الوجود الجامع لجميع صفات الجلال والجمال والكمال بحيث لا يمكن إطلاقه على غيره أصلاً كافٍ في عظمته ورفعة مقامه وعلوّ شأنه، وهو بحسب المفهوم يدلّ على جامعيته الأوصاف الجمالية والجلالية كلها وربوبيته أنواع الأشياء بأجمعها،

فهو بما هو يليق بأن يكون علماً للذي قصرت عن رؤيته أبصار الناظرين وعجزت عن نعته أوهام الواصفين، على حدّ تعبير الإمام زين العابدين عليه السلام، وهو مع دلالته على جميع الصفات الكمالية يدلّ على تقدّس الذات عن الأوصاف والنقائص الإمكانية وتنزهه عن العلائق الجسمانية والعوائق الظلمانية، ومن هنا ذهب بعض الأعلام من المحققين إلى أن لفظ الجلالة أدلُّ المؤشرات على ذاته ولا يرتقي إلى حدِّ التحديد بل يبقى مجرد مؤشر يُحدد المقصود الذي تلفظ به المتكلم أو حرره الكاتب. فمجمل القول إن لفظ الجلالة بجلالته يدل على ذات الجليل وبوحدانيته يدل على التوحيد وبمعناه يرشد إلى معنى المعبود الذي لا معبود بالحق سواه، وباشراقة مفهومه يدل على الإله الذي لا إله غيره. وبما أن لله الأسماء الحسنى والمشهور منها التسعة والتسعون ولفظ الجلالة أرفعها وأسماها فهو يدل عليها بلحاظ علم الحروف بعد تقسيمها إلى قسمين كل قسم ثلاثة وثلاثون ثم ضرب الثلاثة والثلاثين في أحرفها بعد إسقاط المكرر منها وهي ثلاثة تكون عدد الأسماء الحسنى وكذلك إذا جمع من الجلالة طرفاها وهما ستة وتقسم على حروفها الأربعة يقوم لكل حرف واحد ونصف، فبعد ضربه في ما للجلالة من العدد وهو ستة وستون تبلغ تسعة وتسعين وذلك عدد الأسماء الحسنى (ذكره محمد بن طلحة في كتابه الدر المنتظم في السر الأعظم) فتوجد مثل هذه الاستنتاجات الفنيّة كثيرة في الباب والله العالم، وقد وردت روايات عديدة في الباب تحكي وتكشف عن كون لفظ الجلالة اسم الله الأعظم فعن ابن عباس قال: اسم الله الأعظم هو الله.

والحق إن العبد إذا تشرف بذكر لفظ الجلالة على لسانه فيحس في قلبه الطمأنينة والثقة بإيجاد علقة باطنية بالمبدإ الكريم ويزول عنه الخوف من البلايا والرزايا ولا يخاف لومة لائم بل ويتمتع بالاستقامة والتوكل على الله تعالى في مقابل جميع الآفات والعاهات ويتقرب إلى الرب الجليل بالاعتصام بحبله المتين والتمسك بعروته الوثقى التي لا انفصام لها والاقتداء بسيرة الرسول

الأعظم والأئمة الهداة المهديين صلوات الله عليهم وعلى سائر أولياء الله أجمعين إلى يوم الدين واللعنة الدائمة الباقية على أعداء الله الكافرين المشركين الضالين المضلين المنافقين المبتدعين الذين يلعنهم الله ويلعنهم اللاعنون.

جزئيتها
مما لا ريب فيه

جزئيتها مما لا ريب فيه

جزئية البسملة واستقلالها في كل سورة من سور القرآن مما لا شك فيه ولا ريب يأتيه، فمضافاً على اتفاق جُلّ المفسرين والمحدثين في المسألة قد دلّت الأحاديث والروايات الواردة عن الفريقين الشيعة والسنة بجميع فرقهم على أن البسملة هي آية مستقلة في كل سورة وجزء منها، فمن قائل يقول: آية البسملة وضعت أمام كل سورة للفصل بين السور، وقيل: إنها آية من سورة الفاتحة خاصة، وأما وضعها أمام كل سورة فهو للفصل بين السور، ومن قول بعض المفسرين إنها آية من كل سورة بعدها، فمن قرأ السورة ولم يأت بالبسملة فقد قرأ السورة ناقصة، واستدل على ذلك بروايات منها:

ما روي عن أم سلمة أنها قالت: كان رسول الله ﷺ يقطّع قراءته، أي يقرأ آيـة آيـة ﴿بِسْمِ ٱللَّهِ ٱلرَّحْمَٰنِ ٱلرَّحِيمِ * ٱلْحَمْدُ لِلَّهِ رَبِّ ٱلْعَٰلَمِينَ * ٱلرَّحْمَٰنِ ٱلرَّحِيمِ﴾..... كما مر...

ومنها: ما روي عن الإمام أمير المؤمنين علي بن أبي طالب عليه السلام أنه سُئل عن السبع المثاني فقال عليه السلام ﴿ٱلْحَمْدُ لِلَّهِ رَبِّ ٱلْعَٰلَمِينَ﴾ أي سورة الفاتحة، فقيل له: إنها هي ست آيات، فقال عليه السلام ﴿بِسْمِ ٱللَّهِ ٱلرَّحْمَٰنِ ٱلرَّحِيمِ﴾ آية، أي من الفاتحة، فعدّ الإمام عليه السلام البسملة من إحدى آياتها.

ومنها ما روي عن الرسول الأعظم ﷺ أنه قال: ﴿ٱلْحَمْدُ لِلَّهِ رَبِّ ٱلْعَٰلَمِينَ﴾

سبع آيات ﴿بِسْمِ ٱللَّهِ ٱلرَّحْمَٰنِ ٱلرَّحِيمِ﴾ إحداهنّ، وهي السبع المثاني والقرآن العظيم، وهي أم القرآن، وهي فاتحة الكتاب.

ومنها ما روي عن ابن عباس أنه قال: كان النبي ﷺ لا يعرف خاتمة السورة حتى ينزل عليه ﴿بِسْمِ ٱللَّهِ ٱلرَّحْمَٰنِ ٱلرَّحِيمِ﴾، فإذا نزلت ﴿بِسْمِ ٱللَّهِ ٱلرَّحْمَٰنِ ٱلرَّحِيمِ﴾ عرف أن السورة قد خُتمت وابتدأت سورة أخرى.

ومنها ما ورد عن عبد الله بن عباس أنه قال: إن النبي ﷺ كان إذا جاء جبرئيل فقرأ ﴿بِسْمِ ٱللَّهِ ٱلرَّحْمَٰنِ ٱلرَّحِيمِ﴾ علم أنها سورة، أي نزلت سورة أخرى غير السورة السابقة في النزول.

ومنها ما روي عن الإمام علي عليه السلام أنه قال: إن البسملة من الفاتحة، وإن رسول الله ﷺ كان يقرأها ويعدّها آية منها ويقول: فاتحة الكتاب هي السبع المثاني.

ومنها ما روي عن النبي ﷺ أنه قال: إذا قرأتم الحمد فاقرأوا ﴿بِسْمِ ٱللَّهِ ٱلرَّحْمَٰنِ ٱلرَّحِيمِ﴾ فإنها أم القرآن والسبع المثاني، و﴿بِسْمِ ٱللَّهِ ٱلرَّحْمَٰنِ ٱلرَّحِيمِ﴾ إحدى آياتها.

ومنها ما روي عن أكبر رواة العامة وهو أبو هريرة الدوسي قال: قال رسول الله ﷺ: الحمد لله رب العالمين أعني سورة الفانحة سبع آيات ﴿بِسْمِ ٱللَّهِ ٱلرَّحْمَٰنِ ٱلرَّحِيمِ﴾ إحداهن وهي السبع المثاني والقرآن العظيم وهي أُم القرآن وهي فاتحة الكتاب.

وعنه أيضاً قال إن النبي ﷺ كان إذا قرأ وهو يؤمُّ الناس افتتح بـ﴿بِسْمِ ٱللَّهِ ٱلرَّحْمَٰنِ ٱلرَّحِيمِ﴾.

ومنها ما روى أنس بن مالك قال بينا رسول الله ﷺ في المسجد إذ أغفى إغفاءة ـ أي اعترته حالة الوحي ـ ثم رفع رأسه ضاحكا فقيل ما أضحكك يا

رسول الله؟ فقال: نزلت عليَّ سورة آنفا فقرأ: ﴿بِسْمِ ٱللَّهِ ٱلرَّحْمَٰنِ ٱلرَّحِيمِ، إِنَّآ أَعْطَيْنَٰكَ ٱلْكَوْثَرَ﴾ حتى ختمها.

ومنها ما روي عن ابن عباس أنه قال كان النبي ﷺ يفتتح صلاته بـ ﴿بِسْمِ ٱللَّهِ ٱلرَّحْمَٰنِ ٱلرَّحِيمِ﴾ وكان الصحابة يسمعون ذلك جهراً.

ومنها ما روي عن أبي الطفيل قال سمعت علي بن أبي طالب وعمارا رضي الله عنهما يقولان إن رسول الله ﷺ كان يجهر في الصلوات المفروضة الجهرية بـ﴿بِسْمِ ٱللَّهِ ٱلرَّحْمَٰنِ ٱلرَّحِيمِ﴾.

ومنها ما روي عن أمير المؤمنين علي بن أبي طالب رضي الله عنه قال كان النبي يجهر بـ ﴿بِسْمِ ٱللَّهِ ٱلرَّحْمَٰنِ ٱلرَّحِيمِ﴾ في السورتين جميعا أي يجهر بالبسملة قبل الفاتحة وبالبسملة من السورة التي يقرأُها بعد الفاتحة.

ومنها ما روي عن قتادة قال سألت أنس بن مالك كيف كانت قراءة النبي فقال كانت مدّاً، ثم قرأ أنس ﴿بِسْمِ ٱللَّهِ ٱلرَّحْمَٰنِ ٱلرَّحِيمِ﴾ يمدُّ بسم الله أي اللام التي قبل هاء الجلالة ويمدُّ الرحْمن أي الميم التي قبل النون ويمدُّ الرحيم أي الميم.

فهذه عدة روايات نقلها أكابر محدثي العامة وهي التي تدل على المقصود، أي جزئية البسملة بوضوح تام مضافا إلى غيرها من الروايات الواردة في الباب والله العالم.

وقد ذكر المفسرون الكبار من علمائنا رضوان الله عليهم في البحث عن البسملة وجزئيتها روايات عديدة واستدل بها الفقهاء في وجوب ذكرها قبل كل سورة، فلا يبقى مجال للشك في هذا الموضوع، ويؤيده ما روي من عمل النبي ﷺ وأئمة أهل البيت عليهم السلام بقراءتها قبل كل سورة في الصلوات وغيرها، فقد روى يحيى بن عمران الهمداني قال: كتبت إلى أبي جعفر عليه السلام: جُعلت فداك ما تقول في رجل ابتدأ ﴿بِسْمِ ٱللَّهِ ٱلرَّحْمَٰنِ ٱلرَّحِيمِ﴾ في صلاته،

واحدة في أم الكتاب، فلما صار إلى غير أم الكتاب من السور تركها؟ فقال العباسي: ليس بذلك بأس، فكتب عليه السلام بخطه: يُعيدها ـ مرتين ـ على رغم أنفه ـ يعني العباسي ـ.

وعن معاوية بن عمار قال: قلت لأبي عبد الله عليه السلام: إذا قمت للصلاة أأقرأ ﴿بِسْمِ ٱللَّهِ ٱلرَّحْمَٰنِ ٱلرَّحِيمِ﴾ في فاتحة القرآن؟ قال: نعم، قلت: فإذا قرأت فاتحة الكتاب أأقرأ ﴿بِسْمِ ٱللَّهِ ٱلرَّحْمَٰنِ ٱلرَّحِيمِ﴾ مع السورة؟ قال عليه السلام: نعم. (الكافي: ج٣ ص٣١٢).

وهذا الثعلبي أخرج في تفسيره بإسناده إلى أمير المؤمنين علي بن أبي طالب عليه السلام أنه كان إذا افتتح السورة في الصلاة يقرأ ﴿بِسْمِ ٱللَّهِ ٱلرَّحْمَٰنِ ٱلرَّحِيمِ﴾، وكان يقول مَنْ تركَ قراءتها فقد نقص.

ونِعْمَ ما قال شيخ الطائفة الطوسي رضوان الله عليه في تفسيره التبيان أن الآية ﴿بِسْمِ ٱللَّهِ ٱلرَّحْمَٰنِ ٱلرَّحِيمِ﴾ عندنا، أي الإمامية الإثني عشرية، آية من الحمد، ومن كل سورة إلا براءة بدلالة إثباتهم لها في المصاحف وبالخط الذي كتب به المصحف مع تجنّبهم اثبات الأعشار والأخماس كذلك، وقد أوجبوا الجهر بها فيما يجب الجهر فيها بالقراءة كصلاة الصبح وأوليتي المغرب والعشاء، ويستحب الجهر بها فيما يخافت فيها بالقراءة كأوليي الظهر والعصر، ويجوز الإخفات، وعلى هذا ذهبَ جمعٌ كبير من مفسِّري العامة مثل القاضي البيضاوي وغيره، وذكرها صاحب المنار أنها آية من كل سورة، كما ذهب علماء السلف من أهل مكة فقهاؤهم وقرّاؤهم ومنهم ابن كثير وأهل الكوفة ومنهم عاصم والكسائي من القراء وبعض الصحابة والتابعين من أهل المدينة والشافعي في الجديد وأتباعه والثوري وأحمد في أحد قوليه والامامية ومن المروي عنهم ذلك من علماء الصحابة علي وابن عباس وابن عمر وأبو هريرة، ومن علماء التابعين سعيد بن جبير وعطاء والزهري وابن المبارك،

وأقوى حججهم في ذلك إجماع الصحابة ومن بعدهم على إثباتها في المصحف أول كل سورة سوى سورة براءة مع الأمر بتجريد القرآن عن كل ما ليس منه ولذلك لم يكتبوا آمّين في آخر الفاتحة ـ انتهى كلامه ـ .

فبعد النظر إلى الروايات الواردة في الباب يقطع بجزئية البسملة لجميع السور وهي آية مستقلة في كل سورة ولا يجوز تركها عمدا. ونِعْمَ ما قال الإمام الصادق عليه السلام : "البسملة تيجان السور" (البحر المديد ص ١٦٤).

ادعوا اللَّه

أو ادعوا الرحمن

ادعوا اللّه أو ادعوا الرحمن

سبق وذكرنا أن الله سبحانه وتعالى بدأ كلامه باسمه العظيم الذي هو المصدر لفيوضاته والمحور لإرادته، وباسمه المبارك وُجد العالم وبقي، وهو مجمع البركات للخلق كله.

وأما الآية الكريمة ﴿بِسْمِ ٱللَّهِ ٱلرَّحْمَٰنِ ٱلرَّحِيمِ﴾ فهي أعظم آية في كتاب الله تعالى، ويكفي في فضلها أنها مبدأ كلام الخالق، وقال النبي العظيم ﷺ: إن لكل شيء أساساً وأساس القرآن الفاتحة، وأساس الفاتحة ﴿بِسْمِ ٱللَّهِ ٱلرَّحْمَٰنِ ٱلرَّحِيمِ﴾ وفي رواية أخرى أنه قال ﷺ: مَن ترك ﴿بِسْمِ ٱللَّهِ ٱلرَّحْمَٰنِ ٱلرَّحِيمِ﴾ فقد ترك مائة وأربع عشرة آية من كتاب الله تعالى. وقد ذهب بعض الأعلام إلى ضعف هذه الرواية مستدلاً بكونها تخالف الواقع حيث إن سورة التوبة لا تدخل في هذا العدد لأنها غير مستهلّة بالتسمية، ولكن لو قلنا إن الرواية تعد البسملة التي وردت في سورة النمل كإحدى آياتها ضمن هذا العدد أي مائة وأربع عشرة فلا يبقى ما ينافي الواقع، والله العالم. وقال ﷺ: البسملة مفتاح كل كتاب.

وقال ﷺ: إذا قال المعلم للصبي قل ﴿بِسْمِ ٱللَّهِ ٱلرَّحْمَٰنِ ٱلرَّحِيمِ﴾ فقال الصبي ﴿بِسْمِ ٱللَّهِ ٱلرَّحْمَٰنِ ٱلرَّحِيمِ﴾ كتب الله براءة للصبي وبراءة لوالديه وبراءة للمعلم.

وقال ﷺ: مَن أراد أن ينجّيه الله من الزبانية التسعة عشر فليقرأ ﴿بِسْمِ

﴿ٱللَّهِ ٱلرَّحْمَٰنِ ٱلرَّحِيمِ﴾ فإنها تسعة عشر حرفاً، ليجعل الله كل حرف منها جُنّة (البرهان: ١/٤٣) والظاهر أن هذه الرواية يمكن الركون إليها بتكلُّف حيث اعتمدتْ على رسم الكتابة القرآنية المستحدثة عن زمن الوحي، حيث لم تكتب ألف الرحمن وألف الاسم وغضَّت الطرف عن اللام المشددة في الله، ولابد من توحيد مبادىء المحاسبة الرياضية فإنما يعتمد على اللفظ أو على الكتابة.

وبملاحظة عدد السور القرآنية (١١٤) فقد ورد ذكرها في القرآن الكريم بعدد سورها، فكما أن النبي ﷺ أمر بقراءة اسم الله حين نزول الوحي بقوله ﴿ٱقْرَأْ بِٱسْمِ رَبِّكَ ٱلَّذِى خَلَقَ﴾ فكذلك ورد التوسل به في قوله: ﴿بِسْمِ ٱللَّهِ مَجْرَىٰهَا وَمُرْسَىٰهَآ﴾ ففي البدء إلى الختم ينبغي أن يلتفت العبد إلى بركة اسم الخالق الذي هو الرحمن الرحيم، فهو بهذا القول يستعين بالرب الرحيم ويرجو رحمته الواسعة الدائمة العامة الشاملة، فلهذا يقال بأن المراد من بسم الله هو تضمين الاستعانة، أي استعينوا بأن تسمّوا الله بأسمائه الحُسنى وتصفوه بصفاته العليا، ولا يصح القول: ابتدىء بالله، بل وهو غلط تماماً لا معنى له، فذكر الاسم يضمن المعنى المقصود ويتكفل المطلوب.

والله سبحانه ذكر مع اسمه المبارك اسمين وصفيين وهما: الرحمان الرحيم، ولم يعطف بينهما بِحَرْفٍ، وكلاهما من الرحمة التي لها معانٍ متعددة حسب ظرف الاستعمال، وقد ورد إطلاق كلمة الرحمة والرحم ـ بضم الراء ـ والرحمن ـ على وزن فعلان ـ بمعنى رقّة القلب، والانعطاف يقتضي المغفرة والإحسان، وهذا في الأصل واللغة.

ولا يخفى أن هذا المعنى للموجود الممكن، وأما الواجب تعالى فهو بتنزّهه عن الجسم والجسمانيات، فلا يجري هذا المعنى بالنسبة إليه بل ويراد منه ما يتعلق بشأنه ورفعة مكانه، فالأحرى بالمقام أن نقول في معنى الرحمة هو إفاضة الوجود وإعطاء الكمال، أو مطلق الإفاضة والعطاء لعدم لحاظ القيد

في الإفاضة والعطاء بالنسبة إلى الذات الغني على الإطلاق، والقادر على كل شيء، وهو يعطي لمن سأله ومَن لم يسأله. وعلى هذا يمكن القول بأن معنى الرحمة هو إرادة إيصال الخير أو إيصال الخير نفسه، ولا فرق بينهما لأن أمر الله تعالى شأنه بالنسبة إلى الأشياء هو أن يقول أو يريد أن يقول: كُن فيكون، كما قال جل وعلا عن نفسه ﴿إِنَّمَآ أَمْرُهُۥٓ إِذَآ أَرَادَ شَيْـًٔا أَن يَقُولَ لَهُۥ كُن فَيَكُونُ﴾ فهو المفضي والمعطي والمحسن والموصل للخير وهو الرحمن الرحيم.

والرحمان بحسب المعنى اسم وصفيٌّ، وهو اللقب، وبمنزلة اسم العَلَم لاختصاصه بالله تعالى، ولا يسمى ولا يوصف به غيره، وأما الرحيم فهو أيضاً اسم وصفيٌّ ولكن ليس بمنزلة العَلَم، وعلى هذا يطلق على غيره تعالى بلحاظ معناه كما يشهد به ما ورد في القرآن الكريم إطلاقه على أعلى مصاديقه وهو النبي الكريم ﴿بِٱلْمُؤْمِنِينَ رَءُوفٌ رَّحِيمٌ﴾ (التوبة: ١٢٨) وفي توصيف الذين مع النبي ﷺ قال ﴿وَٱلَّذِينَ مَعَهُۥٓ أَشِدَّآءُ عَلَى ٱلْكُفَّارِ رُحَمَآءُ بَيْنَهُمْ﴾ (الفتح: ٢٩)

وما ذكر في المعنى والمراد من الكلمتين ﴿ٱلرَّحْمَٰنِ ٱلرَّحِيمِ﴾ من المعارف فهو بلحاظ المفهوم، فقد ورد في الروايات أن الرحمان رحمان الدنيا، والرحيم رحيم الآخرة، والرحمن بجميع الخلق والرحيم بالمؤمنين خاصة، فوجه ذلك أن الله تعالى هو الخالق، فعليه الإفاضة لبقاء وجود خلقه أعمّ من أن يكون مؤمناً به أو كافراً، صالحاً كان أو فاسقاً، بَرّاً كان أو فاجراً، مطيعاً له أو عاصياً، فالله الرحمن على كافة ما خلق ومَن خلق ومتى خلق وأين خلق، وكيف خلق، فبما أن كل شيء مخلوقه أنه أعطاهم العقل والاختيار وهداهم إلى السبيل، فمن كان شاكراً لأنعم الله تعالى فيعطيه ما يسأله ويجيبه بما يدعو في هذه الدنيا وفي الآخرة من نعيمها التي أدناه الجنة والحور العين، وأعلاها الرضوان منه، وقال الإمام الصادق عليه السلام عن هذين الاسمين "إن الرحمن اسم

خاص بصفة عامة، والرحيم اسم عام بصفة خاصة "، ولهذا القول بحث عميق نوكله إلى محله.

وقال بعض أهل الذوق: الرحمن برحمة واحدة والرحيم بمائة رحمة، وبملاحظة اللفظ والمعنى يقال: إن الرحمن صيغة مبالغة تدل على الكثرة، والرحيم صفة مشبّهة تدل على الثبات والبقاء، ولهذا يختلف إطلاقهما حسب المراد، ويُخصص الأول على الإفاضة العامة لجميع الخلق، والثاني على العطاء الخاص لمن آمن به وأطاعه في أقواله وأفعاله وظاهره وباطنه.

والحق في المسألة هو ما ذكرناه في الأبحاث السابقة لدى كلامنا عن مصاديق الكلمتين الواردتين في بعض الروايات بأنها قابلة للتأويل لمخالفتها مع صريح الآيات الواردة في الموضوع، فالله سبحانه وتعالى رحمان ورحمته كثيرة واسعة، ورحيم ورحمته ثابتة باقية دائمة. ومن هنا يظهر وجه اختصاص كلمة الرحمن بالله تعالى لأنه لا يقدر على ذلك غيره لمكان عدم احاطته العالم كله بخلاف الذات الواجب تعالى شأنه فإنه قادر على كل شيء وقدرته عين ذاته ولا يتصور انفكاكها عنه بوجه واما غيره فهو محتاج في وجوده وذاته وقدرته وبقائه إليه تعالى فكيف يكون قادراً على وجه يعم جميع الخلق، وهي أي القدرة المطلقة تقتضي أو تلازم الأُلوهية ولعله السر في عدم جواز إطلاق الكلمة على غيره جل وعلا، فان كل ما سواه فهو مخلوق محتاج إليه والمحتاج لا يكون قادراً على الإطلاق، ولأجل عمومية الرحمة لجميع الخلق التي لا يقدر عليها أحد غيره يمكن القول بدلالة كلمة الرحمن على التوحيد، ولذكرها في البسملة بعد اسم الجلالة إشعار إلى محبوبية البدء باسم الله الرحمن الرحيم فإنه لا إله إلا هو وهو الذي لا يستحق العبادة إلا هو ولا يجوز الاستعانة بالأصالة الا منه.

ولا يخفى أن الباحثين بذلوا جهودهم الواسعة في الكلمتين من الناحية

اللغوية والتفسيرية والعقائدية فمنهم من قال في الفرق بينهما إن دلالة الرحمن على عموم الرحمة، والرحيم على خصوصها لسبب هيئتهما وهي فعلان وفعيل، ولرُبَّ قائل يقول: بأن الفرق بينهما بالفعل والصفة المدلول على الأول بهيئة الرحمن وعلى الثانية بالثانية لتكون الدلالة على العموم والخصوص دلالة لفظية لقواعد الأدب الدالة على كونهما صفتين مشبهتين بنية الإفادة المبالغة بعد.

وقائل يقول: بالفرق بينهما بالصفة والفعل المدلول على الأول بهيئة الرحمن وعلى الثاني بالثاني، واستدل عليه بأن صيغة فعلان تدل على وصف فعلي فيه معنى المبالغة وهو في استعمال اللغة للصفات العارضة مثل عطشان وغضبان، وأما صيغة فعيل فإنها تدل في الاستعمال على المعاني الثابتة كالأخلاق والسجايا في الناس مثل حكيم وكريم وجميل، فلفظ الرحمن يدل على من تصدر عنه آثار الرحمة بالفعل وهي إفاضة النعم والإحسان. ولفظ الرحيم يدل على منشأ هذه الرحمة والإحسان وعلى أنها من الصفات الثابتة الواجبة وبهذا المعنى لا يستغنى بأحد الوصفين عن الآخر ولا يكون الثاني مؤكداً للأول، وذكر الرحيم بعد الرحمن كذكر الدليل بعد المدلول ليقوم برهاناً عليه.

والقائل يقول: بأن لفظ الرحمن يدل على الصفة القائمة به تعالى ولفظ الرحيم يدل على تعلقها بالمرحوم، فالأول يدل على أن الرحمة صفته أي صفة ذات له والثاني يدل على أنه يرحم خلقه برحمته أي صفة فعل له تعالى.

وقد ورد في الموضوع تعبير آخر بديع وهو أن لفظ الرحمن يدل على الرحمة بالقوة ولفظ الرحيم يدل على الرحمة بالفعل.

والقائل يقول: بالفرق بينهما بناءً على الجانب العقلي الذي كشفت عنه الروايات الواردة في الباب بأن عمومية رحمانيته للخلق برِّهم وفاجرهم

وزيادتها للمؤمنين دون الكافرين لسبقهم بالإيمان بالله تعالى المستلزم لتلك الزيادة إنما هي لحكم العقل بمقتضى العدل والحكمة وعموم كرمه.

والقول بأن الثاني للتأكيد في المعنى فهو في غاية البُعد لأن الكلمتين للتوصيف وتلاحظ في كل منهما جهة الوصفية ولا داعي للتأكيد في المورد، ولا يضر فيه كون اشتقاقهما من كلمة واحدة أي الرحمة وهما موضوعان للمبالغة.

وأما ما قاله عبد الله بن عباس فيهما أي أنهما إسمان رقيقان أحدهما أرقّ من الآخر فالرحمن الرقيق والرحيم العطف على عباده بالرزق، فمعناه أن الله يعود على الخلق بالنعمة بعد النعمة لأنه لا يوصف برقة القلب بمعناها المعهود لدينا لتنزهه عن الجسم وما يقتضيه الجسم.

والحق إنه كل ما قيل عن المفردتين ربما ينضوي ما صح منه وتطابق مع الآيات والروايات والعقل أن في اختلافهما جمالية في الكلام وبلاغة في التعبير وإرادة في تنوع الرحمة بكل ما لكلمة التنوع من معنى ليكون أحدهما متمِّماً للآخر، وهذه اللوحة الفنية تقتضي في البسملة أنْ تكونا معاً وإلا لما تحقق المقصود، وكأن إحدى المفردات تكمِّل الأخرى لتكون هذه اللوحة الاسم الأعظم معاً، ومن هنا جاءت أهميتها والابتداء بها.

وفي البحث عن المفردتين أي "الله" و"الرحمن" نظرية عرفانية ذات قيمة معنوية وهي أن الله تعالى حينما يقول ﴿قُلِ ٱدْعُوا۟ ٱللَّهَ أَوِ ٱدْعُوا۟ ٱلرَّحْمَٰنَ أَيًّا مَّا تَدْعُوا۟ فَلَهُ ٱلْأَسْمَآءُ ٱلْحُسْنَىٰ﴾ (الإسراء: ١١٠) ففيه إشارة إلى معنى التوحيد وأن لفظ "الله" جامع لكل شيء، ولفظ "الرحمن" جامع لحقائق العالم وما يكون فيه، وأن دعاء الناس إنما هو تعلّقهم بالحق تعالى لمنافعهم على قدر معارفهم وهي عند اسمه الرحمن، وهذا الاسم أي الرحمن يتضمن جميع الأسماء الحسنى إلا "الله" فإنه له الأسماء الحسنى و"الرحمن" وما يتضمنه من الأسماء يتضمنه

الاسم "الله"، فكل مَن ينادي "الله" فإنما ينادي منه الرحمن خاصة وينادي من "الرحمن" الاسم الذي تطلبه الحقيقة الداعية إلى الدعاء، إذ الرحمة هي الوجود ما بدأ، لأن ظهور ما ظهر إنما كان بالرحمة الإيجادية ولم يكن ثمّة إلا الوجود ومراتبه، وقد اقتسمه هذان الاسمان فأخذ الاسم الله المراتب وأخذ الاسم الرحمن الوجود، والذي يدعوه بالاسم "الله" فهو ينظر إلى الذات الجامع لجميع الصفات والذي يدعوه بالاسم "الرحمن" فهو ينظر إلى الذات بكونه متصفاً بالرحمة ويعني بها الإفاضة فلا ضير فيه من حيث الحقيقة لاتحادهما في المدلولية وهما اسمان علمان للحق تعالى شأنه، والاسم كما مرَّ بيانه هو ليس إلا علامة للمسمى ودوره التعريف عنه لمن أراد التعرف عليه، والذات الأحدية أغنى من التعريف لأنه الظاهر والخلق لا يقدر على درك ظهوره إلا بالاسم، والتسمية لابد أن تكون منه تعالى لا من غيره، وفي البسملة إشارة عملية إلى ذلك، وأما الاسم الوجودي فهو النور الأول الذي خلقه الله تعالى للتعريف عن نفسه كما ورد في الحديث القدسي الشريف أنه قال: "كنت كنزاً مخفياً فأحببت أنْ أُعرف فخلقت الخلق لكي أُعرف"، فبالمخلوق الأول عرفَ الله مَنْ عرفه، ولو لم يخلقه الله لما كان يعرفه الخلق، وقد قال النبي الأعظم ﷺ لجابر بن عبد الله الأنصارى حينما سأله عن أول شيء خلقه الله تعالى: هو نور نبيك يا جابر! خلقه ثم خلق منه كل خير وخلق بعده كل شيء وحين خلقه أقامه قدامه في مقام القرب اثني عشر ألف سنة، ثم جعله أربعة أقسام، فخلق العرش من قسم والكرسي من قسم وحملة العرش من قسم وخزنة الكرسي من قسم، وأقام القسم الرابع في مقام الحب اثني عشر ألف سنة، ثم جعله أربعة أقسام، فخلق القلم من قسم واللوح من قسم والجنة من قسم، وأقام القسم الرابع في مقام الخوف اثني عشر ألف سنة، ثم جعله أربعة أجزاء، فخلق الملائكة من جزء وخلق الشمس من جزء وخلق القمر والكواكب من جزء، وأقام الجزء الرابع في مقام الرجاء اثني عشر ألف سنة،

ثم جعله أربعة أجزاء فخلق العقل من جزء والعلم والحلم من جزء والعصمة والتوفيق من جزء، وأقام الجزء الرابع في مقام الحياء اثني عشر ألف سنة، ثم نظر إليه فترشح النور عرقاً فقطرت منه مائة ألف وعشرون ألفاً وأربعة آلاف قطرة من النور، فخلق الله من كل قطرة روح نبي أو رسول، ثم تنفست أرواح الأنبياء فخلق الله من أنفاسهم نور الأولياء والسعداء والشهداء والمطيعين من المؤمنين إلى يوم القيامة، فالعرش والكرسي من نوري، والكروبيون والروحانيون من الملائكة من نوري، والجنة وما فيها من النعيم من نوري، وملائكة السموات السبع من نتائج نوري، ثم خلق الله اثني عشر حجاباً فأقام نوري وهو الجزء الرابع في كل حجاب ألف سنة، وهي في مقامات العبودية، وهي حجاب الكرامة وحجاب السعادة وحجاب الهيبة وحجاب الرحمة وحجاب السكينة وحجاب الصبر وحجاب الصدق وحجاب اليقين، فعبد الله ذلك النور في كل حجاب ألف سنة، فلما خرج النور من الحجب ركبه الله في الأرض فكان يضيء منها ما بين المشرق والمغرب كالسراج في البيت المظلم، ثم خلق الله آدم من الأرض وركب فيه النور...(الحديث).

فوجود النبي الأعظم ﷺ هو الاسم الأول الذي يدل على الوجود المطلق الإلهي وهو الذي يعبر عنه بفاتحة الكتاب التكويني بمعنى أنه لولا هو لما كان للكتاب وجود ظهوري، وبما أن فاتحة كل كتاب تعرّف كل ما في الكتاب بل وتدل على صاحبه فالذات المحمدية أو النور الأول هو الدليل الأول على مصدر الوجود للعالم كله، وهو المظهر الكامل لما في الاسم من السر الإلهي العظيم وبه صار عين الاسم، فالنور المحمدي ﷺ الذي يتنور العالم كله به هو الذي يحق أن يسمى بالاسم الوجودي، وكذلك الأنوار التي تشترك به في الحقيقة الوجودية كما قال الإمام الصادق عليه السلام: "نحن أسماء الله الحسنى"، فقد عبَّر عن النور الأول بالعقل كما في الحديث: "أول ما خلق الله العقل"، ولعله السر في التعبير عنه بـ "بهاء الله" لكونه عبارة عن النور مع هيبة ووقار،

فالالوهية في الاسم "الله" تقتضي أو تلازم الوحدة ورحمة الرحمانية في الاسم "الرحمن" تدل أو تشير إلى الإفاضة الإلهية، كما أن رحمة الرحيمية في الاسم "الرحيم" ترشد أو تشعر إلى الاستمرارية والدوام في الإفاضة والإنعام من الرب الكريم.

فالبسملة وسيلة إلهية للخلق إلى كسب الفيض من الخالق، وآية من آيات الرب الكريم، والبداية بها تدلنا على طريق التوفيق والرشاد والهداية والبركة والنجاح والصلاح والخير، فنبدأ باسمه المبارك الذي هو الرحمن الرحيم، وندعوه في كل الأحوال فإنه يجيب الدعوات، وهو قال ﴿ٱدْعُواْ ٱللَّهَ أَوِ ٱدْعُواْ ٱلرَّحْمَٰنَ أَيًّا مَّا تَدْعُواْ فَلَهُ ٱلْأَسْمَآءُ ٱلْحُسْنَىٰ﴾ (الإسراء: ١١٠)، وقال ﴿ٱدْعُونِىٓ أَسْتَجِبْ لَكُمْ﴾ (غافر: ٦٠) وقال الإمام الحسين عليه السلام: "بسم الله استكفيت"، وهو الكافي الوافي، وهو على كل شيء قدير، وله الحمد وهو رب العالمين. والحق ان هذه الآية المباركة بما انها تحتوي على الأسماء الثلاثة من أحسن أسماء الله تعالى وأكرم صفاته العليا فيرتبط كل واحد منها مع الآخر بالمعنى الأخص وهذه الأسماء الثلاثة بوحدتها مصداقاً وكثرتها معنى ومفهوما تدل على حقيقة الذات المقدسة للوحدانية الحقيقية التي لا تقبل الشركة لغيرها بالأصالة والتفكر في معاني هذه الأسماء المقدسة ينتج صحة القول بكون الوحدة في الكثرة والكثرة في الوحدة أي وحدة الذات في كثرة الأسماء والصفات وكثرة الأسماء والصفات في وحدة حقيقة الذات الإلهية المقدسة والله سبحانه وتعالى واحد احد لا شريك له في ذاته ولا في صفاته ولا في افعاله وكل ما عند غيره فهو من عطائه واذنه وكل ما يتعلق به تعالى من اسم ورسم وعنوان ووصف فهذه الثلاثة تجمعها كافة فالأُلوهية تقتضي الرحمانية من الرحمن والرحيمية من الرحيم ولذلك جاءا مع الاسم العلم وهما تقتضيان الاستقلال للذات المتعالية بالنسبة إلى أصل الإفاضة وتحقيقها فيما شاءه وأراده فإن إرادته تعالى شأنه عين

ذاته ولا تنفك عن مراده، ومشيئته لا تتخلف عن مقصوده والوحدة في حقه وحقيقته تتجلى في كثرة اسمائه وصفاته.

ويمكن ان نستظهر في معاني اسمين كريمين ﴿ٱلرَّحْمَٰنِ ٱلرَّحِيمِ﴾ بأن الأول يشير إلى جانب العطاء والثاني إلى جانب البقاء، وبتعبير احسن ان الأول يشعر إلى علّة موجدة ومحدثة والثاني إلى علّة مبقية، فالرحمة في الرحمن تقتضي الإيجاد ومنح الوجود والرحمة في الرحيم تستدعي الإبقاء لمن يتمتع بنعمة الوجود، فالله سبحانه وتعالى أوجد العالم وأحدثه، والعالم كله حادث والله قديم وبقدم ذاته باق غير فان، وأما كل ما سواه فهو لم يكن شيئاً مذكوراً، والله اعطى كل شيء خلقه، وكل شيء هالك الا وجهه، وكل من عليها فانٍ ويبقى وجه ربك ذو الجلال والاكرام، فالموجودات بأسرها تحتاج إلى علّتين: محدثة ومبقية، وكلتاهما تتبلور في هاتين الكلمتين المباركتين، والله على كل شيء قدير.

وهنا سؤال يطرح نفسه، وهو ان البسملة هل لها موضوعية أم طريقية؟

فنقول في الجواب إن للبسملة هاتين الجهتين معاً، ففي الجهة الموضوعية إشارات لطيفة إلى الحقائق الوجوديّة والوجوبيّة والدقائق الإيجادية والإيجابيّة، وفي الجهة الطريقية دلالات جليّة على المعارف التعبديّة والمعالم التوصّلية والمباني التوسليّة، وان لقراءتها في بداية كل أمر ذي بال ـ على حد التعبير الوارد في الرواية النبوية الشريفة ـ كلتا الجهتين، فهي من القرآن، والقرآن كتاب لا ريب فيه هدًى للمتقين، وفيه آيات محكمات هن ام الكتاب، والله تعالى انزله على عبده ليكون للعالمين نذيراً، فقراءة القرآن وتلاوته مع التدبر في آياته الكريمة ذات اهمية كبيرة ولها هدف عظيم وهو ليس الاّ الهداية للخلق اجمعين، والذي يقرأ البسملة عارفاً بمقامها ومنزلتها وعالماً بما فيها من المعارف والمعالم فهو يهتدي إلى الصراط المستقيم، والمهتدي إلى الصراط

المستقيم مصون من هجوم الشيطان الرجيم واعوانه، وهو على هدًى من ربه، وهو على الفوز والفلاح في الدنيا والآخرة، وتلاوة القرآن المأمور بها النبي العظيم ﷺ هي توجب الاهتداء، كما حكي عن النبي ﷺ في القرآن انه قال: ﴿إِنَّمَآ أُمِرْتُ أَنْ أَعْبُدَ رَبَّ هَٰذِهِ ٱلْبَلْدَةِ ٱلَّذِى حَرَّمَهَا وَلَهُۥ كُلُّ شَىْءٍ ۖ وَأُمِرْتُ أَنْ أَكُونَ مِنَ ٱلْمُسْلِمِينَ * وَأَنْ أَتْلُوَا۟ ٱلْقُرْءَانَ ۖ فَمَنِ ٱهْتَدَىٰ فَإِنَّمَا يَهْتَدِى لِنَفْسِهِۦ ۖ وَمَن ضَلَّ فَقُلْ إِنَّمَآ أَنَا۠ مِنَ ٱلْمُنذِرِينَ﴾ (النمل: ٩١ ـ ٩٢)، ولا يخفى ان الاهتداء بأصله وأُصوله من نعم الله تعالى على من يشاء من عباده الصالحين، كما جاء في قوله تعالى: ﴿وَكَذَٰلِكَ أَوْحَيْنَآ إِلَيْكَ رُوحًا مِّنْ أَمْرِنَا ۚ مَا كُنتَ تَدْرِى مَا ٱلْكِتَٰبُ وَلَا ٱلْإِيمَٰنُ وَلَٰكِن جَعَلْنَٰهُ نُورًا نَّهْدِى بِهِۦ مَن نَّشَآءُ مِنْ عِبَادِنَا ۚ وَإِنَّكَ لَتَهْدِىٓ إِلَىٰ صِرَٰطٍ مُّسْتَقِيمٍ * صِرَٰطِ ٱللَّهِ ٱلَّذِى لَهُۥ مَا فِى ٱلسَّمَٰوَٰتِ وَمَا فِى ٱلْأَرْضِ ۗ أَلَآ إِلَى ٱللَّهِ تَصِيرُ ٱلْأُمُورُ﴾ (الشورى: ٥٢ ـ ٥٣)، فالهداية من الله ورسوله والإهداء لمن يشاء الله به من عباده، والقرآن المجيد هو أحسن وسيلة للهداية والبسملة هي الآية الأولى من الآيات القرآنية العظيمة، ولها دور هام كدور الباب بالنسبة إلى الدار، فمن أراد الدار فعليه ان يأتي بالباب، والسور كلها تبدأُ بها، وهي عنوان كل معلم من معالم الكتاب الإلهي الكريم، وهي العروة الوثقى التي لا انفصام لها، والذي يتمسك بها لا يضل ولا يهوى، بل وهو يهتدي إلى الصراط الحميد، وقال الله تعالى: ﴿وَلَقَدْ جِئْنَٰهُم بِكِتَٰبٍ فَصَّلْنَٰهُ عَلَىٰ عِلْمٍ هُدًى وَرَحْمَةً لِّقَوْمٍ يُؤْمِنُونَ﴾ (الأعراف: ٥٢)، وقال تعالى: ﴿وَمَن يَهْدِ ٱللَّهُ فَهُوَ ٱلْمُهْتَدِ﴾ (الإسراء: ٩٧)، وقال تعالى: ﴿إِنَّ هَٰذَا ٱلْقُرْءَانَ يَهْدِى لِلَّتِى هِىَ أَقْوَمُ﴾ (الإسراء: ٩)، والبسملة من القرآن وهي القرآن فما للقرآن من المقام والشرف فهو لها من الموضوعية من جهة والطريقيّة من جهة أخرى، ولها آثار وضعية لمن تلاها وقرأها وكتبها، ولها حقائق لفظية وعقلية وشرعية وعرفية وفقهيّة وكلامية وفلسفيّة وغيرها فمن التفت إليها يهتدي إلى ما أراده الله تعالى من نزول هذه الآية المباركة، وهي أصل الأصول وفرع الفروع، ونور الأنوار وبحر زخّار.

قبسات من أنوار الأدعية
في التوسل باسم اللَّه الأعظم

قبسات من أنوار الأدعية
في التوسل باسم اللّه الأعظم

إنَّ التوسل باسم الله المبارك هو عمل محبوب عند أولياء الله وأصفيائه، فقد نرى مظاهره في الأدعية المأثورة عن النبي ﷺ والأئمة المعصومين عليهم السلام، ولا بأس أن نستعرض بعضاً من أنوار تلك الأدعية المباركة التي لها دور في إرشاد المؤمنين إلى طريق معرفة الربّ جل وعلا، وفيها يجد المؤمن الكثير من المعارف الإلهية العظيمة والمفاهيم الاعتقادية العالية، ومن تلك ما يلي:

من أدعية الرسول الأعظم ﷺ:

أ ـ بسم الله خير الأسماء، بسم الله رب الأرض والسماء، (ولا اسم أخير من اسمه، وهو رب العالمين)..،

بسم الله الذي لا يضر مع اسمه سَمٌّ ولا داء، ﴿وَهُوَ عَلَىٰ كُلِّ شَيْءٍ قَدِيرٌ﴾..

بسم الله أصبحت وعلى الله توكلت، ﴿وَمَن يَتَوَكَّلْ عَلَى ٱللَّهِ فَهُوَ حَسْبُهُۥٓ﴾..

بسم الله على قلبي ونفسي، ﴿وَنَحْنُ أَقْرَبُ إِلَيْهِ مِنْ حَبْلِ ٱلْوَرِيدِ﴾..

بسم الله على ديني وعقلي، ﴿إِنَّ ٱلدِّينَ عِندَ ٱللَّهِ ٱلْإِسْلَٰمُ﴾..

بسم الله على أهلي ومالي، ﴿ٱلْمَالُ وَٱلْبَنُونَ زِينَةُ ٱلْحَيَوٰةِ ٱلدُّنْيَا﴾ (الكهف: ٤٦)، ﴿وَمَا عِندَ ٱللَّهِ بَاقٍ﴾ (النحل: ٩٦)...

بسم الله على ما أعطاني ربي، ﴿ٱلَّذِىٓ أَعۡطَىٰ كُلَّ شَىۡءٍ خَلۡقَهُۥ﴾ (طه: ٥٠)..

"بسم الله الذي لا يضر مع اسمه شيء في الأرض ولا في السماء"، ﴿وَهُوَ ٱلۡقَاهِرُ فَوۡقَ عِبَادِهِۦ﴾ (الأنعام: ١٨)..

يمكن استخلاص معانٍ سامية من هذه الكلمات النورانية والتي منها:

ـ عظمة لفظ الجلالة "الله" وهو خير الأسماء الحسنى بكونه علماً دون غيره.

ـ ربوبية الله للعالم كله من الأرض إلى السماء.

ـ دور اسم الله في دفع البلاء ورفعه.

ـ التبرّك باسم الله في بدء تجلّي الصباح.

ـ تقوية القلب وتطييب النفس باسم الله.

ـ تثبيت في الدين وتنوير في العقل باسم الله.

ـ توكيل الأهل والمال على الله باسمه المبارك.

ـ تذكير وتذكّر لِنَعمِ الرب وعطاياه في ظل اسم الله.

ـ التحفظ والتحرس عن جميع المضار في عالم الكون ببركة اسم الله.

ب ـ "أسألك بكل إسمٍ هو لك اصطفيته لنفسك أو أنزلته في كتاب من كتبك أو استأثرت به في علم الغيب عندك. ﴿وَلِلَّهِ ٱلۡأَسۡمَآءُ ٱلۡحُسۡنَىٰ﴾...

وبأسمائك الحسنى كلها حتى انتهى إلى اسمك العظيم الأعظم الذي فضلّته على جميع أسمائك، أسألك به أسألك به". ﴿ٱدۡعُواْ ٱللَّهَ أَوِ ٱدۡعُواْ ٱلرَّحۡمَٰنَ﴾...

*** من المعارف التي يمكن استخلاصها من هذه الكلمات هي كالتالي:**

ـ اصطفاؤه تعالى لنفسه أي لذاته أسماءً تدل عليه وتكشف عنه وتشير إلى عظمته، وترشد خلقه إليه وتتكفل الرحمة والبركة لذاكرها في جميع شؤون الحياة.

ـ نزول أسمائه في الكتب المُنزلة من السماء صراحة وكناية، مجملا ومفصلا، ذاتاً وصفةً وفعلاً، تكويناً وتشريعاً، إيجاداً وإعداماً، احياءً وإماتةً، إفضالاً وإنعاماً، إكراماً وإحساناً.

ـ تعلّق الأسماء بعلم الغيب الذي هو عنده، ولا يُطلع عليه أحداً إلا مَن ارتضى من رسول، وبالمغيبات في عالم الوجود.

ـ وجود الاسم الأعظم الأفضل الأكرم الأعز من سائر أسمائه المباركة الذي هو مخزون عنده ومحجوب عمن سواه.

ـ التأكيد على التوسل باسمه الأعظم مرة بعد أخرى وفي حال بعد حال، وفي أمر بعد أمر، اقتداءً بالنبي ﷺ وتأسّياً به، ومقتضى العبودية أن يستوعب كل أوقات العبد ذكر المعبود باسمه.

ت ـ "أُعيذ نفسي بالاسم الذي يفرق بين النور والظلمة واحتجبَ به دون خلقه"..

"أنت الله لا إله إلا أنت باسمك الجليل العظيم توسلتُ وبه تعلقتُ وعليه اعتمدت وهو العروة الوثقى التي لا انفصام لها".

*** ما يمكن استخلاصه من أحكام من هذا الدعاء وهي:**

ـ لزوم الاستعاذة به في الخروج من الظلمات إلى النور، أي من الباطل إلى الحق، ومن الضلالة إلى الهداية، ومن الشَّقاء إلى السعادة، ومن سلطان الطاغوت إلى ولاية الرحمان، ومن المعصية إلى الطاعة، ومن الشكِّ إلى اليقين.

ـ التوسل به إلى الله الذي لا إله إلا هو في جميع الأمور والأحوال.

ـ التعلق به في مظانّ الزّلل والانحراف عن طريق الحق.

ـ الاعتماد عليه والتمسك به في جميع الأحوال خاصة في المواجهة مع أبالسة الزمان وفراعنة العصر وهجوم العدو على المعتقد والقيم.

ث ـ "اللهم إني أسألك باسمك بسم الله الرحمن الرحيم الذي لا إله إلا هو عالم الغيب والشهادة.."

وأسألك باسمك بسم الله الرحمن الرحيم الذي لا إله إلا هو الذي عَنَتْ له الوجوه وخشعَتْ له الأبصار ووجِلَتْ القلوب من خشيته".

*** من المفاهيم التي يمكن استخلاصها من هذا الدعاء هي:**

ـ السؤال من الله باسمه المبارك مع الالتفات إلى ألوهيته ووحدانيته ورحمانيته ورحيميته وعلمه بالخفي والعلن.

ـ طلب الحاجة من الله وذلك بالتوجه إلى كمال ذاته وقدرته الكاملة الواسعة.

ـ لزوم التخشّع لله تعالى في الأحوال كلها.

ج ـ "وأسألك باسمك الذي إذا دعاك به أولياؤك وأنبياؤك وأصفياؤك وأحبّاؤك استجبْتَ لهم..،

وأسألك بكل اسم أنزلته في كتاب من كتبك..،

وأسألك بالاسم الذي أثبت به أرزاق العباد..،

وأسألك بالاسم الذي استقلّ به عرشك..،

وأسألك بالاسم الذي وضعته على الأرضين فاستقرَّت..،

وأسألك بالاسم الذي دعوت به السماوات فاستقلَّت..،

وأسألك باسمك الذي وضعته على النهار فاستنار..،

وأسألك باسمك الذي وضعته على الليل فأظلم..،

وأسألك باسمك الذي وضعته على الجبال فَرَسَتْ..،

وأسألك بالاسم الواحد الأحد الفرد الصمد الوِتْر العزيز الذي ملأ الأركان كلها الطهر الطاهر المطهَّر".

*** المعاني المستخلصة من هذا الدعاء جاءت كالآتي:**

ـ استجابة الدعاء ببركة الاسم، سواء كان الداعي وليّ الله أو نبيّه أو صفيّه أو مَن يحبه من العباد، ومن المعلوم أن من يحبّه هو الذي يطيعه ويتبع رسوله صلى الله عليه وآله كما قال سبحانه وتعالى ﴿قُلْ إِن كُنتُمْ تُحِبُّونَ ٱللَّهَ فَٱتَّبِعُونِى يُحْبِبْكُمُ ٱللَّهُ وَيَغْفِرْ لَكُمْ ذُنُوبَكُمْ﴾ (آل عمران: ٣١) وهذا من باب اللطف من الله على عباده.

ـ إثبات الرزق ببركة الاسم قبل أن يُطلب وبعده تفضّلاً منه على خلقه.

ـ استقلال العرش واستقرار الأرض، واستحكام السماوات واستنارة النهار، وإظلام الليل، وإرساء الجبال بالاسم المبارك.

ـ لزوم توجه السائل بالاسم إلى أن المعطي واحد ليس له شريك في الملك ولا وليّ من الذلّ، وهو الأحد الذي لا يعدّ في الأعداد، وهو الصمد الذي هو غنيّ عن كل شيء، وهو الذي لا جوف له، والذي قد انتهى سؤدده، والذي لا يأكل ولا يشرب، والذي لا ينام، والذي هو الدائم لم يزل ولا يزال ـ حسب تعبير الإمام الحسين عليه السلام في تفسير الكلمة ـ أي الذي لا يحتاج إلى شيء ولا شخص، وهو فرد متفرّد مُنزّه عن الثاني مستغنٍ عن الصاحب، وهو الوتر لا ثاني معه، وهو ذو عزّة وقوة وقهر وغلبة، وهو مقدّس من كل دنس ومطهّر من كل رجس، ونِعْمَ ما ورد في معنى الصمد عن الإمام الباقر عليه السلام، "ولا أظن أن يكون غير ذلك أوضح البيان في الموضوع، قال عليه السلام: الصمد

خمسة أحرف: الألف، واللام، والصاد، والميم، والدال، فالألف دليل على إنِيَّته وهو قوله عز وجل ﴿شَهِدَ ٱللَّهُ أَنَّهُۥ لَآ إِلَٰهَ إِلَّا هُوَ﴾ وذلك تنبيه وإشارة إلى الغائب عن درك الحواس، واللام دليل على إلهيته بأنه هو الله، والألف واللام مدغمان لا يظهران على اللسان ولا يقعان، ويظهران في الكتابة دليلان على أن إلهيته بلطفه خافية، لا تُدرك بالحواس ولا تقع في لسان واصف، ولا أذن سامع، لأن تفسير الإله هو الذي ألهَ الخلق عن درك ماهيّته وكيفيته بحسٍّ أو بِوَهْم، لا بل هو مبدع الأوهام وخالق الحواس، وإنما يظهر ذلك عند الكتابة دليل على أن الله سبحانه أظهر ربوبيته في إبداع الخلق وتركيب أرواحهم اللطيفة في أجسادهم الكثيفة، فإذا نظر عبدٌ إلى نفسه لم ير روحه، كما أن لام الصمد لا تتبيّن ولا تدخل في حاسّة من الحواس الخمس، فإذا نظر إلى الكتابة ظهر له ما خفي ولطف، فمتى تفكّر العبد في ماهيّة الباري وكيفيّته أله فيه وتحيّر ولم تحط فكرته بشيء يتصوّر له لأنه عز وجل خالق الصور، فإذا نظر إلى خلقه ثبت له أنه عز وجل خالقهم ومركّب أرواحهم في أجسادهم، وأما الصّاد فدليل على أنه عز وجل صادق وقوله صدق وكلامه صدق ودعا عباده إلى اتباع الصّدق بالصّدق ووعد الصّدق دار الصّدق، وأما الميم فدليل على ملكه وأنه الملك الحق لم يزل ولا يزال ولا يزول ملكه، وأما الدال فدليل على دوام ملكه وأنه عز وجل دائم تعالى بعيد عن التكوين والزوال، بل هو عز وجل يكوّن الكائنات الذي كان بتكوينه كل كائن". ثم قال عليه السلام: "لو وجدت لعلمي الذي أتاني الله عز وجل حملة لنشرت التوحيد والإسلام والإيمان والدين والشرائع من الصمد، وكيف لي بذلك ولم يجد جدّي أمير المؤمنين عليه السلام حملة لعلمه حتى كان يتنفس الصعداء ويقول على المنبر: سلوني قبل أن تفقدوني فإن بين الجوانح منّي علماً جمّاً، هاه هاه ألا لا أجد مَنْ يحمله، ألا وإني عليكم من الله الحجة البالغة، في أنْ تتولوا قوماً غضب الله عليهم قد يئسوا من الآخرة كما يئس الكفار من أصحاب القبور"، ثم قال

الباقر ﵇: "الحمد لله الذي مَنَّ علينا ووفقنا لعبادته، الأحد الصمد الذي لم يلد ولم يولد ولم يكن له كفواً أحد..." الحديث.

وهذا البيان جاء على شاكلة بيان الإمام علي بن أبي طالب ﵇ حول "الواحد" حينما قال: إن القول في أن الله واحد على أربعة أقسام: فوجهان منهما لا يجوزان على الله عز وجل ووجهان يثبتان فيه، فأما اللذان لا يجوزان عليه، فقول القائل: واحد، يقصد به باب الأعداد، فهذا لا يجوز لأن ما لا ثانيَ له لا يدخل في باب الأعداد، أما ترى أنه كفرَ مَنْ قال: ثالثُ ثلاثة، وقول القائل: هو واحد من الناس، يريد به النوع من الجنس، فهذا ما لا يجوز عليه لأنه تشبيه، وجلّ ربنا عن ذلك وتعالى، وأما الوجهان اللذان يثبتان فيه، فقول القائل: هو واحد ليس له في الأشياء شبه، كذلك ربنا، وقول القائل: إنه عز وجل أحديّ المعنى، يعني به أنه لا ينقسم في وجود ولا عقل ولا وَهْم، كذلك ربنا".

ح ـ "وأسألك باسمك العظيم الأعظم الذي إذا سُئلت به أعطيت، وإذا أقسم عليك به كفيت". ﴿ٱدۡعُونِيٓ أَسۡتَجِبۡ لَكُمۡ﴾.

*** المستخلص المنظور في هذا الدعاء هو كالتالي:**

ـ إعطاء المسؤول تعظيماً للاسم من دون قيد وشرط في المسألة.

ـ كفاية الطالب تكريماً للاسم في كل ما طلب من دون ملاحظة زمان ومكان.

ـ مطلوبية التوسل بالاسم في جميع الأحوال.

ـ تضمين النيل بالمراد والفوز بالمقصود عند التوسل بالاسم.

ـ تعميم الإفاضة الإلهية للخلق كله بواسطة الاسم.

خ ـ "بسم الله الرحمن الرحيم عن يميني..

بسم الله الرحمن الرحيم عن شمالي..

بسم الله الرحمن الرحيم بين يديّ..

بسم الله الرحمن الرحيم من خلفي..

بسم الله الرحمن الرحيم من فوقي..

بسم الله الرحمن الرحيم من جميع جوانبي..

بسم الله الرحمن الرحيم قابض على ناصيتي".

*** من الأمور المستفادة من الكلمات التوسلية هي:**

- الإيمان بإحاطة الخالق كل العالم وسعة كرسيّه الموجودات بأسرها وعموم قدرته جميع الممكنات من غير تقيّد زماني ومكاني.

- لزوم الذكر ينعم الله تعالى على العباد في الحياة وجميع الأوقات والأحوال ليكون هو ذاكراً لهم بالرحمة والغفران كما قال جل وعلا: ﴿فَٱذْكُرُونِيٓ أَذْكُرْكُمْ﴾، وقال حينما وصف المؤمنين والمؤمنات: "والذاكرين والذاكرات"، والاسم وسيلة لذكره تعالى شأنه وله دور هام في الإفاضة.

د - "وأسألك بكل اسم هو لك سمّيت به نفسك أو استأثرت به في علم الغيب عندك..

وبكل اسم هو لك أنزلته في كتابك أو أثبته في قلوب الصّافّين الحافّين حول عرشك، فتراجعت القلوب إلى الصدور عن البيان بإخلاص عن الوحدانية وتحقق الفردانيّة مُقرَّة بالعبودية..

أنت الله أنت الله أنت الله لا إله إلا أنت أسألك بالأسماء التي تجلّيت بها للكليم على الجبل العظيم فلما بدا شعاع نور الحجب من بهاء العظمة خرّت

الجبال متدكدكةً لعظمتك وجلالك وهيبتك وخوفاً من سطوتك راهبة منك، فلا إله إلا أنت فلا إله إلا أنت فلا إله إلا أنت..

وأسألك بالاسم الذي فتقت به رتق عظيم جفون عيون الناظرين الذي به تدبر حكمتك وشواهد حجج أنبيائك يعرفونك بفطن القلوب وأنت في غوامض مُسرّات سريرات الغيوب، أسألك بعزّة ذلك الاسم".

*** من المطالب المستخلصة من الدعاء هي:**

ـ الالتفات إلى تسمية الله نفسه بأسمائه الحسنى من دون استمداد عن غيره، لأن كل مَن سواه فهو مخلوق له محتاج له، أي محتاج إليه في الوجود والبقاء، ومن دون حاجة إلى استشارة أحد وإشراك للغير لمكان كماله.

ـ إثبات الأسماء في قلوب الملائكة المقربين.

ـ تجلّي الربّ تعالى بأسمائه إعظاماً لنبيّه موسى عليه السلام وإجابة لمسألته.

ـ عجز الموجودات لاستقواء الجلاء من نور الذات بوجوداتها الضعيفة.

ـ إكرام الاسم وإعزازه، تجليل الاسم وتفعيله.

ذ ـ "اللهم إني أسألك باسمك المخزون المكنون المحجوب المرفوع الذي قامت به السماوات والأرضون وثبتت به الجبال الرّاسيات وجرَتْ به البحار الزاخرات..

وباسمك الذي به تعزّ وتذلّ..

وباسمك الذي أنزلت به التوراة والإنجيل..

وباسمك الذي أنزلت به الفرقان والزبور..

وباسمك الذي تحيي به الموتى وتميت به الأحياء..

وباسمك الذي خلقت به جنّتك ونارك..

وباسمك الذي إذا دُعيت به أجبت..

وإذا سُئلت به أعطيت..

وباسمك الذي تأخذ به وتعطي..

وباسمك الجميل الجليل الكريم..

وباسمك العزيز الغفور الرحيم..

وباسمك الذي دعاك به كل ملك مقرّب أو نبي مرسل أو رسول مصطفى أو أحد ممن خلقت من ذكر أو أُنثى في بر أو بحر، في شدّة أو رخاء، في غمّ أو هَمّ أو كربٍ، في فرح أو ترح في سماء أو أرض، في سهل أو جبل، أو عان خائف، أو أسير مظلوم، أو حزين مضطر، في ليل أو نهار، استجبت دعاءه وكشفت بلاءه ورحمت بكاءه وحسمت شكواه، فإني أسألك بحق لا إله إلا أنت، وبحق أحب الأسماء إليك وأكرمها لديك وأعظمها عليك....

وأسألك باسمك الذي رفعْتَ به السماوات بغير عمدٍ مأسوس ولا محسوس. وسطحت به الأرض على وجه ماء محبوس.

وأسألك باسمك الذي دَحَوْتَ به الأرضين فانبسطتْ بإذنك واستقرَّتْ بعلمك.

وأسألك باسمك الطُّهر الطاهر المُطّهر الذي إذا دُعيت به أَجَبْتَ، وإذا سُئِلْتَ به أعطيْتَ.

وأسألك باسمك الشامخ القدوس البرهان المبين الذي هو نورٌ على نور ونورٌ فوق نور ونورٌ يضيء به كل نور.

وأسألك باسمك الذي إذا بلغ السماوات تفتّحت، وإذا بلغَ الكرسيّ تخشّع، وإذا بلغَ العرش اهتزَّ.

وأسألك باسمك الذي استَوَيْتَ به على عرشِكَ وعَلَوْتَ به على كرسيّك.

وأسألك باسمك الذي قامَ به عرشك وارتَعَدَتْ منه حَمَلَته فثبّتَّهم به وثبتَّ به حملة كرسيّك.

وأسألك باسمك الذي لقّنته آدم ﷺ بعد أن أخرجته من الجنة فرحمته به وتُبْتَ عليه.

وأسألك باسمك الذي دعاكَ به إدريس فرفعتَهُ مكاناً عليّاً.

وأسألك باسمك الذي نجّيْتَ به إبراهيم ﷺ خليلك من النار وجعلْتَ النار عليه برداً وسلاماً.

وأسألك باسمك الذي دعاكَ به يعقوب ﷺ فردَدْتَ عليه بصرَه وأقررت عينه بيوسف وجمَعْتَ شمله بعد الفرقة.

وأسألك باسمك الذي دعاكَ به أيوب ﷺ فكشَفْتَ به بلاءه وضُرّه وآتيته أهله ومثلهم معهم.

وأسألك باسمك الذي دعاكَ به عبدك موسى ﷺ فمشى به على الماء.

وأسألك باسمك الذي فلقْتَ به البحر لبني إسرائيل وأغرقْتَ فرعونَ ومَنْ معه.

وأسألك باسمك الذي دعاكَ به موسى ﷺ من جانب الطور الأيمن في البقعة المباركة من الشجرة فكلّمته تكليماً واستجبت له وألقيت عليه محبّة منك.

وأسألك باسمك الذي دعَتْكَ به آسية امرأة فرعون فاستجبت لها وبنَيْتَ لها عندك بيتاً في الجنة.

وأسألك باسمك الذي دعاكَ به ذو النون في الظلمات الثلاث فاستجبت له ونجّيته.

وأسألك باسمك الذي دعاكَ به داود عليه السلام في خطيئته وهو ساجد فغفرت له ذنبه.

وأسألك باسمك الذي دعاكَ به سليمان عليه السلام إذ قال ربِّ هَبْ لي ملكاً لا ينبغي لأحد من بعدي فاستجبت له وأعطيته.

وأسألك باسمك الذي أنزلت به البراق على محمد المختار عليه وآله السلام ليلة أُسري به إلى السماء وقلت له: قُل يا محمد سبحان الذي سَخَّر لنا هذا وما كنا له مقرنين وإنّا إلى ربنا لمنقلبون.

وأسألك باسمك الذي دعاكَ به حملة عرشك وكرسيك.

وبحق اسمك المرفوع عندك الذي استأثرت به في علم الغيب عندك ولا تظهره لأحد من خلقك ولم يطلع عليه أحد من ملائكتك ولا نبي مرسل من رسلك.

وأسألك باسمك الذي استقرتْ به البحار وقامت به الجبال.

وباسمك الذي يختلف به الليل والنهار فيظلم به ويضيء به النهار.

وأسألك باسمك الذي علّمته ملك الموت وقبض به أرواح الخلق.

وباسمك الذي كتبته على سُرادق عرشك.

وأسألك باسمك الذي كُتب على ورق الزيتون وألقي في النار فلم يحترق.

وباسمك الذي لا تخيّب مَنْ دعاكَ به".

*** من المعالم الإلهية المستخلصة من كلمات هذا الدعاء الشريف هي:**

ـ تخزين الاسم لما فيه من الأسرار الإلهية وإكنانه لما فيه من الخواص الوجودية وإحجابه لما فيه من المظاهر الجماليّة، وترفيعه لما فيه من الصفات الكمالية والجلاليّة.

ـ وجود الآثار التكوينية فيه من قيام السماوات والأرضين وثبوت الجبال وجري البحار والإحياء والإماتة.

ـ تعزيز الأخيار وتذليل الأشرار، وذلك من العدل الإلهي العظيم.

ـ تنزيل الكتب السماوية والصحف المقدسة، وذلك لهداية الخلق إلى السعادة الأبدية.

ـ إفاضة الوجود لإقامة العدل وإسعاد العباد.

ـ الآثار العامة من استجابة المدعو به وإعطاء المسؤول عنه.

ـ وساطة الاسم في الأخذ والإعطاء تفعيلا لسُنَّةٍ قائمة في عالم الاسباب.

ـ الرغبة في مشاهدة جماله وجلاله وكرامته وعزّه وشرفه وسلطانه.

ـ توسيطه للخلق من أعلاه إلى أدناه في جميع مطالبه ومسائله إلى الله تبارك وتعالى.

ـ النظر إلى سمو منزلته وعلوّ مقامه عند الله من الحب والكرامة والعظمة.

ـ النظر إلى عجائبه وغرائبه في رفع السماء وسطح الأرض ودحوها وانبساطها واستقرارها.

ـ التجلّي بأنواره في عالم الكون.

ـ تأثيره الوجودي على السماوات والكرسي والعرش من تفتح السماوات وتخشع الكرسي واهتزاز العرش.

ـ استواء الرب على العرش به وعلوّه على كرسيّه به.

ـ تثبيت قلوب حملة العرش والعرش به.

ـ جعله وسيلة لقبول توبة آدم عليه السلام ورفع مكانة إدريس عليه السلام ونجاة إبراهيم عليه السلام وردّ البصر إلى يعقوب عليه السلام بلقاء يوسف عليه السلام وكشف الضرّ عن

أيوب عليه السلام ومشي موسى عليه السلام على الماء والتكليم معه وإلقاء المحبة عليه، واستجابة دعاء آسية عليها السلام ونجاة ذي النون عليه السلام من الظلمات الثلاث، وغفران داود عليه السلام وإعطاء سليمان عليه السلام الملك الذي لا ينبغي لأحد بعده، وإسراء الرسول الأعظم صلى الله عليه وآله إلى السماء.

ـ اختلاف الليل والنهار به وفيه آية لأولي الألباب.

ـ قبض عزرائيل الأرواح به بأمر من الله تعالى وبإذنه.

ـ كتابته على سُرادق العرش وعدم تأثير النار على الورق الذي كتب فيه.

ـ عدم الحرمان عن المطلوب المرجو لمن توسّل به على الإطلاق، أي من دون قيد وشرط فيفيض بحر الرحمة به.

ر ـ "وأسألك بحق اسمك المكتوب في فرقان محمد صلى الله عليه وآله عليك يا رب..

وأسألك بحق اسمك بسم الله الرحمن الرحيم عليك يا رب..

وأسألك بحق اسمك المكتوب على اللوح المحفوظ عليك يا رب..

وأسألك بحق إسمك المكتوب على ساق عرشك عليك يا رب..

وأسألك بحق اسمك المكتوب على الصراط عليك يا رب..

وأسألك بحق اسمك المكتوب على أجنحة إسرافيل عليك يا رب..

وأسألك بحق إسمك المكتوب على كفّ عزرائيل عليك يا رب..

وأسألك بحق إسمك المكتوب على أبواب الجنان عليك يا رب..

وأسألك بحق اسمك الذي دعاك به منكر ونكير عليك يا رب..

وأسألك بحق اسمك الأعظم عليك يا رب..

وأسألك بحق الاسم الذي لقَّنته آدم عليه السلام وقبلت توبته وعفوت عنه عليك يا رب..

وأسألك بحق اسمك الذي دعاكَ به هابيل فقبلت قربانه عليك يا رب..

وأسألك بحق الاسم الذي دعاكَ به شيث عليه السلام فأجبته عليك يا رب..

وأسألك بحق الاسم الذي دعاكَ به إدريس عليه السلام فرفعته مكاناً عليّاً عليك يا رب..

وأسألك بحق الاسم الذي دعاكَ به نوح عليه السلام فنجَّيته ومَن معه في السفينة عليك يا رب..

وأسألك بحق الاسم الذي دعاكَ به إبراهيم عليه السلام وجعلت النار عليه برداً وسلاماً عليك يا رب..

وأسألك بحق الاسم الذي دعاكَ به إسماعيل عليه السلام ففديته بذبحٍ عظيم عليك يا رب..

وأسألك بحق الاسم الذي دعاكَ به إسحاق عليه السلام عليك يا رب..

وأسألك بحق الاسم الذي دعاكَ به هود عليه السلام فاستجبت له وأهلكت عاداً عليك يا رب..

وأسألك بحق الاسم الذي دعاكَ به صالح عليه السلام فاستجبت له وأهلكت ثمود عليك يا رب..

وأسألك بحق الاسم الذي دعاكَ به يعقوب عليه السلام فرددت عليه بصره وولده وكشفت عنه ضرّه عليك يا رب..

وأسألك بحق الاسم الذي دعاكَ به يوسف عليه السلام فأنجيته من غيابة الجُبِّ ومن السجن عليك يا رب.

وأسألك بحق الاسم الذي دعاك به داود عليه السلام فجعلته خليفة في الأرض عليك يا رب..

وأسألك بحق الاسم الذي دعاكَ به سليمان عليه السلام فوهبت له مُلكاً لا ينبغي لأحدٍ من بعده إنك أنت الوهاب عليك يا رب..

وأسألك بحق الاسم الذي دعاك به أيوب عليه السلام فكشفت عنه ضرّه وأبرأته من سُقمه عليك يا رب..

وأسألك بحق الاسم الذي دعاك به موسى عليه السلام وأتى إلى فرعون فألبسته هيبتك عليك يا رب..

وأسألك بحق الاسم الذي دعاكَ به موسى عليه السلام على جبل الطور فكلّمته تكليماً عليك يا رب..

وأسألك بحق الاسم الذي دعَتْكَ به آسية بنت مزاحم فبنيت لها عندك بيتاً في الجنة عليك يا رب..

وأسألك بحق الاسم الذي دعاكَ به بنو إسرائيل فجعلت لهم طريقاً في البحر يبساً عليك يا رب..

وأسألك بحق الاسم الذي دعاكَ به دانيال عليه السلام فنجّيته من عدوك عليك يا رب..

وأسألك بحق الاسم الذي دعاكَ به الخضر عليه السلام حتى أبقيته عليك يا رب..

وأسألك بحق الاسم الذي دعاكَ به عيسى عليه السلام فأبرأ الأكمه والأبرص وأحيى الموتى بإذنك عليك يا رب..

وأسألك بحق الاسم الذي دعاكَ به محمد صلى الله عليه وآله فاستجبت له وكفيته هول عدوك عليك يا رب..

وأسألك بحق الاسم الذي دعاكَ به أنبياؤك ورسلك فأجبت لهم دعاءهم وآتيتهم سُؤلهم عليك يا رب..

وأسألك بحق الاسم الذي دعاكَ به الأولياء والأصفياء والزُّهادُ والعباد والأبدال عليك يا رب..

وأسألك بحق الاسم الذي قامتْ به السماوات السبع واستقرّت به الأرضون السبع واستقرّت به الجبال الرواسي عليك يا رب..

وأسألك بحق كل اسم له عندك حق عليك يا رب ".

*** من اللآلئ المستخلصة من هذه الكلمات الذهبية هي:**

ـ التوجه الكامل التام إلى مقام ومنزلة الاسم بملاحظة كونه مكتوباً في أطهر الموارد وأزكاها مثل فرقان محمد ﷺ، واللوح المحفوظ، وساق العرش، والصراط، وأجنحة الملائكة، وأبواب الجنان، فما هي منزلة تكون أكبر منها قدراً وأعظم منها شرفاً، فلكل من له الوجود حظّ منه حسب اقتضائه، ويتمتع منه فيما يتعلق به، وبناءً على ذلك نرى أن جميع الموجودات يتوسلون إلى الله باسمه ويتشرفون بذكره من دون استثناء فرد واحد منها، سواء كان من الأنبياء أو المرسلين أو الملائكة المقربين أو العباد الصالحين المطيعين لقبول طاعاتهم واستجابة دعواتهم، والمذنبين لقبول توبتهم وغفران زلّتهم، والذي يزلّه الشيطان فيتمسك به للنجاة، والذي يرتكب الذنب فيتوسل به للتوبة، والذي يعرض عليه المرض فيستشفي به، والذي يغلب عليه هواه فيستخلص به، والذي يضيق عليه الرزق فيستدعي السعة فيه به، والذي يقع في وادي الهلكة فيستخرج به، والذي يبتلى بالمكاره فيستنجو به.

فالإنسان يتوسل إلى ربه باسمه المبارك في جميع شؤونه وحاجاته، فليس لأحد غنًى عنه ولو كان غنياً في دنياه ومعه وهو محتاج إلى الغنى المطلق، والإنسان المؤمن يدعوه إيماناً به وتوكلاً عليه، والكافر يدعوه حاجةً إليه،

والملك يدعوه تقرباً إليه، والجن يدعوه تضرعاً إليه، فمنهم من يدعوه اضطراراً لكشف ضرّه، ومنهم من يدعوه استقراراً لفتق رتق محنته، ومنهم مَنْ يدعوه لدفع سقمه، ومنهم مَنْ يدعوه للوسع في رزقه، ومنهم مَنْ يدعوه لا لحاجة إليه إلا جلب رضاه، وكل مَنْ يدعوه فهو يتوسل باسمه الأعز الأكرم الأعظم، وكل اسمه عزيز كريم عظيم، والله سبحانه وتعالى بدأ كلامه به فقال: ﴿بِسۡمِ ٱللَّهِ ٱلرَّحۡمَٰنِ ٱلرَّحِيمِ﴾.

ز ـ "اللهم إني أسألك باسمك الذي إذا ذُكرتَ به تزعزعَتْ منه السماوات وانشقّت منه الأرضون، وتقطّعت منه السحاب، وتصدّعت منه الجبال، وجرت منه الرياح، وانتقصت منه البحار، واضطربت منه الأمواج، وغارت منه النفوس، ووجلت منه القلوب، وزلّت منه الأقدام، وصُمّت منه الآذان، وشخصت منه الأبصار، وخشعت منه الأصوات، وخضعت له الرقاب، وقامت له الأرواح، وسجدت له الملائكة، وسبّحَتْ له الألسن، وارتعدت له الفرائص، واهتزّ له العرش، ودانت له الخلائق..

وبالاسم الذي وضع على الجنة فأُزلفت، وعلى الجحيم فسُعِّرت، وعلى النار فتوقَّدَت، وعلى السماء فاستقلّت وقامت بلا عمد ولا سند، وعلى النجوم فتزيّنت، وعلى الشمس فأشرقت، وعلى القمر فأنار وأضاء، وعلى الأرض فاستقرّت، وعلى الجبال فرسَتْ، وعلى الرياح فَذَرَتْ، وعلى السحاب فأمطرت، وعلى الملائكة فسبَّحَت، وعلى الجِنّ والإنس فأجابت، وعلى الطير والنمل فتكلّمت، وعلى الليل فأظلم، وعلى النهار فاستنار، وعلى كل شيء فسبّح..

وبالاسم الذي استقرّت به الأرضون على قرارها، والجبال على مناكبها، والبحار على حدودها، والأشجار على عروقها، والنجوم على مجاريها، والسماوات على بنائها، وحملت الملائكة على عرش الرحمان بقدرة ربّها.

وبالاسم القدوس القديم المختار المتقدم الجبار المتكبر الكبير المتعظِّم العظيم المتعزز العزيز المهيمن الملك المقتدر الحميد المجيد المحيط بعرشه الطهر الطاهر المطهر المبارك القدوس السلام المؤمن المهيمن العزيز الجبار المتكبر الخالق البارئ المصور الأول الآخر الظاهر الباطن الكائن قبل كل شيء والمكوّن لكل شيء والكائن بعد فناء كل شيء لم يزل ولا يزال ولا يفنى ولا يتغيّر، نور في نور، ونور على نور، ونور فوق كل نور، ونور يضيء به كل نور..

وبالاسم الذي سمّى به نفسه، واستوى به على عرشه واستقرّ به على كرسيّه وخلق به ملائكته وسماواته وأرضه وجنّته وناره، وابتدع به خلقه واحداً أحداً، صمداً كبيراً متكبراً عظيماً متعظّماً عزيزاً مليكاً مقتدراً قدّوساً متقدّساً، لم يلد ولم يولد ولم يكن له كفواً أحد..

وبالاسم الذي لم يكتبه لأحد من خلقه، صدقَ الصادقون وكذب الكاذبون..

وبالاسم الذي هو مكتوب في راحة ملك الموت عليه السلام الذي إذا نظرتْ إليه الأرواح تطايرتْ..

وبالاسم الذي هو مكتوب على سُرادق عرشه من نور لا إله إلا الله محمد رسول الله..

وبالاسم المكتوب في سُرادق المجد..

وبالاسم المكتوب في سُرادق البهاء..

وبالاسم المكتوب في سُرادق العظمة..

وبالاسم المكتوب في سُرادق الجلال..

وبالاسم المكتوب في سُرادق الخالق البصير رب الملائكة الثمانية ورب العرش العظيم..

وبالاسم الأكبر الأكبر..

وبالاسم الأعظم الأعظم المحيط بملكوت السماوات والأرض..

وبالاسم الذي أشرقت به الشمس وأضاء به القمر وسُجّرت به البحار ونُصبت به الجبال..

وبالاسم الذي قام به العرش والكرسي..

وبالاسم الذي تُفتح به أبواب السماء، وبه يُفرق كل أمرٍ حكيم..

وبالاسم الذي يُنشئ السحاب الثقال ويسبّح الرعد بحمده والملائكة من خيفته..

وبالاسم الذي كُشف به ضُرّ أيوب عليه السلام واستجاب ليونس عليه السلام في ظلمات ثلاث..

وبالاسم الذي وهبَ به لزكريا عليه السلام يحيى نبياً، وأنعم على عبده عيسى ابن مريم عليه السلام إذ علّمه الكتاب والحكمة وجعله نبياً مباركاً من الصالحين..

وبالاسم الذي دعاك به جبرئيل عليه السلام في المقرّبين ودعاك به ميكائيل وإسرافيل عليهم السلام فاستجبت لهم وكنت من الملائكة قريباً مجيباً..

وباسمك المكتوب في اللوح المحفوظ..

وباسمك المكتوب في البيت المعمور..

وباسمك المكتوب في لواء الحمد الذي أعطيته نبيك محمداً صلى الله عليه وآله وسلم ووعدته الحوض والشفاعة والمقام المحمود..

وباسمك الذي لا يُضام وهو مكتوب عندك في حجاب عرشك..

وباسمك الذي تطوي به السماوات كطيّ السجلّ للكتب..

وباسمك الذي به تقبل التوبة عن عبادك وتعفو عن السيئات..

وبالاسم الذي يُحقُّ الحقَّ بكلماته ويبطل الباطل ولو كره المجرمون".

*** من المعارف النورانية المستخلصة من هذا الدعاء المتوسل فيه بالاسم المبارك هي:**

ـ أدب السؤال عن الخالق المتعال باسمه العظيم مع الاعتقاد بما له من المكانة الرفيعة والأثر الواسع في الموجودات من السماوات بزعزعتها، ومن الأرضين بانشقاقها، ومن السحاب بتقطعها، ومن الجبال بتصدّعها، ومن الرياح بجريها، ومن البحار بانتقاصها، ومن الأمواج باضطرابها، ومن النفوس بغَوْرها، ومن القلوب بوجلها، ومن الأقدام بزلّتها، ومن الآذان بصمّها، ومن الأبصار بشخوصها، ومن الأصوات بخشوعها، ومن الرقاب بخضوعها، ومن الأرواح بقيامها، ومن الملائكة بسجودها، ومن الألسن بتسبيحها، ومن الفرائص بارتعادها، ومن العرش باهتزازه، ومن الجنة بالتزافها، ومن الجحيم بتسعّرها، ومن النار بتوقّدها، ومن النجوم بتزيّنها، ومن الشمس بإشراقها، ومن الطيور بتكلّمها، ومن القمر بإضاءته، ومن أبواب السماء بانفتاحها.

ـ والاسم الذي يتوسل به جميع الخلائق هو الوحيد من الأسماء الحسنى كتب في راحة ملك الموت وسرادق العرش والمجد والبهاء والعظمة والجلال، واللوح المحفوظ والبيت المعمور ولواء الحمد وحجاب العرش.

ـ بالاسم يتم إحقاق الحق وإبطال الباطل، وبه يتم تفعيل كلمات الكليم في التكوين والتشريع والإحياء والإماتة وتدبير الأمور كلها، وبه يقوم أساس النظم والنظام في العالم والخلق أجمعين، وبه البدء وبه الختم، وبه والوجود وبه البقاء، وبه الثبات وبه القرار، وبه الأزليّة وبه الأبديّة، وبه الزمان وبه المكان، وبه العناية وبه الكفاية، وبه الرعاية وبه الوقاية، وبه قيام كل شيء بأصله وأصوله وفروعه.

ومن مجموع أدعية الرسول الأعظم ﷺ يظهر ما للاسم من العظمة والرفعة

والكرامة وعلاقته بالموجودات في تلبّسها بلباس الوجود وتصرّفه فيها وحاجتها إليه وقيمته لديها.

ونتعلم من أسلوب الدعاء الذي اختاره النبي الحبيب ﷺ كيفية إظهار التذلّل عند الرب العظيم باسمه الكريم، وأداء الشُّكر على توفير النّعم للعباد في أمور المعاش والمعاد ببركة الاسم، ونعرف وسع الإفاضات الإلهية والعنايات الربّانية بواسطة الاسم.

ومن المعلوم أن النبي الأكرم ﷺ وإن كان هو محتاجاً إلى ربه الغني في جميع أموره وأحواله وكذلك الأئمة الأطهار ﷺ، ولكن بملاحظة مكانتهم عند الله تعالى وكونهم دعاة وهداة للخلق إليه وأسماء الله تعالى بمظاهر وجودهم، فأدعيتهم تستهدف إرشاد الخلق إلى أحسن وجوه الطلب والسؤال من الخالق المتعال ذي الجلال والجمال، فنرى تذلّلهم حين الدعاء بأقصى ما يمكن منه للعبد الفقير عند الرب القدير، وتوسّلهم باسمه العظيم الأعظم الأعز الأجل الأكرم حين الطلب والمسألة عنه، فهذا أدب العبودية علّموه لنا تفضّلاً منهم وتكريماً للاسم المبارك، وتبدأ أدعيتهم كلها بالبسملة وفيه نوع هداية عملية للخلق إلى مطلوبية التعود بذلك، فمن اقتدى بهم اهتدى إلى الصواب ومَنْ توسّل بالاسم توصّل بالمطلوب، ومن قال: "اللهم أسألك باسمك" فقد نال بالمقصود وتشرّف بكرم المعبود، لأن مَنْ دعاه به أجابه ولم يحرمه عمّا أراده به، والله رؤوف بالعباد.

*** ومن أدعية أمير المؤمنين ﷺ:**

س - "اللهم إني أسألك بأسمائك الحسنى، وبأكرم أسمائك عليك وأحبّها إليك، وأشرفها عندك منزلة وأقربها منك وسيلة وأجزلها مبلغاً وأسرعها منك إجابة، وباسمك المخزون الجليل الأجل الأعظم العظيم الذي تحبّه وترضى عمّن دعاك به وتستجيب دعاءه وحق عليك أن لا تحرم به سائلك وبكل اسم

هو لك في التوراة والإنجيل والزبور والفرقان، وبكل اسم هو لك علّمته أحداً من خلقك أو لم تعلّمه أحداً، وبكل اسم دعاك به حملة عرشك وملائكتك وأصفياؤك من خلقك".

* من المعالم النورانية المستخلصة من هذا الدعاء هي:

ـ التوسل بأسماء الله الحسنى كلها عند كل مسألة عن الرب تعالى شأنه، وبالاسم الذي خصّص له الكرامة والحب والشوق والقرب لتوسل الخلق إليه وتسريع الاجابة لمسائلهم، وبالاسم الذي غطّاه بالجلالة والعظمة والمحبة والرضا واستجابة دعوات الداعين به، وبالاسم الذي خصّه لنفسه في الكتب والصحف السماوية، وبالاسم الذي يدعو به الملائكة المقربون.

ش ـ "اللهم إني أسالك باسمك بسم الله الرحمن الرحيم..

أسألك بكل اسم سمّيت به نفسك، أو أنزلته في شيء من كتبك، أو استأثرت به في علم الغيب عندك"..

وأسألك بأسمائك الحسنى التي نعتّها في كتابك فقلت: ﴿وَلِلَّهِ ٱلْأَسْمَآءُ ٱلْحُسْنَىٰ فَٱدْعُوهُ بِهَا﴾ وقلت: ﴿ٱدْعُونِيٓ أَسْتَجِبْ لَكُمْ﴾ وقلت: ﴿وَإِذَا سَأَلَكَ عِبَادِى عَنِّى فَإِنِّى قَرِيبٌ أُجِيبُ دَعْوَةَ ٱلدَّاعِ إِذَا دَعَانِ فَلْيَسْتَجِيبُوا۟ لِى وَلْيُؤْمِنُوا۟ بِى لَعَلَّهُمْ يَرْشُدُونَ﴾.

* من المعارف الإلهية المستخلصة من هذه الكلمات هي:

ـ التبرك بالبسملة مع الالتفات إلى المعاني الروحانية المخزونة فيها والمفاهيم النورانية المتبلورة بها لما فيها من الأسرار الربانية العليا والحقائق الرحمانية والرحيمية الكبرى..

ـ التوجه إلى ما سمّاه نفسه به لمعرفة ذاته وارشاد الخلق إليه تعالى شأنه.

ـ والتوسل بالاسم الذي لا يحرم مَنْ دعاه به وذلك بسبب إطاعة ما أمر به العباد لاستجابة دعواتهم وتقرّبه لهم ووفاءً بوعده بهم وهو لا يخلف الميعاد.

ص ـ "بسم الله الرحمن الرحيم، بسم الله خير الأسماء وأكرم الأسماء وأشرف الأسماء".

*** من الأمور التي يمكن استخلاصها من هذه الكلمات الشريفة:**

ـ إلفات النظر إلى ما في البسملة من الخير والكرامة، والشرف والعُلى، فلا اسم أكثر خيرا وكرامة وشرفاً من اسم الجلالة وجوداً وإيجاداً، وضوحاً وإيضاحاً، معنًى ومفهوماً، حقاً وإحقاقاً، حسناً وإحساناً، فضلاً وإنعاماً، أداءً ووفاءً، تكويناً وإنشاءً، إجابةً واستجابةً، إسماً ورسماً، بدءاً وختماً، دعاءً ونداءً، دواءً وشفاءً، حلاوةً وذكاوةً، توسلاً وتبركاً وتيمّناً.

ض ـ "اللهم لا إله إلا أنت أسألك باسمك الواحد الأحد الفرد المتعال الذي ملأ كل شيء..

وأسألك باسمك العلي الأعلى..

وأسألك باسمك العظيم الأعظم..

وأسألك باسمك الجليل الأجل..

وأسألك باسمك الكريم الأكرم..

وأسألك باسمك الذي لا إله إلا هو عالم الغيب والشهادة الرحمن الرحيم..

وأسألك باسمك الذي أوجبت لمن سألك به ما سألك..

وأسألك باسمك الذي سألك به عبدك الذي كان عنده علم من الكتاب فآتيته بالعرش قبل أن يرتدّ إليه طرفه، وأسألك به وأدعوك اللهم بما دعاك به فاستجبت له".

*** من الأمور الروحانية المستخلصة من هذا الدعاء المبارك هي:**

ـ إمعان النظر عند السؤال من الله إلى ما في الاسم من المعاني الوحدانية

والأحدية والفردية والعلوّ والعظمة والجلالة والكرامة، أن كل ما في عالم الوجود فهو في ظل إحاطته وإرادته، ولا شيء أعلى وأعظم وأجلّ وأكرم منه، ولا يخفى عليه ما في السماوات والأرضين، ولا يستغني عنه ما له حظ من الوجود ونصيب من البقاء، ومن شأن الاسم أن السائل به مضمون إجابته ومُستجاب دعوته ومرزوق مسألته.

ط ـ "اللهم إني أسألك لا إله إلا أنت باسمك الذي عزمت به على السماوات السبع والأرضين السبع وما خلقت فيهما من شيء..

وأستجير بذلك الاسم اللهم لا إله إلا أنت أدعوك بذلك الاسم..

اللهم لا إله إلا أنت وألجأ إليك بذلك الاسم..

اللهم لا إله إلا أنت وأتوكل عليك بذلك الاسم..

اللهم لا إله إلا أنت وأستعين بذلك الاسم..

اللهم لا إله إلا أنت وأستغيث بذلك الاسم..

اللهم لا إله إلا أنت وأتقرّب إليك بذلك الاسم..

اللهم لا إله إلا أنت وأتضرّع إليك بذلك الاسم..

اللهم لا إله إلا أنت يا الله يا الله لا شريك لك".

*** من المفاهيم العالية والمتعالية المستخلصة من هذه الكلمات الطيّبة هي:**

ـ الإخلاص لله الواحد المتفرد في ألوهيته، الفاعل بإرادته، الخالق بمشيئته، المتجلّي في خلقه برحمته، الظاهر بنور اسمه، الباهر بعلوّ مقامه، المستجار والمدعو والملتجأ إليه والمتوكل عليه، والمستغاث به والمتقرب إليه والمتضرع إليه باسمه، والذي يدعوه به لا يحرم عن مطلوبه، والذي يستجير به لا يحرم عن مقصوده، والذي يلتجىء إليه لا يحتاج إلى مَنْ سواه، والذي

يتوكل عليه يستغني عن غيره، والذي يستغيثه لا يخيب عن رحمته، والذي يتقرب إليه لا يستوحش عن ابتعاد الآخرين، والذي يتضرّع إليه لا يبقى في حيرته، وكل ذلك بالتوسّل بالاسم المبارك المقدس، وهو اسم من لا شريك له، ولا نِدَّ له، ولا معبود سواه، وبذلك الاسم يوجد كل ما يوجد، ويبقى كل ما يبقى، ويدعى كل ما يدعى، ويستجاب كل ما يستجاب، ويتقبل كل ما يتقبل، ولا يكشف السوء عن المضطر إلا به، ولا يستخلص عن المكاره إلا ببركته، فكل مَنْ له حاجة عند الله يتوسل إليه باسمه فتُقضى له.

ظ ـ "اللهم إني أسألك بكل اسم هو لك تحبُّ أن تدعى به".

*** من أطيب المعاني المستخلصة من هذا الدعاء الشريف هي:**

ـ الالتفات إلى سعة رحمة الله وفضله على العباد بإعطاء الحرية والرخصة في اختيار الاسم حين الدعاء، فهو يقول ﴿ٱدْعُوا۟ ٱللَّهَ أَوِ ٱدْعُوا۟ ٱلرَّحْمَٰنَ ۖ أَيًّا مَّا تَدْعُوا۟ فَلَهُ ٱلْأَسْمَآءُ ٱلْحُسْنَىٰ﴾ (الإسراء: ١١٠)، ومعه يحب أن يدعى بالاسم المحبوب عنده من تلك الأسماء ويريد أن يتوسل إليه خلقه بذلك، وبما أنه لا يعلمه أحد سواه، فللخلق أن يدعوه بالاسم الذي دعاه به عباده الصالحون والأنبياء والمرسلون والأئمة المعصومون والملائكة المقربون فاستُجيبت دعواتهم، فآدم أبو البشر دعاه به فتقبل توبته، ونوح توسل به فنجّي من الغرق، ودعا به إدريس فرُفع مكانا علياً، ودعا به يعقوب فردّ له بصره، ودعا به أيوب فكشف بلاءه، ودعا به موسى فتجلّى له ربّه، ودعا به سليمان فأُعطي سُئله، ودعا به شيث فاستجيبت دعوته، ودعا به هود فمنّ عليه بالغلبة على عدوه، ودعا به داود فليّن له الحديد، ودعا به صالح فرزق العلوّ والشوكة، ودعا به يوسف ففكّ من الأسارة، ودعا به هارون فجعلت له الوصاية، ودعت به آسية فبُني لها بيت في الجنة، ودعا به إبراهيم فجعلت له النار برداً وسلاماً، ودعا به إسماعيل ففدى له بذبح عظيم، ودعا به عيسى فجعل في يده قوة يقدر على إحياء الموتى بإذن

ربه، ودعا به محمد ﷺ فخُتمت به النبوة والرسالة وأُعطي له ما لم يُعط لأحد من النبيين والمرسلين وهو أفضلهم، ودعا به علي بن أبي طالب عليه السلام فجُعلت له الولاية والإمارة على المؤمنين وهو وليّ الله وأمير المؤمنين، ودعت به السيدة فاطمة الزهراء عليها السلام فجُعلت لها سيادة نساء العالمين، ولها الفضل عليهن، وبها قامت ذرية الرسول الأكرم ﷺ إلى يوم القيامة، ودعا به كل من الأئمة المعصومين عليهم السلام وأولياء الله الصالحين فاستُجيب لهم، وبهذا الاسم قامت السماوات والأرضون ومَن فيها وما فيها، والله يحب أن يدعى به ويتوسل به ويستمسك به.

ع ـ "اللهم إني أسألك باسمك الذي يُمشى به على ظلل الماء كما يُمشى به على جدد الأرض..

وأسألك باسمك الذي تهتزّ له أقدام ملائكتك..

وأسألك باسمك الذي دعاك به موسى عليه السلام من جانب الطور الأيمن فاستجبت له وألقيت عليه محبّة منك..

وأسألك باسمك الذي دعاك به محمد صلى الله عليه وآله فغفرت له ما تقدّم من ذنبه وما تأخّر وأتممت عليه نعمتك".

*** من الإشارات النورانية المستخلصة من هذا الدعاء المبارك هي:**

ـ لزوم الخوض في ما للاسم من الدور في المعاجز والكرامات وخرق العادات كالمشي على ظلل الماء وجدد الأرض، وما له من التأثير على إرادات الملائكة ونفوس الأنبياء والرسل في جلب النعم ودفع النقم وشفاء المرضى وإحياء الموتى وإماتة الأحياء بالاسم، وتفعيل المشيئة وتعميل الإرادة في إعطاء الوجود للأشياء أو سلبه عنها، وهو كالروح في الجسد لعالم الكون.

غ ـ "أسألك اللهم باسمك الذي تقوم به السماوات وتقوم به الأرضون وبه

أحصيت كيلَ البحار، وزِنة الجبال، وبه تُميت الأحياء، وبه تُحيي الموتى، وبه تُنشئ السحاب وترسل الريح، وبه ترزق العباد وبه أحصيت عدد الرمال، وبه تفعل ما تشاء، وبه تقول للشيء كُن فيكون".

"اللهم إني أسألك باسمك العظيم الأعظم الأجل الأكرم المخزون المكنون النور الحق البرهان المبين الذي هو نور مع نور ونور من نور ونور في نور ونور على نور ونور فوق نور ونور تضيء به كل ظلمة ويكسر به كل شدة وكل شيطان مريد وكل جبار عنيد لا تقر به أرض ولا تقوم به سماء ويأمن به كل خائف، ويبطل به سحر كل ساحر وبغي كل باغ وحسد كل حاسد ويتصدع لعظمته البر والبحر ويستقل به الفلك حين يتكلم به الملك فلا يكون للموج عليه سبيل وهو اسمك الأعظم الأعظم الأجل الأجل والنور الأكبر الذي سميت به نفسك واستويت به على عرشك،.....

* من المعنى المستخلص من هذا الدعاء:

ـ قوام وجود كل موجود بالاسم وبقاء العالم بأسره بالاسم، فلا غنًى للموجودات بأجمعها عن الاسم.

* ومن أدعية السيدة فاطمة الزهراء ﷺ:

ف ـ "يا مَن سمّى نفسه بالاسم الذي به تُقضى كل حاجة طالب يدعوه به وأسألك بذلك الاسم..

اللهم إني أسألك باسمك العظيم الذي أمرت به إبراهيم ﷺ أن يدعو به الطير فأجابته..

وباسمك العظيم الذي قلت للنار كوني برداً وسلاماً على إبراهيم فكانت..

وبأحبّ أسمائك إليك وأشرفها عندك، وأعظمها لديك، وأسرعها إجابة وأنجحها طلبة، وبما أنت أهله ومستحقّه ومستوجبه".

*** من المعاني السامية المستخلصة من هذه الكلمات المقدسة هي:**

تسمية الرب تعالى نفسه بالاسم الخاص ليست للدلالة على الذات فقط، بل لأجل الأهداف السامية العديدة، منها جعل الوسيلة لقضاء حوائج الخلق المحتاج الفقير إلى ربه الغني، كما يقول جل وعلا ﴿يَٰٓأَيُّهَا ٱلنَّاسُ أَنتُمُ ٱلْفُقَرَآءُ إِلَى ٱللَّهِ وَٱللَّهُ هُوَ ٱلْغَنِيُّ ٱلْحَمِيدُ﴾ (فاطر: ١٥). ففي الآية الشريفة وجّه الخطاب إلى الناس كافة من دون استثناء بين الأفراد، فما من فرد من أفراد الناس إلا هو محتاج وفقير إلى الله تعالى، وإذا دعاه باسمه فيستجاب له لما وعدَ به الله تعالى بقوله ﴿ٱدْعُونِىٓ أَسْتَجِبْ لَكُمْ﴾ (غافر: ٦٠) فكيف لا يستجيب وهو سمّى نفسه بالاسم الذي تُقضى كل حاجة طالب يدعوه به، وببركة الاسم ينال بالمطلوب كل مَنْ جاء ربه بقلب سليم عارفاً بحقه وكما يشهد به التاريخ من قصص الأنبياء العظام كإبراهيم خليل الله عليه السلام فبتوسله بالاسم تحقق له ما فيه من خرق العادة والإعجاز الإلهي العظيم لما في الاسم من الشرف والعظمة عند الله تعالى والأسرعية للاجابة والأنجحية للطلبات والأهلية للدلالة على الذات، وكذلك سائر الأنبياء والرسل عليهم السلام توسلوا عند حاجاتهم بالاسم، فالله سبحانه وتعالى أعطاهم ما سألوه، ومنحهم ما طلبوا منه، فإذا دعا العبد ربه بأحبّ أسمائه إليه فلا تُرد دعوته بل وتُقضى حاجته ويُعطى له مطلوبه، والبسملة المبدوّ بها في الأدعية المأثورة عن الأئمة المعصومين عليهم السلام هي الوسيلة الكبرى في الاستفاضة من الرحمة الإلهية وفي اختيارهم لها في البدايات إرشاد منهم للمؤمنين إلى ما لها دور في قضاء الحوائج باشتمالها على الاسم.

ق ـ "أسألك بالأسماء التي يدعوك بها حملة عرشك ومَنْ حول عرشك بنورك يسبّحون شفقة من خوف عقابك..

وبالأسماء التي يدعوك بها جبرائيل وميكائيل وإسرافيل..

وأسألك بالاسم الذي دعاك به إبراهيم عَلَيْهِ السَّلَامُ خليلك حين أُلقي في النار فدعاك به فاستجبت له وقلت ﴿يَـٰنَارُ كُونِى بَرْدًا وَسَلَـٰمًا عَلَىٰٓ إِبْرَٰهِيمَ﴾ (الأنبياء: ٦٩)..

وبالاسم الذي دعاك به موسى بن عمران عَلَيْهِ السَّلَامُ من جانب الطور الأيمن فاستجبت له..

وبالاسم الذي خلقت به عيسى عَلَيْهِ السَّلَامُ من روح القدس..

وبالاسم الذي تُبت به على داود عَلَيْهِ السَّلَامُ..

وبالاسم الذي وهبْتَ به لزكريا عَلَيْهِ السَّلَامُ يحيى عَلَيْهِ السَّلَامُ..

وبالاسم الذي كشفت به عن أيوب عَلَيْهِ السَّلَامُ الضرّ وسخّرت به لسليمان عَلَيْهِ السَّلَامُ الريح تجري بأمره، والشياطين، وعلّمته منطق الطير..

وبالاسم الذي خلقت به العرش..

وبالاسم الذي خلقت به الكرسي..

وبالاسم الذي خلقت به الرّوحانيّين..

وبالاسم الذي خلقت به الجن والإنس..

وبالاسم الذي خلقت به جميع الخلق..

وبالاسم الذي خلقت به جميع ما أردت من شيء..

وبالاسم الذي قدرت على كل شيء..

اللهم إني أسالك بحق كل اسم هو لك يحقّ عليك فيه إجابة الدعاء إذا دُعيت به".

*** ما يستخلص من الدلالات على تأثيرات الاسم هي:**

ـ توسل أقرب الخلائق إلى الله بالاسم في حاجاتهم وطلباتهم ونيلهم

مرادهم ومقاصدهم ببركته من الملائكة المقربين والأنبياء المرسلين، فكل مَنْ دعاه به أسرع له في الإجابة، وبه تم أمر الخلق والرزق والفيض والعطاء والبقاء وإجابة الدعاء، فكل اسم له تعالى شأنه مكانة رفيعة ومنزلة عظيمة ومقام محمود وجانب الجمال من الوجود ونصيب من الكمال للموجود وجهة الجلال من المعبود.

ك ـ "بسم الله الذي لا يضرّ مع اسمه شيء في الأرض ولا في السماء".

* ما يستخلص من أطيب الأمور المقصودة في الكلام هي :

ـ اتّصاف الاسم بالقدرة على دفع المكاره وسدّ باب الأضرار لمن توسل به وتمسك به وتضرع به إلى الله جل وعلا، فلا شيء أقوى منه في التأثير وأدق منه في التقدير وأضبط منه في التدبير، وبه يندفع البلاء وتنقلب الضرّاء بالسرّاء، ويتمتع الداعي به بالعطاء من رب الأرض والسماء.

ل ـ "اللهم إني أسألك باسمك المخزون الطيب الطاهر، الذي قامت به السماوات والأرض، واستقرّت له الظلمات والنور، وسبّحت له الملائكة ووجلت منه القلوب، وخضعت له الرقاب، وأحييت به الموتى".

* ما يستخلص من أسنى المطالب المنظورة إليها من هذا الدعاء هي :

ـ توجه السائل إلى ما في الاسم من الطيب والطهارة والتخزن للأسرار الإلهية في التكوين والتشريع والتبلور لمشيئة الله في إيجاد الممكنات وإبقاء الموجودات في الأرض والسماوات والتجلي للآيات والبيّنات على مشاهد الكائنات لتمتين نظام الموت والحياة الذي يبتنى على اختيار أشرف المخلوقات من اختياره طريق الحسنات أو السيئات ليفرّق بين الغرقى في بحر الهلكة وسالكي سُبل النجاة.

* ومن أدعية الإمام الحسن المجتبى ﷺ :

م ـ "اللهم إني أسألك بالاسم الذي دعاكَ به خليلك حين أُلقي في النار فاستجبت له وقلت: ﴿يَنَارُ كُونِي بَرْدًا وَسَلَٰمًا عَلَىٰٓ إِبْرَٰهِيمَ﴾ (الأنبياء: ٦٩)..

وبالاسم الذي كشفت به عن أيوب الضرَّ وتُبتَ به على داود، وسخّرت لسليمان الريح تجري بأمره والشياطين، وعلّمته منطق الطير..

وبالاسم الذي وهبْتَ لزكريا يحيى وخلقت عيسى من روح القدس من غير أب..

وبالاسم الذي خلقتَ به العرش والكرسي..

وبالاسم الذي خلقت به الروحانيّين..

وبالاسم الذي خلقتَ به جميع الخلق وجميع ما أردت من شيء..

وبالاسم الذي قدرت به على كل شيء".

*** من أنوار الإمامة المتجلية في هذه الكلمات النورانية هي:**

ـ التوسل بالاسم من سُنّة الأنبياء عليهم السلام، وقد استقرت سيرتهم على ذلك في جميع الأحوال من حياتهم الشخصية والرسالية الاجتماعية، ولم يعهد منهم ما يدل على عدم الاهتمام بذلك في أمر من الأمور، بل وقد ثبت بالدليل القطعي أنهم كانوا يتمسكون به في أمورهم كافة من العبادات والمعاملات والدعوات والطلبات وغيرها، وكانوا يتبركون منه، فأسرعت لهم الإجابة واستُجيبت لهم السؤلات، وتحقق ما وعدهم الله فيما قال ﴿ٱدْعُونِىٓ أَسْتَجِبْ لَكُمْ﴾ (غافر: ٦٠)، فبقيت منهم سُنّة حسنة لمن تبعهم في دينهم وشريعتهم وأخذ بطريقتهم، لما في حياة الرسول أسوة حسنة لاتباعهم ومطيعيهم ﴿لَّقَدْ كَانَ لَكُمْ فِى رَسُولِ ٱللَّهِ أُسْوَةٌ حَسَنَةٌ﴾ لمن اتقى، ومن أهم الأعمال في حياتهم هو التوسل والتمسك بالاسم الإلهي المقدس الذي خلقْتَ به الخلائق كلها.

*** ومن أدعية الإمام الحسين عليه السلام:**

ن ـ "وبكل اسم رفعْتَ به سماءك، وفرشْتَ به أرضك، وأرسَيْتَ به الجبال، وأجريْتَ به الماء، وسخّرت به السحاب والشمس والقمر والنجوم والليل والنهار وخلقت الخلائق كلّها".

*** من المعالم السامية المستخلصة من هذا التوسل الحسيني بالاسم هي:**

ـ تعلّق مشيئة الله تعالى وإرادته جل وعلا في خلق الموجودات وإنشائها بالاسم المبارك، ولا يخلو أي عمل إيجادي وتخليقي من هذه السُنّة الفطرية التي فطر كل شيء عليها، ولا تحديد في هذه السُنّة من حيث المورد والزمان والمكان، ولا مجال فيها للتخصيص من قبل غيره تعالى شأنه لمورد دون آخر أو جهة دون أخرى، بل وتشمل جميع ما تتعلق الإرادة الإلهية بإيجاده وإبقائه أو إعدامه، ويمكن أن يعبّر عنه بالمصدر الأول للموجودات الذي جعله الله كالروح للجسد بالنسبة إلى المخلوقات السماوية منها والأرضية، المائية منها والفضائية.

هـ ـ "بسم الله استشفيت، وبسم الله استكفيت".

*** من المعاني الروحانية المخزونة في هذه الكلمات النورانية هي:**

ـ لزوم التوسل بالاسم الإلهي العظيم والأعظم، الجليل والأجل، الكريم والأكرم الذي هو علم لذات الواجب الوجود في جميع الأمور والأحوال من الاستكفاء وفي الأمراض والأعراض من الاستشفاء، والمرض والداء، لا يحدد بالجسمية بل ويعم الروحية والأخلاقية والنفسية وغيرها، فإن الله تعالى يشفي كل مَن توسّل ودعاه باسمه، وكذلك في كل أمر وحالة فهو يكفي من كل شيء إذا دُعي باسمه مخلصاً.

ـ التوسل باسمه المبارك صورة مظهرية للتوكل على الله، ولا يخفى إن مَنْ يتوكل عليه فهو حسبه ﴿وَمَن يَتَوَكَّلْ عَلَى ٱللَّهِ فَهُوَ حَسْبُهُۥٓ﴾ (الطلاق: ٣)، والتوكل

عليه علامة الإخلاص به، والإخلاص أساس الإيمان به، والإيمان به. ﴿مُخْلِصِينَ لَهُ ٱلدِّينَ﴾ (البينة: ٥) يدعو الداعي إلى الحب الصادق الخالص.

*** ومن أدعية الإمام السجاد عليه السلام:**

و ـ "بسم الله خير الأسماء، بسم الله رب الأرض والسماء، أستدفع كل مكروه أوّله سخطه، وأستجلب كل محبوب أوّله رضاه".

*** من الدرر الثمينة المنتظمة في هذا الدعاء الشريف هي:**

ـ بدءُ كل عملٍ بالاسم الإلهي يضمن الخير والصلاح فيه لمكانه مصدراً للخيرات والبركات، واسمه خير الأسماء لأنه الخير وله الخير وبه الخير ومنه الخير، والخير لا يصدر منه إلا الخير، وفي كل اسم له تعالى شأنه خير للأرض والسماء ومَن فيها، وكيف لا يكون كذلك والله رب العالمين وهو يريد الخير لكل ما خلق ومن خلق وجعل في اسمه بركة وكرامة ونوراً ليتوسل به من له الوجود في كل ما يحتاج إليه ويتمسك به في الأمور والأحوال كلها، فالرب يدبّر أمر خلقه بكرامة منه وتفضلا بهم تعظيماً للاسم، فلا مكروه إلا يدفع الله به ويرفع سخطه، ولا محبوب إلا يجلب به لمن طلبه.

ي ـ "بسم الله كلمة المعتصمين ومقالة المتحرّزين".

*** من أزكى اللطائف التعبدية وأطيب الطرق التوسلية بهذه الكلمات المباركة هي:**

ـ تقوية روح العبديّة بالاعتصام بالاسم الإلهي قولاً وفعلاً فإن فيه عصمة للمعتصمين.

ـ مَن أتى به على لسانه فقد نال ثواب الذكر أولاً.

ـ توفيق الطاعة ثانياً.

ـ النجاح في العمل ثالثاً.

- زيادة في الإخلاص رابعاً.

- مزيد من الرغبة في رضا الرب خامساً.

- شوق إلى التوسل بالاسم سادساً.

- بشارة الغلبة على الهوى والوساوس الشيطانية سابعاً.

- عزّ التقرب إلى الله ثامناً.

- إن المتوسل به لا يرتاب في النيل بمراده ولا يعجز عن الوصول بمقصوده ومطلوبه.

*** ومن أدعية الإمام الكاظم عليه السلام يقول في دعائه يوم مبعث الرسول الأعظم صلى الله عليه وآله وسلم:**

أأ. "ياذا الجود والكرم فنسألك به - ويُشير إلى رجب المرجب وهو أول الأشهر الحُرم - وباسمك الأعظم الأعظم الأعظم الأجلّ الأكرم الذي خلقته فاستقرّ في ظلّك فلا يخرج منك إلى غيرك". دعا به يوم المبعث المبارك.

*** من أحسن آداب التوسل إليه تعالى باسمه المعهود في هذا الدعاء الشريف هو:**

- ذِكر الصفات الإلهية العظيمة قبيل التوسل بالاسم، تعظيماً له وتشريفاً لمقامه والتي تنفتح بذكرها أبواب الرحمة والعطاء كالجود والكرم ونحوهما، وكذلك ذِكر الأيام التي تذكّرنا بعطايا الرب الرحمان وألطافه العميمة وعناياته العظيمة كالظروف الزمانية التي تفيض فيها بحار المنّ والغفران على أهل الإيمان، وتتنزل ملائكة الله على المتوسلين المتمسّكين بالاسم الأعظم الأجل الأكرم، والله سبحانه وتعالى يستحي أن يردّ مَنْ توسّل باسمه في قضاء حاجاته وحصول طلباته، بل ويعطي لمن سأله به ويُفضل على مَنْ تمسك به ويمنّ على

مَنْ أتاه بقلب سليم بالاسم العظيم، ولا يحرم مَنْ رجاه في التوسل باسمه، ولا يخيّب مَنْ دعاه من فضله.

أب ـ "اللهم إني أسألك باسمك الذي دانَ له كل شيء".

دعا به في أول شهر رمضان المبارك.

*** من الإشارات الكريمة في هذه الجملة العظيمة هي:**

ـ إحاطة الاسم لكل ما في عالم الوجود بنور الإفاضة الإلهية.

ـ تنفّس كل متنفس من الموجودات في ظل الدلالة الإسمية الربانية.

ـ إتّكال كل مخلوق في بقاء وجوده وسلامته على ما للاسم من القوة الذاتية الفائقة الواسعة.

أت ـ "أُعيذ نفسي وديني وأهلي ومالي وولدي ومَنْ تُلحقه عنايتي وجميع نِعَمِ الله عندي بسم الله الذي خضعت له الرقاب..

وبسم الله الذي خافته الصدور ووجلت منه النفوس..

وبالاسم الذي نفّس عن داود كربته..

وبالاسم الذي قال للنار كوني برداً وسلاماً على إبراهيم".

*** من لطيف المعنى المخزون في هذه الكلمات الطيبة هو:**

ـ ملاذ الموجودات بأسرها هو الاسم الإلهي العظيم الذي يخضع له كل مَنْ له الشعور الفطري والروح التعبدية والحسّ الرسالي، ويدعو إلى ذلك الإيمان بالمبدأ والاعتقاد بالمعاد، والعقل يحكم بشكر المُنعم وذكره عند الاستفادة من النعمة، فالمتوسل به يؤدي واجبه العقلي والشرعي والاعتقادي والأخلاقي، والله يذكره لما وَعَدَهُ بذلك حيث يقول: ﴿فَٱذۡكُرُونِيٓ أَذۡكُرۡكُمۡ﴾ (البقرة: ١٥٢) والمؤمن بالله تعالى يتذكر ما أنعم الله عليه من الوجود وما يتعلق به ويشكره

على آلائه ويذكره حينما يتمتع بها ويتوسل باسمه في بقائها وسلامتها من الهلاك بل ويطلب الزيادة فيها كل حين، والله يفي بوعده للشاكرين حيث قال ﴿لَئِن شَكَرْتُمْ لَأَزِيدَنَّكُمْ﴾ (إبراهيم: ٧).

ـ إنَّ للاسم في أصل العطاء وكذلك في البقاء للنعم حظّاً حظيظاً ودوراً كبيراً، والله جل وعلا جعله باباً لرحمته الواسعة ومفتاحاً لمخزون أسراره وعنواناً لتطبيق مشيئته وسبباً لتبلور إرادته وطريقاً إلى مرضاته.

أث ـ "أسألك يا رب بأسمائك المتعاليات المكرمة المطهّرة المقدسة العزيزة.

وباسمك العظيم الذي بعثْتَ به موسى عليه السلام حين قلت إني أنا الله في الدهر الباقي..

وباسمك الذي هو مكتوب حول كرسيّك...،

يا متفضل تفضّل عليّ بالأمن والسلامة من الأعداء وحُل بيني وبينهم بالملائكة الغلاظ الشداد ومُدّني بالجُند الكثيف والأرواح المطيعة يحصبونهم بالحجة البالغة ويقذفون من كل جانب دحوراً ولهم عذاب واصب ذلّلتهم وزجرتهم وعلوتهم ببسم الله الرحمن الرحيم".

*** من المعالم القيّمة المستخلصة من هذا الدعاء الشريف هي:**

ـ لكل اسم من أسماء الله تعالى شأنه المكانة السامية والمنزلة العالية والكرامة الباقية والطهارة الكافية والقداسة الوافية والعزّة الدائمة والفضيلة القائمة والعظمة الشاملة والصفة الكاملة والدلالة الواضحة.

ـ البسملة لها رفيع المقام وعميم الإنعام ووسيع الإكرام فهو مما لا تصل إليه الأوهام ولا تدركه الأفهام إلا ما شاء الله ذو الجلال والإكرام، وفيها روح

العطاء والتفضل على الأنام بالأمن والسلام، ولها جانب إلهي عظيم الموصوف بالاسم الكريم واللطف العميم وكمال النعيم.

*** ومن أدعية الإمام الرضا ﷺ :**

أ ج ـ "اللهم إني أسألك باسمك الذي يُمشى به على الماء كما يُمشى به على جدد الأرض..

وباسمك المخزون المكنون عندك..

وباسمك العظيم الأعظم الذي إذا دُعيتَ به أجبْتَ وإذا سُئلتَ به أعطيْتَ"

*** من عظيم المعنى المكنون في هذا الدعاء المبارك هو:**

ـ سعة دائرة شمول الإفاضة القدسية لما في عالم الكون بأسره،

ـ افتتاح باب الإجابة والعطاء على كل مَنْ دعا ربه الكريم باسمه العظيم ونادى خالقه الأكرم باسمه الأعظم وتوجّه إلى الله باسمه المخزون عنده بعدما وُفّق له من المعرفة والإيمان والإخلاص والقدرة على ما تخرق به العادات وتدفع به الآفات.

*** من أدعية الإمام العسكري ﷺ :**

أ ح ـ "اللهم إني أسألك باسمك الذي به ابتدعْتَ عجائب الخلق في غامض العلم بجود جمال وجهك في عظيم عجيب خلق أصناف غريب أجناس الجواهر فخرّت الملائكة سُجّداً لهيبتك من مخافتك..

وأسألك باسمك الذي تجلّيت للكليم على الجبل العظيم فلما بدا شعاع نور الحجب العظيمة أثبتَّ معرفتكَ في قلوب العارفين بمعرفة توحيدك..

وأسألك باسمك الذي تعلمُ به خواطر رَجْمِ الظنون بحقائق الإيمان وغيب عَزَمات اليقين وكسر الحواجب وإغماض الجفون وما استقلّت به الأعطاف

وإرادة لحظ العيون وحركات السكون فكوّنته مما شئت أن يكون وممّا إذا لم تكوّنه لا يكون..

وأسألك باسمك الذي فتقْتَ به رَتْقَ عقيم غواشي جفون حَدَق عيون قلوب الناظرين..

وأسألك باسمك الذي خلقت به في الهواء بحراً معلقاً عجّاجاً مغطمطاً فحبسته في الهواء على صميم تيّار الْيَمِّ فعذلج الموج فسبّح ما فيه لعظمتك..

وأسألك باسمك الذي تجلّيت به للجبل فتحرّك وتزعزع واستقرّ، ودرج الليل الحلك ودار بلطفه الفلك فَهَمَكَ، فتعالى ربّنا فلا إله إلا أنت.

*** من أجمل المعاني العرفانية المستخلصة من هذه الكلمات العريقة هي:**

ـ تبلور جمال الوجود في كل موجود ليس إلا بنور اسم المعبود.

ـ تجلي كمال الذات الواجب في عالم الممكنات يتم على الإطلاق ومن دون حجاب حاجب..

ـ إنَّ جوهرية الجواهر بالاسم وجلالة الجليل بالاسم، ومظهرية المظاهر بالاسم وفخامة العلم بالاسم، وعظمة العظيم بالاسم، ووسعة النعيم بالاسم، والتجلي للكلم بالاسم، وإملاء القلوب بمعرفة المحبوب بالاسم، وحكاية الآثار عن المغيبات والأسرار بالاسم، وكون الكون بالاسم، وخلق الخلق بالاسم، وقوة الفعل بالاسم، وفعل القوة بالاسم، وحركة السكون بالاسم، وسكون الحركة بالاسم، وفتق الرتق بالاسم، ورتق الفتق بالاسم، وتنوير النهار بالاسم، وإظلام الليل بالاسم، وتسبيح الملائكة بالاسم، وتقديس الأرواح بالاسم، فالاسم هو المحور المركز المصدر للخيرات لجميع الموجودات في الأرض والسماوات.

*** ومن أدعية الإمام المهدي المنتظر عليه السلام:**

أ خ ـ "أسألك باسمك المخزون المكنون الحي القيوم الذي استأثرْتَ به في علم الغيب عندك لم يطلع عليه أحد من خلقك..

وأسألك باسمك الذي تصوّر به خلقك في الأرحام كيف تشاء، وبه تسوق إليهم أرزاقهم في أطباق الظلمات من بين العروق والعظام..

وأسألك باسمك الذي ألَّفْتَ بين قلوب أوليائك، وألَّفْتَ بين الثلج والنار، لا هذا يُذيب هذا ولا هذا يُطفئ هذا..

وأسألك باسمك الذي كوّنت به طعم المياه..

وأسألك باسمك الذي أجريت به الماء في عروق النّبات بين أطباق الثرى وسُقْتَ الماء إلى عروق الأشجار بين الصخرة الصمّاء..

وأسألك باسمك الذي كوَّنْتَ به طعم الثمار وألوانها..

وأسألك باسمك الذي به تُبدي وتُعيد..

وأسألك باسمك الفرد الواحد المتفرّد بالوحدانيّة المتوحّد بالصمدانيّة..

وأسألك باسمك الذي فجّرت به الماء من الصخرة الصمّاء وسُقته من حيث شئت..

وأسألك باسمك الذي خلقت به خلقك ورزقتهم كيف شئت وكيف شاؤوا".

*** من اللآلئ المخزونة في هذه الكلمات النفيسة هي:**

ـ الغيب كله لله تعالى شأنه ولا يطلع عليه أحد إلا من ارتضى من رسول.

ـ للاسم تأثير في علم الغيب لا يعرف أحد كيفيته ولا كميته ولا حيثيته، وبه تكمل مراحل التكوين كلها من التصوير في الأرحام ﴿هُوَ ٱلَّذِى يُصَوِّرُكُمْ فِى ٱلْأَرْحَامِ كَيْفَ يَشَآءُ﴾ (آل عمران: ٦) وإيصال الرزق المطلوب في الأحوال التي لا يمكن لأحد ذلك ﴿وَٱللَّهُ يَرْزُقُ مَن يَشَآءُ بِغَيْرِ حِسَابٍ﴾ (البقرة: ٢١٢)، أي لا

تقدر الأم ولا يقدر الأب ولا غيرهما عليه لا من داخل ولا من خارج، وهذا هو الاسم الذي يتم به نفخ الروح في حينه، وبواسطته توجد الإلفة في القلوب ﴿وَأَلَّفَ بَيْنَ قُلُوبِهِمْ﴾ (آل عمران: ١٠٣)، وتزداد المحبة بين أولياء الله تعالى، وبه تنشأ المجالات اللاسلكية بين الأشياء المضادة التي يعجز الموجود الممكن عنه البتّة، وبنور إفاضة الاسم الكريم ينوّر العالم بالتقدير والتدبير لتقوية أسس النظم والنظام في الحياة الطبيعية للمخلوقات بأجمعها، وبالاسم ترسم الصورة المبدئية للمبدأ والمعوديّة للمعاد، وتختص به الفردية العينية والوحدة الحقيقة التي لا مجال فيها للانقسام ولا مدخل إلى كنهها للأفهام ولا مدرج منها للأوهام، وقد قصرت الأفكار عن معاينتها وعجزت الأنظار عن مشاهدتها، وبالاسم يدور كل شيء مدار المشيئة الإلهية ﴿وَمَا تَشَآءُونَ إِلَّآ أَن يَشَآءَ ٱللَّهُ﴾ (التكوير: ٢٩)، وبالاسم يطوف كل موجود ممكن حول كعبة الوجود الواجب، فما من حركة إلا ولها نسبة إلى الاسم، وما من سكون إلا وله رغبة في الاسم، وللاسم روح الوجود والإيجاد ونور التوسل بين الرب والعباد.

أد ـ "اللهم إني أسألك باسمك الذي عزمْتَ به على السماوات والأرض فقلت لهما ائتيا طوعاً قالتا أتينا طائعين..

اللهم إني أسألك باسمك الذي عزمْتَ به على عصا موسى فإذا هي تلقف ما يأفكون..

اللهم إني أسألك باسمك الذي صرفْتَ به قلوب السحرة إليك حتى قالوا آمنّا بربّ العالمين".

*** من الإشارات اللطيفة المستخلصة من هذا الدعاء الشريف هي:**

ـ توسل الرب تعالى شأنه باسمه في التكوين والتشريع.

ـ تفعيل الإرادة وإعمال المشيئة في أمور الموجودات في الأرض والسماوات بالاسم.

ـ إظهار القدرة الإلهية في إبطال الباطل وإحقاق الحق بالاسم.

ـ استواء الخالق على مخلوقه لتنفيذ النظام المُقدَّرِ عنده بالاسم.

ـ شمول العنايات الربانية لجميع الخلائق من الإنس والجن والملائكة وكل ما في العالمين وكل ما يتعلق بوجوداتهم المادية وغير المادية.

ـ إطاعة الخالق لأوامر الله تعالى شأنه بالرضا والرغبة.

أذ ـ "أسألك باسمك الذي فطرت به خلقك فكل لك مذعنون".

*** من الأسرار النورانية المستخلصة من هذه الكلمات التوسليّة هي:**

ـ تبيين أساس الفطرة الإلهية التي فطرَ الخلائق عليها وإذعان الموجودات بأجمعها لعظمة الذات الواجب الوجود الذي له الخلق والأمر وله القدرة التامة العامة الكاملة الشاملة الباقية الدائمة وكلٌّ له قانتون.

أر ـ "إلهي وإني أدعوك وأسألك باسمك الذي دعاكَ به صفوتك أبونا آدم عليه السلام وهو مسيء ظالم حين أصاب الخطيئة فغفرتَ له خطيئته وتُبت عليه واستجبت له دعوته..

إلهي وأسألك باسمك الذي دعاك به إدريس عليه السلام فجعلته صِدِّيقاً نبياً ورفعته مكاناً عَلِيّاً واستجبت دعاءه..

إلهي وأسألك باسمك الذي دعاك به نوح عليه السلام إذ نادى ربّه أني مغلوب فانتصر ففتحت له أبواب السماء بماءٍ مُنهمر وفجّرت له الأرض عيوناً فالتقى الماء على أمر قد قُدر ونجّيته وحملته على ذات ألواح ودُسُر فاستجبت دعاءه..

إلهي وأسألك باسمك الذي دعاك به عبدك ونبيّك صالح ﷺ فنجّيته من الخسف وأعليته على عدوه واستجبت له دعاءه..

إلهي وأسألك باسمك الذي دعاك به إبراهيم ﷺ حين أراد نمرود إلقاءه في النار فجعلت النار عليه برداً وسلاماً واستجبت له دعاءه..

إلهي وأسألك باسمك الذي دعاك به إسماعيل ﷺ ابن خليلك الذي نجّيته من الذبح وفديته بذبح عظيم، وقلبت له المشقّص حين ناجاك موقناً بذبحه، راضياً بأمر والده فجعلته نبياً رسولاً وجعلت له حرمكَ منسكاً ومسكناً ومأوًى واستجبت له دعاءه..

إلهي وأسألك باسمك الذي دعاك به لوط ﷺ فنجّيته وأهله من الخسف والهدم والمثلات والشدّة والجهد وأخرجته وأهله من الكرب العظيم واستجبت دعاءه..

إلهي وأسألك باسمك الذي دعاك به يعقوب ﷺ وقد كُفّ بصره وتشتّتَ شمله وفَقَدَ قُرّة عينه ابنه فاستجبت له دعاءه وجمعت شمله وأقررت عينه وكشفت ضرّه وكربه..

إلهي وأسألك باسمك الذي دعاك به عبدك ونبيك يوسف ﷺ فاستجبت له ونجّيته من غيابت الجُبّ وكشفْتَ عنه ضُرّه وكفيته كيد إخوته وجعلته بعد العبودية ملكاً واستجبت دعاءه..

إلهي وأسألك باسمك الذي دعاك به عبدك ونبيك موسى بن عمران ﷺ إذ قلت تباركت وتعاليت وناديناه من جانب الطور الأيمن وقرّبناه نجياً وضربت له طريقاً في البحر يبساً ونجّيته ومَن معه من بني إسرئيل وأغرقت فرعون وهامان وجنودهما واستجبت له دعاءه..

إلهي وأسألك باسمك الذي دعاك به عبدك ونبيك داود ﷺ فاستجبت له

دعاءه وسخّرت له الجبال يُسبّحْنَ معه بالعشيِّ والإشراق والطير محشورة كلٌّ له أوّاب وشددتَ مُلكه، وآتيته الحكمة وفصل الخطاب وألنْتَ له الحديد وعلّمته صَنْعَةَ لَبوسٍ لهم وغفرت ذنبه..

إلهي وأسألك باسمك الذي دعاك به عبدك ونبيك سليمان بن داود ﷺ إذ قال رب اغفر لي وهبْ لي ملكاً لا ينبغي لأحد من بعدي إنك أنت الوهاب فاستجبت له دعاءه وأطعت له الخلق وحملته على الريح وعلّمته منطق الطير وسخّرت له الشياطين من كل بنّاءٍ وغوّاصٍ وآخرين مقرّنين في الأصفاد هذا عطاؤك لا عطاء غيرك وكنت منه قريباً..

إلهي وأسألك باسمك الذي دعاك به عبدك ونبيك أيوب ﷺ لما حلّ به من البلاء بعد الصحّة ونزل السقم منه تنزل العافية والضيق بعد السّعة فكشفت ضرّه ورددت عليه أهله ومثلهم معهم حين ناداك داعياً لك راغباً إليك راجياً لفضلك شاكياً إليك، قائلاً ربِّ إني مسّني الضرّ وأنت أرحم الراحمين فاستجبت له دعاءه وكشفت ضرّه وكنت منه قريبا..

إلهي وأسألك باسمك الذي دعاك به يونس بن متى ﷺ في بطن الحوت حين ناداك (راجياً) في ظلمات ثلاث أن لا إله إلا أنت سبحانك إني كنت من الظالمين وأنت أرحم الراحمين، فاستجبت له دعاءه وأنبتّ عليه شجرة من يقطين وأرسلته إلى مائة ألف أو يزيدون وكنت منه قريباً..

إلهي وأسألك باسمك الذي دعاك به عبدك ونبيك عيسى ابن مريم ﷺ إذ أيّدته بروح القدس وأنطقته في المهد فأحيى به الموتى وأبرأ به الأكمه والأبرص بإذنك، وخلق من الطين كهيئة الطير فصار طيراً بإذنك وكنت منه قريباً يا قريب..

إلهي وأسألك باسمك الذي دعاك به آصف بن برخيا على عرش مَلِكَة سبأ

فكان أقلّ من لحظ الطرف حتى كان مصوّراً بين يديه، فلمّا رأته قيل أهكذا عرشك؟ قالت كأنّه هو، فاستجبت له دعاءه وكنت منه قريباً..

إلهي وأسألك باسمك الذي دعاك به عبدك زكريا عليه السلام حين سألك داعياً راجياً لفضلك فقام في المحراب يُنادي ربّه نداءً خفيّاً فقال ربّ هب لي من لدنك ولياً يرثني ويرث من آل يعقوب واجعله ربّ رضيّا، فوهبت له يحيى واستجبت له دعاءه وكنت منه قريباً..

إلهي وأسألك باسمك الذي سألتْكَ به امرأة فرعون إذ قالت ربّ ابْنِ لي عندك بيتاً في الجنة ونجّني من فرعون وعمله ونجّني من القوم الظالمين فاستجبت لها دعاءها وكنت منها قريباً..

إلهي وأسألك باسمك الذي دعتْكَ به أمتك وصدّيقتكَ مريم البتول وأم المسيح الرسول عليهما السلام إذ قالت، التي أحصنت فرجها فنفخنا فيه من روحنا وصدّقت بكلمات ربها وكتبه وكانت من القانتين، فاستجبت دُعاءها وكنتَ منها قريباً..

إلهي وأسألك باسمك الذي دعاك به عبدك ونبيك وصفيّك وخيرتك ومبعوثك إلى بريّتك محمد خاصّتك وخالصتك صلى الله عليه وآله فاستجبت دعاءه وأيّدته بجنود لم يروها، وجعلت كلمتك العليا وكلمة الذين كفروا السفلى وكنت منه قريباً..

إلهي وأسألك من أسمائك بأبهاها وكل أسمائك بهيّة بل أسألك بأسمائك كلّها".

*** من المعارف القيمة والمعالم العظيمة المستخلصة من هذا الدعاء المبارك هي:**

ـ التوسل باسم الله تعالى شأنه وجل جلاله من سُنّة الأولين من لدن آدم عليه السلام

إلى خاتم الأنبياء والمرسلين محمد المصطفى ﷺ وسائر الأئمة المعصومين عليهم أزكى السلام وجميع عباده الصالحين لطلب رحمة الله تعالى ودفع المكاره وغفران الذنوب وقبول التوبة واستجابة الدعوات وإعطاء المراتب العالية وترفيع الدرجات، والانتصار في الشدّة ورفع الغمّة والنجاة من العدو والخلاص من الكروب والغلبة في الحروب، وبذر روح الطاعة في القلوب، وجمع الشمل، وكشف الضرّ، والكفاية في مهامِّ الأمور، والسلطان على التصرف في شؤون الدهور، والمنّ بعلم المغيبات والاطلاع على ما كان وما يكون، والفهم لمنطق الطيور وتسخير الشياطين والبُرء من الأسقام، والفتق بعد الرتق، والسعة بعد الضيق، والعزّ بعد الذلّ، والفرح بعد الحزن، والطمأنينة بعد الشك، والأمن بعد الخوف، والإخلاص في الأعمال والتوفيق لما فيه رضاه جل وعلا، وهم تشرّفوا بقبول دعواتهم والنيل بمرادهم ومقاصدهم والتمتع بالتقرب إلى ربهم الكريم.

أز ـ "اللهم إني أسألك باسمك الكريم..

وباسمك الذي أشرقَتْ به السماوات والأرضون..

وباسمك الذي يصلح به الأولون والآخرون".

*** من آثار التوسل باسمه تعالى في هذا الدعاء الشريف هي:**

ـ إشراقة السماوات والأرضين وإصلاح جميع الخلق، وهما أي الإشراقة والإصلاح من الأمور التي لا سلطان لأحد عليها إلا الله، وبهما يقوم نظام العالم الوجودي الذي قدّر الله عز وجل لخلقه، وأما إشراقة السماوات والأرض فبها يتقوم أساس نظام الشمس والقمر والنجوم والكواكب والبحار والأشجار، وبها يتنفس كل متنفس فيهما، وبها يدور كل ما فيهما مدار الوجود، وبها يتحرك كل متحرك فيها بقواه، وبها يسلك كل سالك طريق الخير والسعادة، وبها يتجلّى كل موجود بوجوده، وبها يتنور كل متنور بنور الحق،

وبها يتقرب كل متقرب إلى الله بقصد تقربه، وبها يتصف كل متصف بالعبدية والعبودية، وبها يطلع كل مطلع الوجود والظهور، وبها يتمكن كل متمكن على الحصول بما يشاء، وبها يستبق كل مستبق إلى الخيرات.

ـ بالإصلاح يتميز كل ذي صلاح ذي صلاح من غيره، وبه يتغير كل متغير في أوصافه وأحواله، وبه يتعين طريق الجنة لمن أرادها، وبه يظهر ما في الباطن ويبطن ما في الظهر، وبه يثبت كل اسم في لوح السعادة، وبه يحيى كل مَنْ حَيِيَ بالبيّنة، وكل ذلك ببركة الاسم الذي به تشرق السماوات والأرض وبه يصلح الأولون والآخرون، أي من دون قيد زماني وإن كان الزمان غير مستقر والعالم غير ثابت بل هو متغير بسبب حدوثه.

أس ـ "اللهم إني أسألك باسمك العظيم الأعظم الأعزّ الأجلّ الأكرم الذي إذا دُعيت به على مغالق أبواب السماء للفتح بالرحمة انفتحت، وإذا دعيت به على مضائق أبواب الأرض للفرج انفرجت، وإذا دُعيت به على العسر لليسر تيسّرت، وإذا دُعيت به على الأموات للنشور انتشرت، وإذا دُعيت به على كشف البأساء والضرّاء انكشفت".

* من المعالم العظيمة المخزونة في هذه الكلمات الطيبة هي:

يتعلق كل موجود بوجوده الحقيقي بنوع من العلاقة الرئيسية مع الاسم الإلهي العظيم، ويحتاج في بقائه إلى مصدر الفيوضات الربانية وهو الاسم المبارك المقدس، وبه الفتح لكل باب من أبواب الرحمة والفرج واليسر وكشف الضرّ ودفع البلاء، فما من موجود سماوي أو أرضي إلا وله نوع من الترابط الذاتي أو الوصفي بالاسم، سواء كان في أصل التلبس بعباية الوجود أو التخلق بالخلق المعبود، وسواء كان من الأمور المرتبطة بالحياة في الدنيا أم في الآخرة، والله سبحانه وتعالى يحب أن يُدعى له باسمه العظيم الأعظم الأعز الأجل الأكرم الذي لا عظمة إلا له، ولا عزّة إلا تختصّ به، ولا كرامة

إلا منه، وهو بدأ كلامه باسمه وأمر خلقه بذلك وسنّ النبي ﷺ ـ نبي الرحمة ـ سُنَّة مقتدياً بربه في ذلك لمن تبعه وأطاعه، وفي قوله وفعله حجة لنا، ومضافاً على ذلك فنحن مأمورون باتباعه وقد أمرنا الله تعالى بذلك بقوله: ﴿وَأَطِيعُوا الرَّسُولَ...﴾ (محمد: ٣٣).

الملخص والمستخلص

فهذه الأدعية وغيرها كثيرة المروية والمأثورة عن الرسول الأعظم ﷺ وأوصيائه المعصومين حجج الله عليهم السلام، فيها معالم عظيمة من أنوار الهداية في ضوء التوسل باسم الله المبارك، فالعبد إذا بدأ عمله باسمه الشريف وجعله مبدءاً لكل عمل له في الحياة فسوف يوفّق في مطالبه ومقاصده، وكما نرى أن المعصومين عليهم السلام توسلوا باسم الله في كل أمر كان يتعلق بهذه الحياة الدنيا، وذكروا وذكّرونا دور اسمه الكريم في كافة الشؤون وحتى في خلق هذا العالم بعظمته، بالإضافة إلى أمر الإحياء والإماتة، وجري النظم والنظام لكل ما خلق ومن خلق، وكيف خلق وأين خلق، وأمر بقاء المخلوقات بأجمعها، وبعث الأنبياء والرسل بأجمعهم، وقبض الأرواح وحشر الخلق كافة، ونَشْر الرياح وتسخيرها، والتفريق بين النور والظلمة، والاحتجاب عن الخلق كلّه، وتثبيت أرزاق العباد، واستقرار الكرسي واستقلال العرش، وتنوير النهار وتظليم الليل، وإعطاء المسؤول للسائل، ومنح المطلوب للطالب، وفتق الرتق، وفتح أبواب الرحمة، وتدبير العالم بالحكمة، وجري البحار، ونزول الكتب من السماء إلى أمنائه على الوحي، وكشف البلاء والضرّاء عن المضطرين، ورفع السماوات وسطح الأرضين ودحوها، وإلقاء المحبة في القلوب، وقبول التوبة وغفران الذنوب، ونجاة الغرقى، وشفاء المرضى، واختلاف الليل والنهار، وتزيين السماء بالكواكب والنجوم، وخلق الموت والحياة، ودفع المكروه، وجلب المطلوب والمحبوب، وتصريف الرياح، وإحياء الأرض بعد موتها،

وبثّ الدوابّ فيها، وتسخير السحاب بين السماء والأرض، وخلقَ الإنسان من تراب وجعله أشرف خلقه وخليفته في أرضه، وكل ما جرى ويجري في عالم الكون والوجود من الأزل إلى الأبد، فللإسم دور أساسي في تحققه وتحقيقه حسب اقتضاء المخلوق نفسه بإذن الله تعالى.

فالبادئ عمله باسم الرب الكريم الرحمن الرحيم يستعين في نجاحه وصلاحه ووصوله إلى مأموله، وكيف لا يكون كذلك فهو يقتدي بما فعل الرب الرحيم نفسه في كتابه الكريم من بدء كلامه باسمه العظيم، وهو الاسم الذي جاء ذكره في الأدعية والأوراد الواردة من الأئمة الهداة المعصومين عليهم السلام.

فنستنتج من هذا كله أن الله تعالى جعل اسمه المبارك وسيلة جميلة وكريمة لتحقيق إرادته ومشيئته وتبيين إرادته ومقاصده، وتبريك آثاره وأعماله، وتصوير مخلوقاته وتنوير موجوداته، ولتحميده وتمجيده وتجميله وتجليله وتكريمه وتبجيله وتوقيره وتوصيفه وتشريعه وتكوينه، فهو الذي سنَّ سُنّةً لعباده للتوسّل باسمه الأعظم الأعزّ الأجلّ الأكرم في بدايات أعمالهم وأقوالهم وفي جميع أحوالهم، لأنه المستعان وكل مَن سواه يتوسّل إليه وحتى أنبياؤه ورسله وأمناؤه على كلماته والأئمة الهداة الذين جعلهم وسائل ووسائط بينه وبين خلقه، فهُم يتوسّلون باسمه ويدعونه به ويسألونه به، فعلينا الاقتداء بهم واتِّباعهم.

وبعد هذه التوضيحات والتلويحات والتأكيدات والتقريرات والتصريحات والتشجيعات والتضمينات والتأمينات في الآيات والروايات والأحاديث والكلمات المتلقاة من الهداة المعصومين عليهم السلام للخلق إلى طريق السعادة والنجاة، فلا يبقى المجال للشك والريب في التوسل ومطلوبيته ومحبوبيته عند الله تعالى بنحو عام والتوسل باسمه المبارك العظيم الأعظم الذي هو علم لذاته وبدء كلامه وتكليمه به بنحو خاص، وما أقول فيمن ينكر ويرتاب في ذلك إلا أنه محروم عن روح الله ورحمته الواسعة، ولا حظَّ له من العنايات الربانية

والفيوضات الإلهية العظيمة وهو الذي حرم نفسه منها، بينما المؤمن به المتوسل باسم ربه يتنعم بالرحمة الإلهية العظيمة التي وسعت كل شيء ويتمتع بالنعم الربانية التي تختص بعباده الصالحين.

إشراقات لطيفة
من البسملة

إشراقات لطيفة من البسملة

الأمر الذي لا ريب فيه ولا غبار عليه ولم يختلف فيه أحد ممن له إلمامٌ بالمعالم القرآنية أن البسملة هي الآية الأولى التي نزلت على النبي العظيم ﷺ ويؤيده ما روي عن ابن عباس أنه قال: إن أول ما نزل من القرآن ﴿بِسْمِ ٱللَّهِ ٱلرَّحْمَٰنِ ٱلرَّحِيمِ﴾، وبملاحظة ذلك وتعطيراً للبحث وتنويراً للموضوع لا بأس بذكر الإشراقات التي يمكن استقاؤها من البسملة، نذكر بعضاً منها:

ـ إن البدء بها يضمن البركة والنجاح المقصود من العمل على الإطلاق ومن دون استثناء.

ـ البادىء بها يبارك لسانه بذكر اسم الذات وأسماء الصفات للحي القيوم.

ـ المتبرك بذكرها ينوّر قلبه بنور كرامات الأسماء المقدسة.

ـ الشارع عمله بها يعطّر عقله وفكره بنفحات معاني كلماتها ومزايا جُملاتها وخصوصيات تعابيرها.

ـ الابتداء بها يقرّب العبد إلى خالقه بقرابة العبدية والعبودية ويبعده عن الوساوس الشيطانية ومهالك النفس الأمّارة بالسوء.

ـ الذاكر لاسم الله تعالى يضمن لنفسه السلامة عن المكاره والسعادة في كل ما يتعلق بالحياة في الدنيا والآخرة.

ـ ألطف الاشراقات المعنوية فيها أنها بكلماتها التامة ومفاهيمها الشامخة

تتحدى الفصحاء والبلغاء والأدباء من حين بدء نزول الوحي إلى يوم القيامة، بدليل أن النبي الأكرم ﷺ قال: "إن أول ما أُوحيَ إليّ ﴿بِسْمِ ٱللَّهِ ٱلرَّحْمَٰنِ ٱلرَّحِيمِ﴾ وبالدلالات الثلاث ـ المطابقية والتضمينية والالتزامية ـ يوجد فيها التحدي بمعانيها الإلهية العظيمة.

فقد يشهد التاريخ أن العرب ومشركو مكة أنكروا الوحي ولم يؤمنوا بالرسالة المحمدية بقولهم الذي حُكي عنهم في القرآن:

﴿لَوْلَآ أُنزِلَ عَلَيْهِ ءَايَٰتٌ مِّن رَّبِّهِۦ ۖ قُلْ إِنَّمَا ٱلْءَايَٰتُ عِندَ ٱللَّهِ وَإِنَّمَآ أَنَا۠ نَذِيرٌ مُّبِينٌ * أَوَلَمْ يَكْفِهِمْ أَنَّآ أَنزَلْنَا عَلَيْكَ ٱلْكِتَٰبَ يُتْلَىٰ عَلَيْهِمْ ۚ إِنَّ فِى ذَٰلِكَ لَرَحْمَةً وَذِكْرَىٰ لِقَوْمٍ يُؤْمِنُونَ﴾ (العنكبوت: ٥٠ ـ ٥١).

وبملاحظة سائر الآيات الدالة على التحدي والتي منها قوله تعالى:

﴿وَإِن كُنتُمْ فِى رَيْبٍ مِّمَّا نَزَّلْنَا عَلَىٰ عَبْدِنَا فَأْتُوا۟ بِسُورَةٍ مِّن مِّثْلِهِۦ وَٱدْعُوا۟ شُهَدَآءَكُم مِّن دُونِ ٱللَّهِ إِن كُنتُمْ صَٰدِقِينَ﴾ (البقرة: ٢٣)،

وقوله تعالى: ﴿قُل لَّئِنِ ٱجْتَمَعَتِ ٱلْإِنسُ وَٱلْجِنُّ عَلَىٰٓ أَن يَأْتُوا۟ بِمِثْلِ هَٰذَا ٱلْقُرْءَانِ لَا يَأْتُونَ بِمِثْلِهِۦ وَلَوْ كَانَ بَعْضُهُمْ لِبَعْضٍ ظَهِيرًا﴾ (الإسراء: ٨٨).

وقوله تعالى: ﴿أَمْ يَقُولُونَ ٱفْتَرَىٰهُ ۖ قُلْ فَأْتُوا۟ بِسُورَةٍ مِّثْلِهِۦ وَٱدْعُوا۟ مَنِ ٱسْتَطَعْتُم مِّن دُونِ ٱللَّهِ إِن كُنتُمْ صَٰدِقِينَ﴾ (يونس: ٣٨)،

وقوله: ﴿أَمْ يَقُولُونَ تَقَوَّلَهُۥ ۚ بَل لَّا يُؤْمِنُونَ * فَلْيَأْتُوا۟ بِحَدِيثٍ مِّثْلِهِۦٓ إِن كَانُوا۟ صَٰدِقِينَ﴾ (الطور: ٣٣ ـ ٣٤)،

وقوله تعالى: ﴿أَمْ يَقُولُونَ ٱفْتَرَىٰهُ ۖ قُلْ فَأْتُوا۟ بِعَشْرِ سُوَرٍ مِّثْلِهِۦ مُفْتَرَيَٰتٍ وَٱدْعُوا۟ مَنِ ٱسْتَطَعْتُم مِّن دُونِ ٱللَّهِ إِن كُنتُمْ صَٰدِقِينَ﴾ (هود: ١٣)،

إلى غيرها، يمكن القول بأن البسملة بما أنها الآية الأولى التي نزلت على النبي ﷺ فيدور التحدي مدارها قبل غيرها من الآيات القرآنية العظيمة، وأما ما ذكره المفسرون الكبار من وجوه التحدي فمن المؤسف أنهم ما التفتوا إلى

ما في البسملة من وجه التحدي من حيث المعنى المستودع فيها، فذكروا في البحث عن التحدي وجوهاً عديدة كالتحدي بالعلم وبالنظم وبالبلاغة وبمن أُنزل عليه القرآن وبالإخبار عن الغيب وبعدم الاختلاف فيه وبعموم معانيه وشمول معارفه لكل ما يحتاج إليه الإنسان من أمر الهداية، ولكن لم يذكر أحد من أعاظم المحققين وأكابر المفسرين أن البسملة هي الآية الأولى فهي أحرى بالتحدي، لعدم الفرق بين بعض القرآن وكلّه في كونه مما لا ريب فيه وأنه يتحدى بآحاد آياته كما يتحدى بمجموعها وبعضها لفظاً ومعنًى، فصاحةً وبلاغةً، كلاماً ومتكلماً ترتيبا وتنظيما.

ـ إنَّ في البسملة سِرّ من الأسرار الإلهية العظيمة التي لا يطلع عليها إلا الله سبحانه وتعالى ومَن ارتضى من رسله.

ـ إنَّ في البدء بالبسملة ضماناً لنيل المراد وكفاية تامة في الحصول بالمقصود، وفي تركها عند البدء أضرار ذكرها الرسول الكريم ﷺ بتعابير مختلفة مثل: "كل أمر ذي بال لا يُبدأ فيه باسمِ الله فهو أبتر" أو "كل أمر ذي بال لا يُبدأ ببسم الله الرحمن الرحيم فهو أبتر"، فذكره في الأولى اسم الجلالة من دون ذكر الرحمن والرحيم، وفي الثانية ذُكرت البسملة كاملة، وجاء في بعض الروايات: "كل أمر ذي بال لا يُبدأ فيه ببسم الله الرحمن الرحيم أقطع"، ففي هذه الرواية استبعد ذكر الفاء والضمير (فهو) وبُدّلت مفردة "أبتر" بمفردة "أقطع"، وقد وردت في بعض المرويات مفردة "أجذم" حيث جاء: "كل أمر ذي بال لا يُبدأ فيه ببسم الله الرحمن الرحيم فهو أجذم"، والمآل واحد.

ـ الذي يبدأ عمله ببسم الله فهو يُعد ذاكراً وعابداً، لأن البسملة أشرف الذكر وأعظمه وأكرمه وأنوره وأكمله وأجمله وأتقنه وأجمعه، وجاء في صفات المؤمنين الموقنين المخلصين المطيعين لله وللرسول ﷺ:

﴿لَّقَدْ كَانَ لَكُمْ فِي رَسُولِ ٱللَّهِ أُسْوَةٌ حَسَنَةٌ لِّمَن كَانَ يَرْجُواْ ٱللَّهَ وَٱلْيَوْمَ ٱلْآخِرَ وَذَكَرَ ٱللَّهَ كَثِيرًا﴾ (الأحزاب: ٢١)،

وقوله تعالى: ﴿قَدْ أَفْلَحَ مَن تَزَكَّىٰ * وَذَكَرَ ٱسْمَ رَبِّهِۦ فَصَلَّىٰ﴾ (الأعلى: ١٤ ـ ١٥)،

وقوله تعالى: ﴿ٱلَّذِينَ يَذْكُرُونَ ٱللَّهَ قِيَٰمًا وَقُعُودًا وَعَلَىٰ جُنُوبِهِمْ وَيَتَفَكَّرُونَ فِي خَلْقِ ٱلسَّمَٰوَٰتِ وَٱلْأَرْضِ﴾ (آل عمران: ١٩١)،

وقوله جل وعلا: ﴿قَدْ أَفْلَحَ ٱلْمُؤْمِنُونَ * ٱلَّذِينَ هُمْ فِي صَلَاتِهِمْ خَٰشِعُونَ﴾ (المؤمنون: ١ ـ ٢).

ـ إنَّ الله سبحانه وتعالى أمر الناس بالبدء بالبسملة في جميع الأمور من الأفعال والأقوال وذلك تثبيتاً لهم في اعتقادهم التوحيدي وإظهاراً عملياً للحق في مقابل الباطل، حيث إن المشركين وعبدة الأصنام كانوا يبدأون بأسماء آلهتهم الباطلة، كما نُقل عن النصارى أنهم كانوا يقولون عند بداية كل أمر باسم الأب والإبن وروح القدس، وكانوا يعبّرون عن الذات مع الوجود بـ"أقنوم الأب"، وعن الذات مع العلم بـ"أقنوم الإبن"، وعن الذات مع الحياة بـ"أقنوم روح القدس"، وهذه هي الأقانيم الثلاثة المعروفة عندهم، ولكن البسملة تحمل اسم الذات الإلهية وأسمى صفاته من دون شائبة التثليث والتشريك، تعالى الله عما يُشركون، فهي أي البسملة مظهر لوحدانية الله تعالى في ذاته وصفاته وأفعاله.

ـ البادىء بالبسملة يجد في قلبه تجلّي روح التعبد والتقرب إلى الله، وتجسّم مشاعر المعرفة بكمالها في تمام وجوده، وهو يتمتع بإحساس معنوي لارتباطه بالاسم الأعظم ارتباطاً عرفانياً لكونها بمنزلة الكساء له، فالقارىء لها ذاكر لله تعالى، ومتعزز بذكرها ومتشرّف بذكره تعالى، ويستشعر ذلك: ما رُوي عن أبي عبد الله الإمام جعفر الصادق عليه السلام أنه قال: "بسم الله الأعظم في مقطع أُمّ الكتاب.. والمراد به الاقتطاع عن السورة، وذلك يبيّن دور البسملة في بداية كل

سورة، بأنها علامة للبداية والنهاية للسور القرآنية المقدسة التي أوحى الله إلى النبي الأعظم ﷺ وبذلك كانت تُعرف بداية السورة النازلة بالبسملة ونهايتها حين نزول سورة أخرى كما مرَّ أنَّ النبي ﷺ كان إذا جاءه جبرئيل فقرأ بسم الله الرحمن الرحيم علمَ أنها سورة، وعن ابن عباس قال: كان النبي ﷺ لا يعلم ختم السورة حتى تنزل بسم الله الرحمن الرحيم.

فقد ثبت أن جعل السورة سورة ابتداءً وانتهاءً كان في عصر النبي ﷺ، وليس من الكتاب والحفاظ والجامعين ـ على حد التعبير المعروف ـ بعد النبي ﷺ. وفي مسألة جمع القرآن بحث طويل ليس هنا محل ذكره.

ـ البسملة وسيلة للسائلين من رب العالمين والطالبين لرحمته وكرمه، وقد ورد في الأدعية المباركة التوسل بالبسملة مثل: "أسألك ببسم الله الرحمن الرحيم وبما أنزلته في ليلة القدر أن تجعل لي من أمري فرجاً ومخرجاً".

ـ كل ما يُذكر للباء من المعنى فهو ينطبق على الباء في البسملة، ومن أشهر المعاني: الاستعانة والابتداء والإلصاق، فالبادىء عمله بالبسملة هو يستعين ربه ويبارك بدايته باسمه المبارك ويصاحب بها في جميع الأحوال والأوقات، وهو الذي قاله الإمام الحسن العسكري ﷺ كما ورد في التفسير المنسوب إليه: قولوا عند افتتاح كل أمر صغير أو عظيم ﴿بِسۡمِ ٱللَّهِ ٱلرَّحۡمَٰنِ ٱلرَّحِيمِ﴾ أي أستعين على هذا الأمر الذي لا تحقُّ العبادة لغيره". ففي الأول يكون المعنى: "أستعين باسم الله"، وفي الثاني: "أبتدئُ باسم الله"، وفي الثالث: "ألصق بنفسي باسم الله"، وبالمجموع يكون المعنى: "ألصق نفسي باسم الله مستعيناً به مصاحباً ومبتدئاً به". والقائلون بكون البسملة للسببية والتعليل استخدموا التعابير العرفانية الخاصة في الباب، وللبعض وجهة نظر أخرى وهي تبتنى على إعراب الباء وهي الكسرة، فعليه قال: إنَّ معنى الباء في البسملة هو "بي" لأن أصل الكسرة ياء، فيكون المعنى للباء هو: بي كان ما

كان وبي يكون ما يكون، وقال بعضهم إنَّ الباء ناظرة إلى كيفية نزول الوجود ليس مثل كيفية نزول سائر الأشياء بل هو في النزول يشبه نزول النور من الشمس في وجه تخيُّلي وهو أنَّ المنزلة الأولى من النور الساطع هي تمام الأنوار اللاحقة عليها والمتأخرة عنها، فإذا صدر النور الأول يصح أنْ يُقال بالنور الأول صدر الوجود كله والأنوار كلها لانطواء ما دونه فيه، فإذا تكلم الحق في خلق السماوات والأرض والملكوت الأعلى والأدنى فإنه يتكلم باسمه الشريف كما أمر عباده بذلك، فبمجرد ظهوره بالكلام الوجودي المناسب له لا يعد الوجود المتأخر غير موجود بل يوجد كل المتأخرات بأول الظهور وبأول التجلّي وهو التجلي الذي في كلامه المسموع والمقروء والذي هو الباء، فالباء في الكلام النفسي والذهني والعقلي حسب اختلاف مراتب الوسطات المتوسطة كجبريل وغيره، وهو الباء المتجلي كجبرئيل وغيره وهو منطلق التجلّي.

ـ وقد بالغ البعض في الباب بقوله: إننا نشاهد الوجود تحت باء البسملة، ولعله أراد منه التجلي والمظهرية، والله العالم.

ـ فالقائلون بكون الباء للابتداء أضافوا على ذلك التبرك وجلب نظر الملائكة وأنكروا أية علاقة لها بالإلصاق أو الاستعانة والتعليل وجاؤوا برأي يختص بهم وهو أن حرف الباء جزء من البسملة كما هو الحال في حرف الألف بكونه جزءاً من اسم الجلالة "الله"، فالكلمة كلها أي البسملة جاءت للابتداء بالأفعال والأقوال وللتبرك بها وجلب نظر الملائكة إلى العمل المبدو بالبسملة وهو السبب في قراءتها في السور القرآنية كلها، ولا دليل عليه إلا الاستحسان النظري وهو توجيه غير وجيه، والله العالم.

ـ في تقديم كلمة "اسم" على كلمة "الله" أدبٌ تعظّمي علّمه الله تعالى لعباده كما هو الشأن في تقديم حرف الباء بالنسبة إلى كلمة "اسم" وذلك عيناً في تقديم كلمة "الله" على كلمتي "الرحمن الرحيم" تشريفاً لاسم الجلالة.

ـ الباء المكسورة في البسملة تُشعر القارىء أدب الخضوع وذلّ العبودية حين الابتداء والاستعانة، كما هو شأن الحركات على الحروف، فإن الخفض يقابل الرفع، وله معنى يقابل معنى الرفع، ففي الآية المباركة أي البسملة بكسر الباء معنى يناسب الموضوع وهو ذلّ العبودية في مقابل معنى الرفع وهو عزّ الربوبية، ولعل السرّ في البدء بحرف الباء ـ والله العالم ـ كونه حرفاً كاملاً في صفات نفسه بغض النظر عن اسم الباء الذي له العديد من المعاني، ومكمّلاً لغيره وذلك بأنه يعطي معنى الإلصاق والاستعانة وأنه يخفض الاسم التابع له ويجعله مكسوراً متّصفاً بصفات نفسه، وهو أول حرف نطق به البشر وفتح به فمه حينما سأل الله تعالى عنه في عالم الذر: "ألستُ بربكم؟ قالوا: بلى"، والله سبحانه وتعالى بدأ كلامه به واختاره على سائر الحروف حتى الألف الذي هو قبله في ترتيب الحروف، فإنه أسقط في البدء وأثبت مكانه حرف الباء لكون نقطته هي الأصل في تكوين الحروف وتصويرها وإن كانت للألف مكانة معنوية خاصة وإشراقة معينة ومختصة بها، ولهذه المعاني للباء مطالب مفصّلة ومباحث معمّقة لأهل الفن وأصحاب الذوق العرفاني، ويمكن أن يقال ملخصاً من العبارات الواردة في الباب: إن الباء في البسملة هي الواسطة في الإفاضة والإضافة والوسيلة إلى الرحمة الإلهية الواسعة، وهي الطريق الموصل إلى الذات المفضل، وسواء السبيل إلى الرب الجليل، والصراط الجليّ إلى المولى العلي، واللفظ العظيم من الرب الرحيم، والمرشد القويم إلى معرفة الدين السليم، والهادي إلى النعيم من المنعم الكريم، وربما فُهم ذلك ممّا قاله الإمام أمير المومنين ﷺ في مقولة معروفة منسوبة اليه: "أنا النقطة تحت الباء" فهو بوجوده المبارك نقطة وصل بين الخالق والمخلوق، ونقطة ربط بين النبي ﷺ والأمة، وهو الواسطة في الفيض الإلهي والوسيلة في الإفاضة الربانية، وهو الطريق الموصل والصراط المستقيم إلى الرب الكريم، ولولاه لما عرف الناس النبي العظيم، ولولا النبي ﷺ لما عرف الناس الخالق

الرحيم، وهو باب مدينة علم النبي ﷺ، وهو باب حكمة الرسول العربي ﷺ، وهو القرآن الناطق، وهو النقطة تحت الباء التي تميّز الباء عن سائر الحروف، فلو لم تكن تلك النقطة لما تعرف الباء، وبدون معرفة الباء لم يتم بدء الكلام. فالله سبحانه وتعالى شاء أنه يتشرف بذلك العز والشرف، وبوجوده يتبين ما في الباء من المعنى والحقيقة والشرف يليق بك يا علي! وتشرفنا بمعرفة كلام الله تعالى وبذاته تعالى بمعرفتك يا علي!

ـ البسملة تضمن المعرفة الفطرية التي هي الأساس للموجودات بأسرها، وبها يؤمن الإنسان بالغيب، ويقرّ بوجود الذات الواجب الوجود، الجامع لصفات الكمال والجمال والجلال، وبما أن الرحمة أساس كل خير، فقد ذكرها الله تعالى مقرونة باسمه في بدء كلامه فقال ﴿بِسْمِ ٱللَّهِ ٱلرَّحْمَٰنِ ٱلرَّحِيمِ﴾ ولعله أراد منه أن يكون العبد المستعين به على استعداد لقبول الرحمة الإلهية بخاصّها وعامّها وفي الدنيا والآخرة، وعلى الاستمرار والدوام وفي جميع الأعمال والأحوال، إيماناً بالله وإيقاناً بعطائه وفضله وتصديقاً لما بعث من الأنبياء والرسل وأنزل من الكتب والصحف وأسبغ نعمه ظاهرة وباطنة، وهدى إلى طريق السعادة والكمال، ومَنَّ بآلاءٍ لا تُحصى ولا تُعدّ.

ـ الأسماء الثلاثة في البسملة تدل بمعانيها النورانية ومفاهيمها الروحانية على الألطاف الإلهية العظيمة والعنايات الربّانية الواسعة، فالله عَلَمٌ للذات الواجب الوجود المستجمع لجميع صفات الكمال، وقد ورد في القرآن الكريم في ألفين وستمائة وسبعة وتسعين موضعاً، وبعد الدقة في تلك الموارد يتضح لنا ان في ذكر لفظ الجلالة ما له من الارتباط العميق بمصدر الفيض على العباد في أمور معاشهم ومعادهم، وتعبّدهم وتوصّلهم.

ـ وأما "الرحمان" و"الرحيم" فهما كلمتان مشتقّتان من الرحمة، فقد وردتا في مواضع عديدة من آيات الكتاب العزيز، وكلمة "الرحمن" وإن كانت

مكانتها في الأسماء الحسنى تساوي لفظ الجلالة كما وردت في بعض الآيات الكريمة مثل

قوله: ﴿قُلِ ٱدْعُواْ ٱللَّهَ أَوِ ٱدْعُواْ ٱلرَّحْمَٰنَ أَيًّا مَّا تَدْعُواْ فَلَهُ ٱلْأَسْمَآءُ ٱلْحُسْنَىٰ﴾ (الإسراء: ١١٠)،

وقوله: ﴿ٱلرَّحْمَٰنُ عَلَى ٱلْعَرْشِ ٱسْتَوَىٰ﴾ (طه: ٥)،

وقوله: ﴿ٱلرَّحْمَٰنُ * عَلَّمَ ٱلْقُرْءَانَ﴾ (الرحمن: ١ ـ ٢)،

وقوله: ﴿وَعِبَادُ ٱلرَّحْمَٰنِ ٱلَّذِينَ يَمْشُونَ عَلَى ٱلْأَرْضِ هَوْنًا﴾ (الفرقان: ٦٣)،

إلا أن الفارق بينهما أنَّ لفظ الجلالة "الله" اسم عَلَم للذات الواجب، ولفظ "الرحمن" يحمل معنى الوصفيّة إذا انضمّ إلى لفظ الجلالة، وبدون الانضمام إليه يقوم مقام لفظ الجلالة ويُعتبر عَلَماً، وأما "الرحيم" فهو يختص بالمعنى الوصفي لله تعالى، ويمكن توصيف غيره به، كما ورد في وصف النبي ﷺ ﴿بِٱلْمُؤْمِنِينَ رَءُوفٌ رَّحِيمٌ﴾ (التوبة: ١٢٨)، وفي وصف المؤمنين ﴿رُحَمَآءُ بَيْنَهُمْ﴾ (الفتح: ٢٩)، ويجوز تسمية غير الله باسم "الرحيم" دون "الرحمن". وللمتأمل في ترتيب الأسماء الثلاثة المذكورة في البسملة "الله"، "الرحمن"، "الرحيم" تظهر الاشراقات اللطيفة الأخرى، فنترك الغوص في بحرها احترازاً من إطالة الكلام، ونستعين في أمورنا كلها ببسم الله الرحمن الرحيم.

وأما الإشراقة اللطيفة النورانية في معنى "الرحمة" التي اشتقت منها كلمتا "الرحمن الرحيم" فهي أن الرحمة لها معنًى في اللغة وهو الرّقة والعطف والرأفة والرضى، وفي مصطلح الوحي لها معنًى يمكن فهمه من خلال نظائرها التي وردت في القرآن الكريم في المعاني المختلفة والمفاهيم المتفاوتة مثل العافية والإسلام والفتح والنصر والنبوة والمودّة والرزق وغيرها، ومن معاني الكلمة نفسها بما نقرأ في الآيات الكريمة هي:

ـ ﴿أُوْلَٰٓئِكَ عَلَيۡهِمۡ صَلَوَٰتٞ مِّن رَّبِّهِمۡ وَرَحۡمَةٞۖ وَأُوْلَٰٓئِكَ هُمُ ٱلۡمُهۡتَدُونَ﴾ (البقرة: ١٥٧).

هذه الآية نزلت في المؤمنين الصابرين الذين إذا أصابتهم مصيبة قالوا إنا لله وإنّا إليه راجعون، وذكر الصلوات والرحمة في مقام واحد يدلّ على اختلاف المعنى فيهما ولو في الجملة، لكون معنى الصلاة "الرحمة" وفي إتيانها في الآية بصيغة الجمع (صلوات) إشارة إلى تعدد معناها واختلافها من الرحمة ولو بوجه لكونها من مصاديقها البارزة، وأما المعنى القرآني للرحمة فهو العطاء الإلهي المطلق والفضل الربّاني العام، فكل ما له الوجود في عالم الكون فهو مصداق وجودي للرحمة، فيكون معنى الرحمة في الصلاة هو الأخص من الرحمة التي ذُكرت أو تُذكر قبالها.

ـ ﴿إِنَّ ٱلَّذِينَ ءَامَنُواْ وَٱلَّذِينَ هَاجَرُواْ وَجَٰهَدُواْ فِي سَبِيلِ ٱللَّهِ أُوْلَٰٓئِكَ يَرۡجُونَ رَحۡمَتَ ٱللَّهِۚ وَٱللَّهُ غَفُورٞ رَّحِيمٞ﴾ (البقرة: ٢١٨).

إن معنى الرحمة في الآية ليس هو إعطاء الوجود بل الممكن أن يكون رضى الله تعالى هو المرجوّ لهم في الإيمان والهجرة والجهاد.

ـ ﴿رَبَّنَا لَا تُزِغۡ قُلُوبَنَا بَعۡدَ إِذۡ هَدَيۡتَنَا وَهَبۡ لَنَا مِن لَّدُنكَ رَحۡمَةًۚ إِنَّكَ أَنتَ ٱلۡوَهَّابُ﴾ (آل عمران: ٨).

يمكن أن يكون المعنى لكلمة "رحمة" في الآية هو بقاء الهداية ودوامها بقرينة ما قبلها وهو إعطاء الهداية منه تعالى والاستعاذة من الزيغ في القلوب.

ـ ﴿وَأَمَّا ٱلَّذِينَ ٱبۡيَضَّتۡ وُجُوهُهُمۡ فَفِي رَحۡمَةِ ٱللَّهِۖ هُمۡ فِيهَا خَٰلِدُونَ﴾ (آل عمران: ١٠٧).

يُستفاد من ظاهر الكلمات أن المراد من الرحمة في الآية هو الجزاء الأحسن أي الرضوان الذي أعدّه الله تعالى للمؤمنين الصالحين يوم القيامة أو الجنة ونعيمها، أو معيّة الذين أنعم الله عليهم من النبيين والصديقين والشهداء والصالحين وحَسُنَ أولئك رفيقاً.

- ﴿وَلَئِن قُتِلْتُمْ فِي سَبِيلِ ٱللَّهِ أَوْ مُتُّمْ لَمَغْفِرَةٌ مِّنَ ٱللَّهِ وَرَحْمَةٌ خَيْرٌ مِّمَّا يَجْمَعُونَ﴾ (آل عمران: ١٥٧).

المراد من الرحمة هنا هو الأجر الخاص المعيّن للشهداء وعلوّ درجتهم عنده تعالى شأنه.

- ﴿فَبِمَا رَحْمَةٍ مِّنَ ٱللَّهِ لِنتَ لَهُمْ وَلَوْ كُنتَ فَظًّا غَلِيظَ ٱلْقَلْبِ لَٱنفَضُّوا۟ مِنْ حَوْلِكَ فَٱعْفُ عَنْهُمْ وَٱسْتَغْفِرْ لَهُمْ وَشَاوِرْهُمْ فِي ٱلْأَمْرِ فَإِذَا عَزَمْتَ فَتَوَكَّلْ عَلَى ٱللَّهِ إِنَّ ٱللَّهَ يُحِبُّ ٱلْمُتَوَكِّلِينَ﴾ (آل عمران: ١٥٨).

سياق الآية يدل على أنَّ المراد من "الرحمة" هو التوجه الإلهي إلى خلقه بالفضل والإحسان بواسطة رسوله الذي أرسله رحمةً للعالمين.

هذا وما في سائر الآيات الكريمة من معنى كلمة "الرحمة" يدل على كونها من المفهوم الخاص الإلهي كما في قوله تعالى: ﴿كَتَبَ عَلَىٰ نَفْسِهِ ٱلرَّحْمَةَ لَيَجْمَعَنَّكُمْ إِلَىٰ يَوْمِ ٱلْقِيَٰمَةِ لَا رَيْبَ فِيهِ﴾ (الأنعام: ١٢).

وقوله تعالى:

- ﴿وَرَبُّكَ ٱلْغَنِيُّ ذُو ٱلرَّحْمَةِ﴾ (الأنعام: ١٣٣).

وقوله تعالى:

- ﴿فَقَدْ جَآءَكُم بَيِّنَةٌ مِّن رَّبِّكُمْ وَهُدًى وَرَحْمَةٌ﴾ (الأنعام: ١٥٧).

وقوله تعالى:

- ﴿وَلَقَدْ جِئْنَٰهُم بِكِتَٰبٍ فَصَّلْنَٰهُ عَلَىٰ عِلْمٍ هُدًى وَرَحْمَةً لِّقَوْمٍ يُؤْمِنُونَ﴾ (الأعراف: ٥٢).

وقوله تعالى:

- ﴿وَلَئِنْ أَذَقْنَا ٱلْإِنسَٰنَ مِنَّا رَحْمَةً ثُمَّ نَزَعْنَٰهَا مِنْهُ إِنَّهُۥ لَيَـُٔوسٌ كَفُورٌ﴾ (هود: ٩).

وقوله تعالى:

ـ ﴿رَحْمَتُ ٱللَّهِ وَبَرَكَٰتُهُۥ عَلَيْكُمْ أَهْلَ ٱلْبَيْتِ ۚ إِنَّهُۥ حَمِيدٌ مَّجِيدٌ﴾ (هود: ٧٣).

وقوله تعالى:

ـ ﴿وَمَن يَقْنَطُ مِن رَّحْمَةِ رَبِّهِۦٓ إِلَّا ٱلضَّآلُّونَ﴾ (الحجر: ٥٦).

وقوله تعالى:

ـ ﴿وَنُنَزِّلُ مِنَ ٱلْقُرْءَانِ مَا هُوَ شِفَآءٌ وَرَحْمَةٌ لِّلْمُؤْمِنِينَ﴾ (الإسراء: ٨٢).

وقوله تعالى:

ـ ﴿ذِكْرُ رَحْمَتِ رَبِّكَ عَبْدَهُۥ زَكَرِيَّآ﴾ (مريم: ٢).

وقوله تعالى:

ـ ﴿وَءَاتَيْنَٰهُ أَهْلَهُۥ وَمِثْلَهُم مَّعَهُمْ رَحْمَةً مِّنْ عِندِنَا وَذِكْرَىٰ لِلْعَٰبِدِينَ﴾ (الأنبياء: ٨٤).

وقوله تعالى:

ـ ﴿وَمِنْ ءَايَٰتِهِۦٓ أَنْ خَلَقَ لَكُم مِّنْ أَنفُسِكُمْ أَزْوَٰجًا لِّتَسْكُنُوٓا۟ إِلَيْهَا وَجَعَلَ بَيْنَكُم مَّوَدَّةً وَرَحْمَةً﴾ (الروم: ٢١).

وقوله تعالى:

ـ ﴿فَٱنظُرْ إِلَىٰٓ ءَاثَٰرِ رَحْمَتِ ٱللَّهِ كَيْفَ يُحْىِ ٱلْأَرْضَ بَعْدَ مَوْتِهَآ﴾ (الروم: ٥٠).

وقوله تعالى:

ـ ﴿وَرَحْمَتِى وَسِعَتْ كُلَّ شَىْءٍ﴾ (الأعراف: ١٥٦).

والبحث الجامع العام عن الرحمة في الرحمن والرحمة في الرحيم من حيث المعنى والمفهوم، والمورد والمصداق، وسعة دائرتها نوكله إلى موضع آخر يختص به إن شاء الله.

ـ إن لكلمة "الرحمة" معاني ومصطلحات خاصة لأهل العرفان، لا ندخل

في وادي مصطلحاتهم والبحث عنها من الصحة والسُّقم بل نكتفي بذكر العناوين العامة مثل ما ذكروا :

ـ إن الرحمة هي منح الوجود للموجودات، أو منح كل موجود وجوده الخاص به في الصورة التي تقتضيها طبيعة ذاتها.

ـ الرحمة هي الوجود.

ـ الرحمة في الأشياء عين إيجادها إياها.

ـ للرحمة تجلٍّ في صورة العذاب، ولها تجلٍّ في صورة النعيم.

ـ الرحمة في الإنسان تقسّم إلى رحمتين: الرحمة الطبيعية والرحمة الموضوعة، وللرحمة مصطلحات عديدة منها: الرحمة السابقة، والرحمة الامتنانية، والرحمة الواسعة، والرحمة الشاملة، والرحمة المطلقة، والرحمة العامة، والرحمة الخاصة، والرحمة الواجبة، والرحمة المكتوبة، والرحمة المقيّدة، والرحمة الرحيمية، إلى غير ذلك من التعابير التي اختارها الباحثون لدى بحثهم عن كلمة الرحمة وكنهها، ولكل منها لهم فيها وجهته، ولنا فيها نظر.

ـ يمكن القول في الرحمة إنها وسيلة إلهية للإفاضة وجوداً وبقاءً، وهي من أمر الله تعالى كما هو شأن الروح ﴿وَيَسۡـَٔلُونَكَ عَنِ ٱلرُّوحِۖ قُلِ ٱلرُّوحُ مِنۡ أَمۡرِ رَبِّي﴾ (الإسراء: ٨٥) لا يعلم حقيقتها إلا الله، وآثارها تشهد بوجودها، والله هو الرحمن ذو الرحمة الواسعة، والرحيم ذو الرحمة الدائمة في الدنيا والآخرة وللخلق كله، وليس في الخلق مَن له غنّى عنها، والله هو الغني ذو الرحمة، وسعت رحمته كل شيء، وبرحمته الواسعة بقى ما بقي، ومَن بقيَ، وأين بقي، ومتى بقي، وإلى متى بقي، وكيف بقي، ومهما بقي، ولماذا بقي، وفي ما بقي، ومع ما بقي، ومع مَن بقي.

ـ وجوهر الكلام وصلبه وبالأخص في مادة الاسم المرتبط بالذات الأحدية عظمة حاولنا الإشارة بها لنَسْتَدلَّ على أنَّ كل ما يرتبط بالذات الأحدية فهو عظيم أو يعد عظيماً كالكعبة والمسجد والعبد والرسول وما إلى ذلك، فكيف بالاسم المُشار إليه والدال عليه، وإنْ لم يكن فيها بيان الكُنه، بل هو مجرد تحديد المقصود بالكلام أو بالإشارة أو بالتحرير أو بغيرها من وسائل الدلالة، وبهذا أختم، ومنه جلّ وعلا أسأل التوفيق وحسن العاقبة وأُقسم عليه باسمه أن يرحمني في الدنيا والآخرة وأن يرزقني توفيق العمل بما فيه رضاه وهو ولي التوفيق.

من فقه البسملة

من فقه البسملة

القرآن الكريم هو كلام الله العظيم المبدو به بـ ﴿بِسْمِ ٱللَّهِ ٱلرَّحْمَٰنِ ٱلرَّحِيمِ﴾ والذي يقرأ كتاب الله تعالى فهو يبدأ بهذه الآية المقدسة المباركة، فيجب عليه أن يكون على علمٍ ومعرفة من الأحكام التي تتعلق بها من جهة، فمنها واجب كالطهارة في المس لكتابتها، ومستحبٌ كقراءتها قبل كل عمل، وحرام ككتابتها على الورق النجس، ومكروه كقراءتها للجنب، ومباح كسماعها من القرآن وغيره، ولكل من هذه الأحكام فروع كثيرة حسب الموارد والمواضيع وبلحاظ الأشخاص والأماكن فنذكر بعضها تتميماً للبحث حول البسملة كآية من آيات القرآن الحكيم، فكل حكم لسائر الآيات فهو يشملها ومع ذلك فإن لها أحكاماً خاصة ومختصة بها نتيمّن بإتيانها في نهاية الكتاب لتكون لنا ذخراً وشرفاً وعزاً وكرامة بالعلم والعمل في الدنيا والآخرة وللراغبين في التقرب إلى الله تعالى بسببها إن شاء الله.

استحباب قراءتها

١ ـ يستحب قراءة البسملة عند كل أمر ذي بال، وهو المستفاد من المروي عن النبي الأعظم ﷺ أنه قال: كل أمرٍ ذي بال لا يبدأ فيه بـ ﴿بِسْمِ ٱللَّهِ ٱلرَّحْمَٰنِ ٱلرَّحِيمِ﴾ فهو أبتر ـ أو أقطع ـ.

مس كتابتها

٢ ـ يجب على مَنْ يريد مسّ كتابة البسملة أن يكون على الطهارة المائية أو الترابية، أي من الوضوء أو الغُسل أو التيمم، وبالتالى . .

٣ ـ يحرم مسّ كتابتها إذا لم يكن على الطهارة.

استقلاليتها وجزئيتها

٤ ـ البسملة آية مستقلة وجزء من السور القرآنية بأجمعها، فيجب الاعتقاد بذلك.

حكم كاتبها

٥ ـ يستحب لكاتبها أن يكون على طهارةٍ.

حكم سامعها

٦ ـ لا وجوب ولا استحباب لسامعها أن يكون على طهارة.

حكم التسجيل

٧ ـ ولو قرأ بقصد التسجيل فلا يجب أن يكون على طهارة والأفضل كونه طاهراً غير محدث .

قراءتها من القرآن وغيره

٨ ـ لا فرق في الحكم بين قراءتها من القرآن وغيره من الكتب أو الأوراق أو الألواح أو غيرها لوحدة الملاك فيها.

مسها من القرآن وغيره

٩ ـ في مسها مكتوبة حكم واحد من دون فرق بين أن تكون في القرآن وغيره من كتب الأدعية وغيرها.

مسها للحائض

١٠ ـ لا يجوز مسّ كتابتها للحائض لأنها آية، والحائض هي المرأة التي يخرج الدم من رحمها في كل شهر عدة أيام أقلّها ثلاثة وأكثرها عشرة وأحكامها مذكورة في الكتب الفقهية فمن أرادها فليراجعها، وأما أجزاء جسمها التي لا تحلّها الحياة كالشعر فلا بأس في مسّه بها، والأحوط الاجتناب منه إذا لم تكن بحاجة إلى ذلك لأجل حُرمة الآية، ولا فرق في الحكم بين أصنافها من المبتدئة وذات العادة الوقتية والعددية وغير ذات العادة والناسية والمضطربة.

مسها للمستحاضة

١١ ـ لا يجوز مسّ كلماتها للمستحاضة على الأحوط.

مسها للنفساء

١٢ ـ يحرم مسّ كتابتها للنفساء، وهي التي ترى الدم حين الولادة، أي منذ خروج أول جزء من الوليد من بطنها، وهو لا يزيد على عشرة أيام البتة.

قراءتها للجنب

١٣ ـ يكره للجنب قراءتها من دون مسِّها مكتوبة.

تعليمها للجنب

١٤ ـ لا إشكال في تعليم البسملة للجنب وذلك من دون المس لكتابتها.

مسها للجنب

١٥ ـ لا يجوز مسّ الآية للجنب رجلاً كان أو امرأة، ولا يختلف الحكم باختلاف أسباب الجنابة من جماع وغيره، والملاك هو خروج المني من الموضع المعتاد، أو غيبوبة الحشفة في القبل أو الدبر.

قراءتها للاستحاضة

١٦ ـ لا بأس للمستحاضة أن تقرأها من القرآن وغيره من دون مسّ لكتابتها.

الأحوط الاستحبابي

١٧ ـ الأحوط استحباباً ترك قراءتها للحائض.

كتابتها للحائض

١٨ ـ يجوز للمرأة الحائض أن تكتبها من دون مسّ لحروفها.

حكم حملها

١٩ ـ لا إشكال في حملها إذا كانت مكتوبة في لوحة أو ورق أو غيره من الأشياء للجنب والحائض والمستحاضة بجميع أقسامها والنفساء.

المس لما بين السطور

٢٠ ـ يجوز للحائض أن تقرأها أو تصطحبها وتحملها وتمس ما بين سطورها وتمس كلماتها مغلّفة يدها، ولكن على كراهية.

حذف كتابتها

٢١ ـ لا يجوز حذفها عند كتابة سورة الفاتحة المباركة وغيرها من السور الشريفة.

وجوب قراءتها

٢٢ ـ يجب قراءتها حين قراءة سورة الفاتحة المباركة وغيرها من السور القرآنية لأنها جزء من كل سورة.

ترك قراءتها

٢٣ ـ لا يجوز ترك قراءتها بعد قراءة الفاتحة وقبل البدء بغيرها من السور في الصلاة لكونها جزءاً من كل السور.

ترك تلاوتها عمدا

٢٤ ـ كثيراً ما يُشاهد أن بعض القراء يتعمَّدون في ترك تلاوتها عند بدء السورة ـ في غير الفاتحة ـ حتى في غير الصلاة، فهذا غير جائز البتة.

الاعتقاد بجزئيتها

٢٥ ـ يجب الاعتقاد بجزئيتها لأُم الكتاب المباركة وغيرها من السور الشريفة وهو مذهب النبي العظيم ﷺ وأئمة أهل البيت عليهم أفضل الصلاة والسلام.

تلاوتها في سورة التوبة

٢٦ ـ لا يجوز تلاوتها في بداية سورة التوبة المباركة لعدم ورودها قطعاً.

الجهر في قراءتها

٢٧ ـ يجب قراءتها جهرا في الركعتين في كلٍّ من صلاة الصبح والمغرب والعشاء، وإخفاتاً في الركعة الثانية من صلاة المغرب، والركعتين الأخيرتين من صلاة العشاء إذا اختار الفاتحة فيها مكان التسبيحات الأربعة، وكذلك في الركعتين في كلٍّ من صلاة الظهر والعصر والركعتين الأخيرتين منهما بعد اختيار قراءة سورة الفاتحة فيهما.

إلقاء الورق فيه البسملة

٢٨ ـ لا يجوز إلقاء الورق أو القماش أو اللوحة أو شيء آخر على الأرض إذا كانت البسملة مكتوبة عليها.

وجوب الرفع فورا

٢٩ ـ يجب رفع الكتاب أو الورقة التي كُتبت فيها البسملة من الأرض بالفور رعاية لحرمتها.

التساهل فيها

٣٠ ـ لو وقع الورق الذي فيه البسملة على مكان نجس فيجب رفعه فوراً وبلا تأخير، ويحرم التساهل والتسامح في ذلك.

حكم إحراقها

٣١ ـ يحرم إحراق الورق وما كانت البسملة مكتوبة عليه، سواء كانت مع سورة أو آية أخرى أم لا.

كتابتها بالقلم الرصاص

٣٢ ـ يجوز كتابتها بقلم رصاص قابل للمحو بالسهولة على الورق وغيره، ولا فرق فيه من حكم وجوب الطهارة لمن أراد مسّها بيده أو عينه أو جبهته.

مسها بالرجل

٣٣ ـ لا يجوز مسّ كتابتها وكلماتها بالرِّجْل لكونه يُعد من الإهانة لها وهتك لحرمتها.

عدم وجوب الطهارة

٣٤ ـ لا يجب أن يكون على طهارة مَنْ أراد كتابتها في كتاب وغيره.

كتابتها على الصفحات الإلكترونية

٣٥ ـ لو كانت مكتوبة عبر الوسائل الإلكترونية على صفحة الحاسوب أو

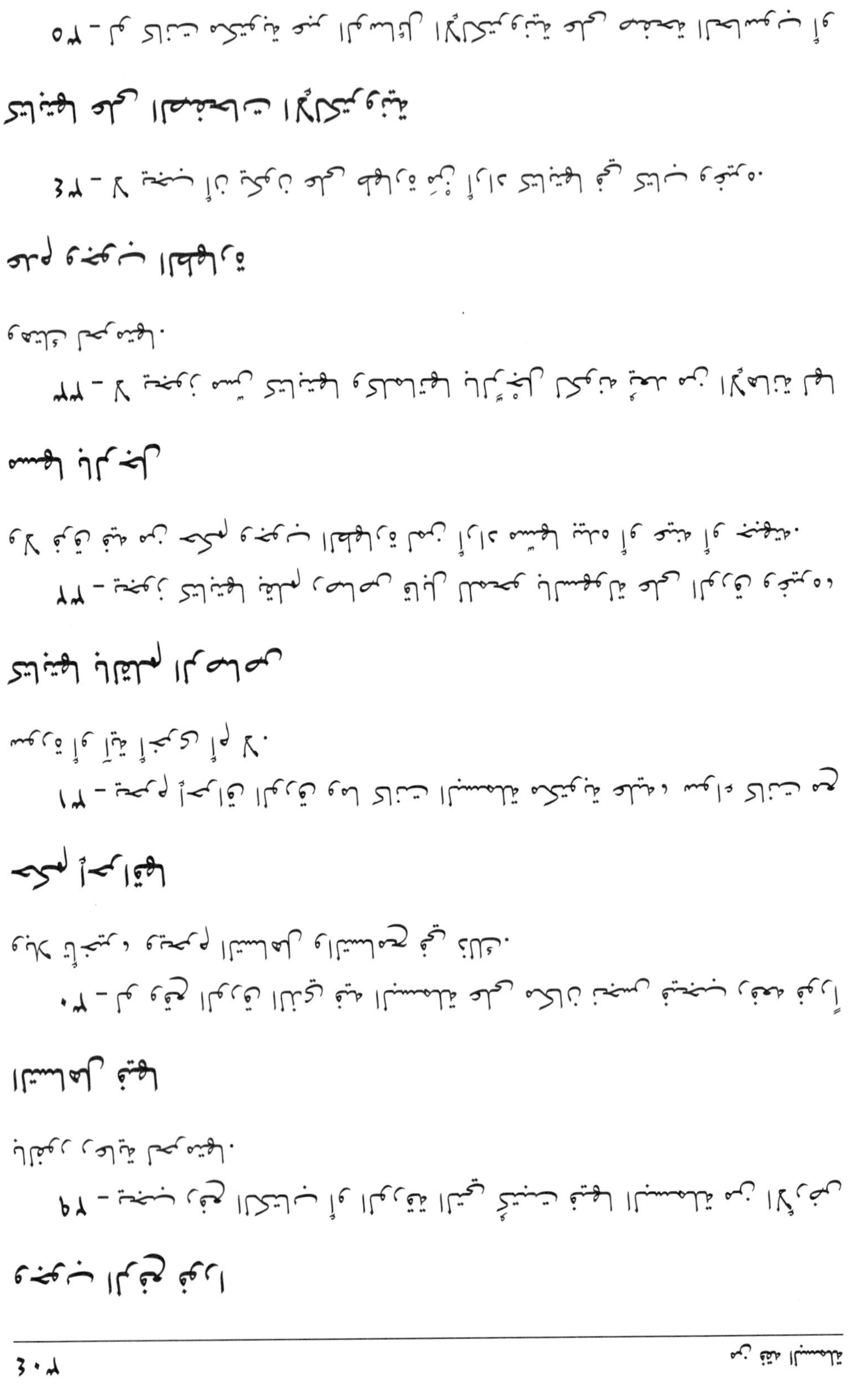

الهاتف أو غيرهما من الأشياء وتعد في العرف ـ كتابة ـ، فلا يجوز إهانتها بنحوٍ من الأنحاء.

مس من لا يعتقد بجزئيتها

٣٦ ـ مَنْ أراد أن يمسّها، يجب أن يكون على طهارة، سواء كان معتقداً بجزئيتها للسور المباركة أم لا.

الناسي لقراءتها

٣٧ ـ مَنْ نسي قراءتها في البدء من عمله أيّاً كان من الأعمال المحللة فيستحب أن يقرأها حين التذكر وذلك من دون نيّة القضاء.

تعلم قراءتها

٣٨ ـ يجب تعلم قراءتها على نحوٍ تطابق مخارج الحروف، لوجوب قراءة القرآن صحيحاً وذلك قبل القراءة.

تطابقها بالرسم

٣٩ ـ الأفضل في قراءة البسملة وكتابتها أن تكون مطابقة بالرسم المتداول الموجود في المصاحف التي هي بأيدينا نحن المسلمين كافة.

التغيير في الإعراب

٤٠ ـ لا يجوز التغيير في إعرابها المتعارف في المصاحف الموجودة من دون فرق المسالك والمذاهب، وإن لم تكن معهودة في زمن الوحي وتم تعينها في العصور المتأخرة، ولكن الأمر المتيقَّن فيه أن أئمة أهل البيت عليهم السلام لم يغيروا فيها حسب ما يُستفاد من الروايات الواردة عنهم، مضافاً إلى ضرورة حفظ وحدة الأمة الإسلامية، وللقرآن دور كبير في تحقيق هذا الهدف العظيم المقدس.

عدم تطابقها بالمخارج

٤١ ـ مَنْ قرأها على نحوٍ لا تتطابق المخارج مع الحروف، فيجب عليه الإعادة إذا كان في الصلاة ولم يبدأ بالركن، أي الركوع.

بطلان الصلاة ووجوب الإعادة

٤٢ ـ لو قرأها بنحوٍ غير صحيح من حيث المخارج أو الترتيب، فهو آثِمٌ البتة إذا تعمد ذلك، فتبطل صلاته ويجب عليه إعادتها.

الفرق بين سورة وسورة

٤٣ ـ البسملة بما أنها آية مستقلة جاءت كجزء من سورة الفاتحة والسور الأخرى فيجب في قراءتها وكتابتها ومسّ كلماتها رعاية لكل ما يجب رعايته في سائر الآيات الشريفة من دون فرق بين سورة وأخرى في الصلاة وغيرها.

الاستعاذة قبلها

٤٤ ـ تستحب الاستعاذة قبلها مؤكداً في الصلاة وغيرها لصريح ما ورد في القرآن الكريم بالأمر بها حين ما يقول سبحانه وتعالى مخطاباً للنبي العظيم عليه أفضل الصلاة والسلام: ﴿فَإِذَا قَرَأْتَ ٱلْقُرْءَانَ فَٱسْتَعِذْ بِٱللَّهِ﴾ (النحل: ٩٨) فأقلّ مراتب الأمر هو الاستحباب.

حروفها كمجموعها

٤٥ ـ لكل حرف من حروفها نفس الحكم الذي لمجموعها من وجوب الطهارة لمن أراد مسّ كلماتها المكتوبة وغيره من الأحكام.

استعمال آلات الغناء

٤٦ ـ لا يجوز قراءتها باستعمال الآلات التي تُستعمل للغناء المحرم.

قراءتها غنائياً

٤٧ ـ لا يجوز قراءتها على طريقة غنائية محرمة.

الالتفات إلى معانيها

٤٨ ـ الالتفات إلى معاني كلماتها بالتفصيل والدقة غير واجب حين القراءة وذلك من دون فرق بين الصلاة وغيرها.

التغيير في المعنى

٤٩ ـ إذا كان التغيير في الإعراب يسبب التغيير في المعنى فيحرم وذلك من دون توجيه لغوي وجيه هذا في الكلمتين أي بسم الله، وأما في الكلمتين التاليتين أي الرحمن الرحيم، فالتغيير في كسرِ النون في الأولى والميم في الثانية بالضمة والفتحة بناءً على تصويرهما بالتقدير كما فعل بذلك بعض أعاظم الفن فهو وإن كان جائزاً بالأصالة لعدم وقوع التغيُّر في المعنى به ولكنه مخالف لما استقرت به سيرة المسلمين كافة وعامة ولا يقال بأن الإعراب قد تأخر تعينه عن زمن النبي العظيم بكثير فإنه المتداول على ألسنة أهل الشرع وهو القراءة بالكسرة في كلتيهما تبعاً لحرف الجر ـ الباء ـ وعطفاً على لفظ الجلالة ـ الله ـ اللهم إلا أن يؤتى بدليل قطعي يدل على خلافه ولو تخييراً وما دام لم يحصل فيقتصر على ما هو المعروف المتداول.

تغيير الإعراب في الباء

٥٠ ـ الباء حرف جر ويقرأ بالكسرة وقيل بالفتحة وهي قراءة ضعيفة لا عبرة بها فلا يجوز قراءة حرف الباء مفتوحا.

إطلاق لفظ الجلالة على غيره

٥١ ـ لا يجوز إطلاق لفظ ـ الله ـ على غير الذات الإلهية الواحدة الجامعة لجميع الصفات الكمالية والجمالية والجلالية.

تسمية الخلق بلفظ الجلالة

٥٢ ـ لا يجوز تسمية أحد من الخلق بلفظ الجلالة ـ الله ـ على الإطلاق لكونه علما للذات الإلهية المقدسة.

إطلاق الرحمن على الخلق

٥٣ ـ لفظ الرحمن لكونه وصفاً يختص بالذات الأحدية وهو لقبٌ خاص به تعالى شأنه يقوم مقام العلمية، فلا يجوز إطلاقه على غيره ولو مجازاً.

إطلاق الرحيم على المخلوق

٥٤ ـ لفظ الرحيم وإن كان إسماً من أسماء الله سبحانه وتعالى وصفةً خاصة له جل وعلا لمكان الرحمة في الوجود وبقائه، ولكن يجوز إطلاقه على غيره وذلك بملاحظة آثاره الوضعية وهي ترادف الرأفة ورقّة القلب بالقياس إلى المخلوق، فإن الله تعالى منزَّه عنها لحاجتها إلى الجسم المادي، تعالى الله عن ذلك علواً كبيراً.

من لا يتمكن من القراءة

٥٥ ـ من لا يتمكن من قراءتها على نحو يطابق ما تواتر نقله منه في الآية، فإن كان بسبب المانع في الأداء من مرضٍ أو غيره كما في الأخرس فهو معذور لا يتوجه إليه الإشكال أصلاً، وأما إذا كان عن غفلةٍ وعدم الاهتمام بها فهو آثِمٌ ويجب عليه أن يتعلم، كما مرّ بيانه.

قراءة ترجمتها

٥٦ ـ الذي لا يتمكن من قراءتها على وجه صحيح في الصلاة، فهل يجوز له قراءة ترجمتها باللغة التي يتكلم بها أو بأخرى يعرفها، ففيه بحث طويل وواسع لأهل الخبرة والاختصاص، ولكن الذي يستفاد من الأدلة في الباب هو

عدم جوازه لموضوعية اللغة العربية التي نزل بها القرآن الكريم وذلك كما قال ﴿بِلِسَانٍ عَرَبِيٍّ مُّبِينٍ﴾ (الشعراء: ١٩٥) وهو حكمٌ عام لا يشمل الموارد المستثناة.

القصد لمعانيها

٥٧ ـ يجب على مَنْ لا يقدر على أداء الكلمات تامة كالأخرس أن يقصد معانيها عند إرادة الأداء لتكون حركة لسانه بمنزلة التلفظ وهو أقرب إلى القراءة، ولابد أن تتناغم الحركات مع حروف القراءة جزءاً فجزءاً بحيث يكون صوته بمنزلة الكلام غير متمايز في الحروف ويُعد ذلك قراءة، فتجزي.

العاجز عن أداء الكلمات ظاهرا

٥٨ ـ الذي لا يقدر على أداء الحروف بما هي هي حسب الظاهر ولكنه في الواقع وإرادته يقرأها صحيحاً، فإن ذلك يكفي ويجزي، استناداً إلى فعل بلال مؤذن رسول الله ﷺ حيث كان يتلفظ الشين في "أشهد" سيناً، وعند ما اعترض عليه بعض الصحابة ـ كما كان دأبهم السيّئ ـ قال الرسول الأعظم ﷺ: "إنَّ سين بلال عند الله شين"، فهو دال بوضوح وصراحة على أن مراد القارىء هو الملاك إذا أدى صحيحاً من عند نفسه، وفي رواية عن النبي الأعظم ﷺ قال: "إنَّ الرجل الأعجمي ليقرأ القرآن على أعجميته فترفعه الملائكة على عربيته".

قراءتها قبل الدعاء

٥٩ ـ يجوز قراءة البسملة قبل الدعاء وفي القنوت، من دون فرق بين كون الدعاء من القرآن أو غيره.

٦٠ ـ يستحب قراءتها قبل كل دعاء مأثور وغيره.

قراءتها في القنوت

٦١ ـ يجزي في قنوت الصلاة قراءتها من دون إضافة دعاء آخر.

كتابتها للبركة

٦٢ ـ يجوز كتابتها على الرقعة وحملها بقصد الاستشفاء والبركة.

أكل الرقعة التي فيها البسملة

٦٣ ـ يجوز أكل الرقعة التي فيها البسملة كما فعل بذلك النبي لقمان عليه السلام.

قراءتها على الماء

٦٤ ـ يجوز قراءتها على الماء أو الغذاء أو الفواكه وأكلها بنية الشفاء، فإن فيها شفاء من كل داء إلا السّام وهو الموت على حد التعبير الوارد في روايات المعصومين عليهم السلام، والتي تحثّ على قراءتها على المرضى.

الاستشفاء بها عموما

٦٥ ـ لا إشكال في الاستشفاء بها بكل نحوٍ، شرط أن لا يدخل فيه شيء من المحرمات.

كتابتها على الملابس

٦٦ ـ يجوز كتابتها على الملابس شرط أن يكون اللابس على الطهارة إذا كان يمسّ بها أحد أجزاء بدنه، وإلا فيحرُم.

كتابتها على الأواني

٦٧ ـ قد يشاهد كتابتها على أدوات الطعام والشراب وذلك للتبرك بها، فلا بأس بذلك إذا لم يُعد من الإهانة، ولا يمسّ بالنجس أو النجاسة والقذارة.

التفنن بها في الصور

٦٨ ـ قد يتفنن البعض بكتابتها على صور مختلفة من الحيوانات والإنسان

والجبال والبحار والنجوم وحتى من المأكولات والخضراوات والفواكه وغيرها فالأصل فيها الجواز إذا لم تكن فيها إهانة للآية الشريفة.

كتابتها بالدم

٦٩ ـ لا يجوز كتابتها بدم نجس كدم الإنسان ويجب إمحاؤها فوراً لئلا تكون سُنَّة ومثالا للآخرين في الجوامع، لأن فيه وَهْنٌ صريح للآية، والأحوط ترك كتابتها بدم طاهر.

قراءتها على الكافر

٧٠ ـ لا بأس بقراءتها على الكافر والمشرك للاستشفاء، ومثله لو قرئت على الماء وشربه المريض غير المسلم، وكذلك في الرقية إذا لا يمسها.

شرب الكافر

٧١ ـ يجوز للكافر شرب الماء من الكأس الذي شرب منه المسلم وفيه البسملة مكتوبة، شرط عدم لمس كتابتها.

كتابتها بالمعادن

٧٢ ـ يجوز كتابتها بالمعادن كالذهب والفضة والمواد الكيمياوية إن لم يكن فيها وهنٌ للآية المباكة.

حملها وتعليقها

٧٣ ـ بعض النساء تحملن المجوهرات أو تعلقها على رقبتها وفيها البسملة، لا إشكال فيه لو لم تمس بدنها، في حالة عدم الطهارة.

القراءة أكثر من مرة

٧٤ ـ قد يقرأ البعض سورة الفاتحة على المريض سبعين مرة أو أكثر وذلك

للاستشفاء، فيجب في كل مرة قراءة البسملة في بدايتها لمكان الجزئية، ولا يجزي قراءتها مرة واحدة لمجموعها.

قراءتها في الفاتحة

٧٥ ـ لا يجوز قراءتها أكثر من مرة واحدة في سورة الفاتحة المباركة أو في بداية غيرها من السور من دون وجه وجيه مثل القراءة على نحو غير صحيح، وتبطل الصلاة إذا كان التكرار بقصد الورود ولا ورود.

قراءتها في الحالات المختلفة

٧٦ ـ يجوز قراءتها في حالة المشي والركوب على الدابة لمكانها من القرآن، ولا يشترط فيها استقرار المكان.

تعليمها للأطفال

٧٧ ـ يستحب تعليمها للأطفال قراءة ومعنى، ويجب حين بلوغهم.

التفكير في معانيها

٧٨ ـ يستحب التفكير والتدبر في معاني كلماتها والفرق بين أسماء الله تعالى من: "الله" و"الرحمن" و"الرحيم".

الاستهزاء بحافظها

٧٩ ـ لا يجوز الاستهزاء بحافظها وقارئها مهما كانت قراءته غير مأنوسة للسامع أو غير واضحة له وذلك بنحو من الأنحاء قولاً وفعلاً، إشارة وكناية جملة وتفصيلاً حضوراً وغياباً، بل ويجب تعظيمه وتكريمه لأجل الحفظ والقراءة لأفضل آية من أفضل سورة من كلام الله تعالى.

الاتصال في حروفها

٨٠ ـ بعض القراء يصلون ميم "الرحيم" بألف "الحمد" وهو غير صحيح، وكذلك بين آخر كلمة سورة الفاتحة "الضالين" ببداية سورة أخرى.

العودة من البدء

٨١ ـ مَنْ نسي جزءاً من السورة في الصلاة وذلك بعد قراءة النصف منها لوجهٍ ويريد العودة من البدء، فعليه أن يتلوها بدءاً من البسملة، ولا يجوز تركها حينئذ.

العدول بسبب النسيان

٨٢ ـ مَنْ أراد العدول من سورة إلى أخرى بسبب النسيان في السورة التي بدأ بها وعدم تذكرها، فيجب عليه أن يبدأها بالبسملة ولا يتركها.

نسيان قراءتها بعد الفاتحة

٨٣ ـ مَنْ نسي قراءتها قبل السورة بعد الفاتحة وأتمّها، فلا يجب عليه الإعادة.

ترك قراءتها بالتعمد

٨٤ ـ مَنْ ترك قراءتها في الصلاة متعمداً فعليه إعادة الصلاة.

الترتيل في القراءة

٨٥ ـ يستحب الترتيل في قراءتها ويكره الاستعجال فيها.

الإهداء بها

٨٦ ـ يستحب إهداء اللوحة أو الورقة التي فيها البسملة إلى مَنْ يعرف

قدرها ومنزلتها، وذلك في الأعياد والأفراح وسائر المناسبات الدينية والاجتماعية ترويجاً لقراءتها وتعظيماً لمنزلتها وتبريكاً لصاحبها.

حفرها على الأحجار

٨٧ ـ يجوز حفرها على الأحجار الكريمة وحملها شرط أن يكون حاملها على الطهارة إذا مسها أو لا يمس جزءاً منها بدنه.

العاجز عن أدائها جهلاً

٨٨ ـ مَنْ لا يتمكن من أداء الكلمات بسبب الجهل عن تشخيص الأحرف من حيث الإعراب والبناء ومخارجها، فلا يجوز له إمامة الصلاة، وإذا قام بها أثِمَ وتبطل صلاة المأمومين به، إذا كانوا على علم بجهله وعدم معرفته لتلك الأمور الواجبة في القراءة.

إظهار الألف للاسم

٨٩ ـ لا يجوز في قراءتها إظهار ألف الاسم مثل أن يقول باسم الله الرحمن الرحيم.

كتابتها بالمواد النجسة

٩٠ ـ لا يجوز كتابتها بالحبر النجس وإن كان الورق طاهراً وذلك عيناً كما هو في عكسه بأن يكون الورق نجساً والحبر طاهراً.

الإهمال في الأداء

٩١ ـ لا يجوز في قراءتها وأداء كلماتها الإهمال من حيث الترتيب والتركيب لأنه يؤدي إلى التغيير في ما أراده الله تعالى منها، كما أن يقرأ الرحيم قبل الرحمن أو الله بعد الرحمن.

حذف لفظ الاسم

٩٢ ـ لا يجوز حذف لفظ "اسم" قبل قراءة لفظ الجلالة "الله" بأن يقرأ "بالله" لأنه يغير المعنى أولاً ومخالف للوحي ثانياً.

قراءتها بصوت عال

٩٣ ـ في صلاة الجماعة لا يجوز للمقتدي قراءتها بصوت عال وذلك فيما يجوز له القراءة أو يجب كما في الركعتين الأولتين من صلاتي الظهر والعصر والركعتين الأخيرتين منهما بعد اختياره لقراءة الفاتحة.

وجوب التلفظ بها

٩٤ ـ الاقتصار على النية في أداء الكلمات وقصده في القلب لا يجزي في الصلاة وغيرها بل ويجب التلفظ بها على الوجه الصحيح.

قراءة النساء لها

٩٥ ـ لا يجوز قراءتها جهراً للنساء إلا في صلاة الجماعة إذا كانت المرأة تؤم النساء فتجهر بقدر ما تسمع صوتها وذلك استحباباً، شرط أن لا يسمع صوتها أجنبي، لأنه أي صوتها يُعد عورة، وله أحكام في الشريعة الإسلامية المقدسة.

الموالاة في الأداء

٩٦ ـ يجب رعاية الموالاة في أداء كلماتها بأن لا يكون فاصل زماني بينها إلى حد غير متعارف يخل بالترتيب والتركيب.

أعداد حروفها

٩٧ ـ ذكر أعداد حروفها الأبجدية وهي حسب الإحصاء ٧٨٦ لو تمَّ، لا يجزي عن قراءتها البتة.

مس الأعداد

٩٨ ـ لا إشكال في مس الأعداد **٧٨٦** من دون طهارة للرجال والنساء والصبيان والأحوط حفظ حرمتها بما أمكن بملاحظة انتسابها إلى الآية الكريمة وكذلك في العدد **٩** وهو يطابق تعداد حروفها.

حكم ضيق الوقت

٩٩ ـ لا يجوز ترك قراءتها لضيق الوقت وغيره.

الإجهار بها

١٠٠ ـ الإجهار بالبسملة من علامات المؤمن، فالأحرى رعايته في جميع الموارد إلا المُستثناة منها.

المراد من الترتيل

١٠١ ـ الترتيل مستحب في قراءتها كما ذكرناه والمراد منه تبيين الحروف بصفاتها المعتبرة من الهمس والجهر والاستعلاء والإطباق والغُنّة، وقيل هو حفظ الوقوف وبيان الحروف بحسن الأداء.

الأجزاء في الكتابة

١٠٢ ـ كتابة البسملة ونقشها على الورق وغيره لسورة لا يجزي عن كتابتها لسورة أخرى وذلك عينا كما في القراءة.

النذر بقراءتها

١٠٣ ـ يجوز النذر بقراءتها ويمكن تحديد النذر بعدد ومكان وزمان معين وسائر الشروط المباحة من حالات الإنسان كالقيام والقعود والمشي وغيرها.

القصد للسورة

١٠٤ ـ إذا بدأ بقراءتها لسورة ثم تغيَّر رأيه ويريد العدول عنها إلى غيرها من السور فله ذلك إذا لم يتجاوز عن النصف، ولا يشترط فيه القصد للسورة المعينة، وفي صورة الاشتراط لا يجوز عدوله إلا في صورة النسيان لما بعدها من الآيات أو لضيق الوقت وكون السورة طويلة لا يتحمل هو بمكان عدم سلامة الجسم أو وجود مرض يخاف اشتداده.

موارد المس

١٠٥ ـ مس اليد بالصفحة الإلكترونية من الحاسوب أو الهاتف وفيها البسملة لا يعد من المس الذي يجب فيه أن يكون الماس على الطهارة ولا تجري فيه أحكام مس الكتابة.

الدخول في البيت

١٠٦ ـ يستحب قراءتها عند الدخول في البيت والخروج منه ولا يشترط فيه الطهارة.

في المحرم قولاً وفعلاً

١٠٧ ـ لا يجوز قراءتها عند الاشتغال في المحرم قولا كالغناء والشهادة بالزور، وفعلا كالسرقة والضرب والقتل بغير حق وما شابهها من الأفعال المحرمة.

قصد التقرب

١٠٨ ـ الإتيان بالبسملة عمل عبادي محبوب لدى الشارع ومطلوب فيه عنده على الإطلاق من دون شرط الزمان والمكان فيتوجه فيه قصد التقرب تعبداً وتوصلاً.

الكتابة الثابتة

١٠٩ ـ لا يجوز كتابتها الثابتة في الجسم لتعسر البقاء على الطهارة دائماً.

حرمة كتابتها

١١٠ ـ يحرم كتابتها على الأرض المختصة للمشاة والمكان الممهد للحيوانات والسباع والطيور والموضع الذي تمسه يد الكافر غالباً.

كلماتها وحروفها

١١١ ـ لكل كلمة من كلماتها وحرف من حروفها حرمة فلا يجوز مسها من دون طهارة وذلك عيناً كما في مجموعها.

ترجمتها إلى اللغات

١١٢ ـ يجوز ترجمتها إلى اللغات الأخرى وذلك لمن يقدر عليها ويعرف مدها وجزرها فيجب الاجتناب عنها لمن لا قدرة له عليها ولا معرفة له بها.

رعاية المعاني

١١٣ ـ البسملة بما هي تشتمل على لفظ الجلالة واسمين عظيمين من أسماء الله الحسنى فيجب رعاية معانيها الخاصة في ترجمتها إلى اللغة الأخرى لئلا يكون مورداً للشبهة في الفهم.

الألفاظ المترجمة

١١٤ ـ حكم الألفاظ المترجمة منها ليس حكم الألفاظ العربية من وجوب الطهارة في المس بها مثلاً ولكن يجب تعظيمها ويحرم وهنها بنحو من الأنحاء.

البيع والشراء

١١٥ ـ لا إشكال في بيع اللوحات والأعلام واللافتات التي كتبت فيها

البسملة وذلك من دون قصد بيعها لأنها آية من القرآن وهو لا يجوز بيعه ولا شراؤه بما هو، والثمن الذي يأخذه البائع فهو بإزاء المواد المستخدمة فيها والمشتري يقصده كذلك، وأما سائر الأحكام للبيع والشراء فتؤخذ بعين الاعتبار من إباحة الأشياء وحق كل من البائع والمشتري للمعاملة وعدم ممنوعيتهما عنها شرعا كالصبي والمجنون.

البيع للكافر

١١٦ ـ يجوز بيع تلك الأشياء للكافر إذا لم تكن فيه شبهة الإهانة، وإلا فيحرم.

بيعها للعدو

١١٧ ـ لا يجوز بيعها لمن أحرز أنه من أعداء الدين الذين يحاربون الله ورسوله ويفسدون في الأرض فساداً.

كتابتها بالمواد الكحولية

١١٨ ـ لا تجوز كتابة الآية بالمواد الكحولية، كيمياوية كانت أو غيرها.

قراءتها للمسلم

١١٩ ـ تستحب قراءتها للمسلم عند الأكل والنوم وإتيان الأهل وغيرها من الأعمال المحللة، ويجوز ذلك لغير المسلم إذا لم يكن متجرئاً معلنا لوهنها.

كتابتها في المقالات

١٢٠ ـ كثيراً ما تشاهد في الجرائد والمجلات أن أصحاب المقالات يكتبون البسملة في بداية كتاباتهم أو في ضمن البحث ثم تباع تلك الجرائد وتستعمل في المحلات الصغيرة للاستفادة في الأشياء الرديّة غالباً، فلا يجوز ذلك مع العلم به لأنه فيه وهنٌ صريح للآية.

غسل الملابس

١٢١ ـ الملابس التي كتبت فيها البسملة وتُغسل في الماكينات والتي تستعمل فيها المواد الكيمياوية النجسة، فلا يجوز ذلك عالماً وعامداً.

الاقتداء في الصلاة

١٢٢ ـ لا يجوز الاقتداء في الصلاة بمن لا يقرأها قبل السورة ويعتقد بعدم جزئيتها، ولا تقية في ذلك.

استعمال السكينة

١٢٣ ـ لا يجوز استعمال السكينة التي فيها البسملة في الذبح للحيوانات، وإن كان الذابح يقصد التبرك بها لأن تنجيسها من المحرمات.

هتك حرمتها

١٢٤ ـ الزنجيل والقامة أو أي شيء آخر يستفاد منه في مراسم العزاء الحسيني إذا كان فيه البسملة فلا يجوز استعماله فيها عندما يخاف من تنجيسه أو هتك حرمته بنحو من الأنحاء.

كتابتها على الأبواب

١٢٥ ـ كتابة البسملة على الأبواب والجدران التي تمس بها يد الإنسان غالباً فلا يجوز ذلك إذا لم يكن مأمونا من التنجيس.

البيع للأطفال

١٢٦ ـ لا يجوز بيع الحلقات الذهبية أو الفضية أو غيرها التي فيها البسملة للأطفال غير المميِّزين.

كتابتها على الألعاب

١٢٧ ـ الأحوط ترك كتابتها على الألعاب لأن فيها وهن للآية الكريمة.

كتابتها على الفواكة

١٢٨ ـ لو كتبت على الفاكهة وتؤكل من دون المس بكلماتها فلا بأس بذلك، وكذلك إذا تكتب على الفواكه المثالية البلاستيكية للزينة وغيره إذا لم تمس بها أحد أجزاء البدن النجس.

في الاستدلال العلمي

١٢٩ ـ قراءة آية من الآيات القرآنية بدون البسملة يجوز إذا لم تكن في بداية السورة أو كانت في مقام الاستدلال بها ضمن البحث العلمي لا في قراءة السورة بنفسها.

في داخل الأواني

١٣٠ ـ تكتب البسملة في داخل بعض الأواني ويؤكل ويشرب منها فهو يجوز إذا لا يمسها بدن الإنسان.

في كتابة الآيات

١٣١ ـ لو كتبت آية من الآيات في لوحة أو ورقة أو غيرها كما تكتب آية ﴿وَإِن يَكَادُ ٱلَّذِينَ كَفَرُوا۟ لَيُزْلِقُونَكَ بِأَبْصَٰرِهِمْ لَمَّا سَمِعُوا۟ ٱلذِّكْرَ﴾ . . إلخ، أو ﴿أَمَّن يُجِيبُ ٱلْمُضْطَرَّ إِذَا دَعَاهُ وَيَكْشِفُ ٱلسُّوٓءَ﴾ مثلاً، فلا يجب أن تُكتب البسملة قبلها، ومن يقرأها فلا يجب عليه أن يقرأ البسملة قبلها.

عند الخوف في تنجيسها

١٣٢ ـ لا يجوز كتابتها على الفراش والوسادة إذا لا يؤمن برعاية أحكامها، بل ويخاف تنجيسها.

كتابتها في الأحذية

١٣٣ ـ لا يجوز كتابتها على الأحذية سواء كانت مصنوعة من الجلود الطاهرة أم النجسة، سواء تباع في أسواق المسلمين أم في غيرها، ولا فرق فيه في اللابس من الرجال والنساء والأطفال مسلمين كانوا أو غيرهم.

الحلف بها

١٣٤ ـ يجوز الحلف بالبسملة في الموارد المباحة ولا يجوز ذلك في الأمور المحرمة البتة.

التفاؤل بها

١٣٥ ـ الطريقة التي يمارس بها البعض التفاؤل بالبسملة في الأمور الحيوية والإخبار عن المغيبات وأمثالها لا شرعية لها في الدين.

التخفيف في الكتابة

١٣٦ ـ بعض الناس يخففون في كتابتها ويكتبون بسمه تعالى مكان بسم الله الرحمن الرحيم وذلك في كتاباتهم الخاصة أي في غير سورة من القرآن الكريم فيجوز ذلك ولكن لا تشملها أحكام البسملة تامة، والأحوط حفظ حرمتها وعدم وهنها.

في كتابة السور

١٣٧ ـ لا يجوز التخفيف في كتابة كلماتها من السور القرآنية مثلاً لو كتبت بسمه تعالى مكان البسملة كاملة في بداية سورة من السور فهي لا تجزي عنها وتبقى الكتابة ناقصة.

قراءتها مخففة

١٣٨ ـ لا يجوز قراءتها مخففة في الصلاة كأن يقرأ بسمه تعالى مكان البسملة تامة، فتبطل الصلاة.

التسمية بها

١٣٩ ـ يجوز التسمية بها للأولاد والبنات كما هو المتعارف في بعض الأقوام أن يسمون أطفالهم بـ "بسم الله" احتراماً للآية وللتبرك منها.

كتابتها على غلاف الكتاب

١٤٠ ـ لا بأس بكتابتها على غلاف الكتاب إذا لا يخاف من تنجيسها، وإلا فيحرم، كما شوهد أن المؤلفين يكتبون البسملة على غلاف الكتاب وبالطبع يمسها القارىء من دون التفات إلى حكمها، ففي هذا العصر يسهل الأمر بتغليف الغلاف بالمواد الكيمياوية أو البلاستيكية المانعة عن المس مباشرة فيرتفع الإشكال حينئذ.

وضعها على النجاسة

١٤١ ـ لا يجوز وضع الورق الذي فيه البسملة على عين النجاسة كالبول والغائط، من دون فرق بين كونها يابسة أو طريّة، وكذلك الحيوان النجس العين كالكلب والخنزير وذلك من الكبائر.

غسل السيارات

١٤٢ ـ قد تكتب البسملة على السيارات ثم تغسل في المغاسل بالمواد الكيمياوية النجسة، فإن كان ذلك يوجب الوهن بها وهتك حرمتها فلا يجوز ولا يترك الاحتياط في مثل هذا المورد.

العهد والقسم

١٤٣ ـ لا يجوز العهد والقسم بترك قراءتها في الأمور المباحة أو كتابتها على الأوراق الطاهرة أو التفنن في تصويرها بأشكال مختلفة محللة من دون وجه وجيه فإن جميع هذه الأعمال من المباحات.

تطهير الورق

١٤٤ ـ لا يجب أن يكون على طهارة مَنْ أراد التطهير لورق أو لوحة أو شيء آخر فيه البسملة وصار نجساً، شرط أن لا يمسها أحد أجزاء بدنه.

إعطاؤها للمجنون

١٤٥ ـ لا يجوز إعطاؤها للمجنون ومَنْ لا يبالي ولا يميِّز بين الطهارة والنجاسة فإنه لا يؤمَن على حفظ حرمتها حينئذ.

تصحيح القراءة

١٤٦ ـ يجب تصحيح قراءتها على مَنْ سمع مَنْ يقرأها على وجه غير صحيح، شرط أن لا يسبب الحرج والنزاع وهتك حرمة القارىء بذلك، وإلا فلا يلزم على السامع القيام بذلك، وهو من موارد الأمر بالمعروف فتجري فيه أحكامه.

المنازعة حولها

١٤٧ ـ لا يجب المنازعة مع مَنْ لا يقول بجزئيتها من أُم الكتاب أو من سائر السور القرآنية إلا بالتي هي أحسن وعلى صعيد البحث العلمي.

تمزيق الورق

١٤٨ ـ لا يجوز تمزيق الورق الذي فيه البسملة إذا كان يوجب الإهانة بالآية الشريفة.

كتابتها على الأشجار

١٤٩ ـ يجوز كتابتها على الأشجار المثمرة وغيرها إذا لا يخاف من تنجيسها بمس الحيوان النجس بها.

كتابتها على الجبال

١٥٠ ـ قد يشاهد كتابتها على الجبال أو التلاّت بالتفنن، فإن لم يكن فيه إهانة للآية فلا بأس بذلك، وقد يفيد في التشجيع على قراءتها فيكون مستحباً، وأما إذا خيف من مرور الحيوان النجس عليها فالأفضل ترك كتابتها في مثل تلك الأماكن لأن حفظ حرمتها من أهم الواجبات.

الإنصات والسماع

١٥١ ـ بما أن الواجب على المأموم الإنصات والسماع لقراءة الإمام في صلاة الجماعة فيجب عليه ذلك من حين بدء الإمام بقراءة البسملة، وذلك إلى نهاية قراءة الإمام للسورة التي بدأ قراءتها، ولا يجوز الإهمال فيه.

في خارج الصلاة

١٥٢ ـ وجوب الاستماع وإن كان يختص بقراءة الصلاة ولكن الأحوط استحباباً الانصات والاستماع في خارج الصلاة أيضاً حفظاً لحرمة القرآن، والبسملة بما هي آية مستقلة وجزء من السورة فالحكم يعمها ويشملها.

من البدء إلى الختم

١٥٣ ـ البادي عمله بالبسملة لا يجب أن يكون على الطهارة.

الاستحباب المؤكد

١٥٤ ـ لا يجوز ترك البسملة في بداية العمل بحجة المكان فيه من لا يعتقد

بذلك أو غير المسلم، بل وقد يكون ذكرها مستحباً مؤكداً لأجل التبليغ والترويج للآية المباركة بالخصوص والقرآن المجيد بالعموم.

في الاشتغال بالتطهير

١٥٥ ـ لا يجب خلع الخاتم الذي فيه البسملة من اليد في أثناء الاشتغال بالتطهير في الحمام الا إذا كان يعدّ من الإهانة للآية.

المصافحة مع غير المسلم

١٥٦ ـ إذا كان الخاتم المكتوب فيه البسملة في يد ويريد المصافحة مع غير المسلم أو المسلم ولكن لا يطمئن لطهارته فالأحوط خلعه من اليد إذا لم يكن سبيل إلى أن لا تمسّ يده بها.

كفاية الملخص

١٥٧ ـ لا يجب قراءة البسملة كاملة حين الذبح بل ويكفي ان يقال بسم الله الله أكبر.

في اللعن على الظالمين

١٥٨ ـ لا بأس بقراءة البسملة عند اللعن على الظالمين فمثلاً إذا يقول اللهم العن يزيد ومعاوية وفلاناً وفلاناً، فيقول قبلها بسم الله الرحمن الرحيم فهو يجوز بل وقد يستحب لأن اللعن على الظالمين من سنة الله تعالى التي ثبت في القرآن الكريم، وكذلك الأمر في اللعن على الكافرين والمشركين والمعاندين للحق.

كتابتها على التربة

١٥٩ ـ لا بأس بكتابتها على التربة التي تسجد عليها في الصلاة.

طباعتها على السجاد

١٦٠ ـ يجوز كتابتها وطباعتها ونقشها على السجاد شرط ان لا يوضع الرجل عليها لكونه من الإهانة للآية.

عند البدء باللعب

١٦١ ـ يجوز للّاعب قراءة البسملة عند بدء اللعب شرط أن لا يختلط بالمحرم كالقمار ونحوه.

على أدوات اللعب

١٦٢ ـ لا يجوز كتابة الآية على أدوات اللعب مطلقاً مثل كرة القدم ونحوها لأن فيها وهن لها.

على الجلود النجسة

١٦٣ ـ لا يجوز كتابة البسملة على الجلود النجسة، مثل جلود الحيوانات غير المذكاة، والتي صارت نجسة بمس عين النجاسة بها كذلك.

تذكير للإمام

١٦٤ ـ يجوز للمأموم بل وقد يجب تذكير الإمام لقراءة البسملة إذا نسي قراءتها قبل السورة، وذلك دفعاً لورود النقص في القراءة الواجبة.

في التحسين والتزيين

١٦٥ ـ التسوية في حجم الكلمات عند كتابتها غير واجب، كما يشاهد في كتابة لفظ الجلالة "الله" أو "بسم"، ولا بأس في تكبيرها وتصغيرها، أو جعل لفظ الجلالة فوق كلمة "بسم" أو تحتها، وذلك للتحسينَ والتزيين في الكتابة.

وهناك أحكام أخرى للآية نتركها للكتب الفقهية لمن أراد الاطلاع عليها

فليراجعها، ونحن نقتصر على هذا المقدار رعاية للاختصار والله المعين وهو المستعان وما توفيقي إلا بالله الواحد القهار وأتوسل إليه بمحمد وآله الأطهار عليهم أفضل التحية وأطيب الصلاة وأزكى السلام وأدعوه أن يتقبل منّي هذا الجهد القليل ويجعله كثيراً بفضله ورحمته الواسعة وهو اللطيف الخبير.

الأربعون حديثاً

نظرة سريعة
إلى الأحاديث الواردة حول البسملة

نتبرك في خاتمة الحديث عن البسملة بذكر أربعين حديثاً وردت عن النبي ﷺ والأئمة المعصومين عليهم السلام، والتي تشرفنا بذكرها في الموارد المختلفة في كتابنا هذا ونكررها بصورة كتلة واحدة تفيد القراء حسب مورد الحاجة إن شاء الله تعالى، فالمنقول من الرسول الأعظم ﷺ قال: "مَنْ حفظ من أُمَّتي أربعين حديثاً فقد أُعطي خيراً كثيراً وله الجنة وينال شفاعتي يوم القيامة".

(١)

روي عن النبي ﷺ قال: كل ما في الكتب المنزلة فهو في القرآن، وكل ما في القرآن فهو في الفاتحة، وكل ما في الفاتحة فهو في ﴿بِسْمِ اللَّهِ الرَّحْمَٰنِ الرَّحِيمِ﴾، (خزينة الجواهر).

(٢)

عن الرسول الأعظم ﷺ قال: إنَّ من أُمّتي قوماً يأتون يوم القيامة ويقولون: بسم الله الرحمن الرحيم فتثقل حسناتهم على سيئاتهم، فتقول الأمم: سبحان الله ما أرجح حسنات أُمّة محمد ﷺ؟ فيقول أنبياؤهم عليهم السلام: إنَّ ذلك لأنه كان ابتداء كلامهم ثلاثة أسماء من أسماء الله تعالى لو وُضعت في كفة الميزان ووضعت السماوات والأرضون وما فيهنَّ وما بينهنَّ في الكفَّة الثانية لرجحت

عليها وهي ﴿بِسۡمِ ٱللَّهِ ٱلرَّحۡمَٰنِ ٱلرَّحِيمِ﴾، قد جعلها أمناً من كل بلاء، ودواءً من كل داء، وحرزاً من الشيطان الرجيم، وأمَنَتْ هذه الأمة من الخسف والقذف والغرق، فالزموا تقريرها وتقربوا بها إلى ذي الجلال والإكرام. (خزينة الجواهر).

(٣)

عن الإمام العسكري عليه السلام عن آبائه عن الإمام علي عليه السلام في حديث أنَّ رجلا قال له: إنْ رأيت أنْ تُعرِّفني ذنبي الذي امتحنت به في المجلس؟ فقال عليه السلام: تَرْكَكَ حين جلستَ أنْ تقول: بسم الله الرحمن الرحيم، إنَّ رسول الله صلى الله عليه وآله وسلم حدثني عن الله عز وجل أنه قال: كل أمر ذي بال لا يُذكر بسم الله فيه فهو أبتر. (مستدرك وسائل الشيعة: ج ١، ص: ١١٠٤).

(٤)

عن أبي عبد الله عليه السلام قال: ما أنزل الله من السماء كتاباً إلا وفاتحته ﴿بِسۡمِ ٱللَّهِ ٱلرَّحۡمَٰنِ ٱلرَّحِيمِ﴾. (تفسير العياشي: ج٢، ص: ١٩).

(٥)

عن الإمام الصادق عليه السلام قال حين بلغه أنَّ أُناساً ينزعون ﴿بِسۡمِ ٱللَّهِ ٱلرَّحۡمَٰنِ ٱلرَّحِيمِ﴾: وهي آية من كتاب الله، أنساهم إياها الشيطان. (العياشي: ج١، ص: ١٢)

(٦)

عن النبي عليه السلام قال: إنَّ الله تعالى مَنَّ عليَّ بفاتحة الكتاب من كنز الجنة، فيها بسم الله الرحمن الرحيم، الآية التي يقول الله تعالى فيها ﴿وَإِذَا ذَكَرۡتَ رَبَّكَ فِي ٱلۡقُرۡءَانِ وَحۡدَهُۥ وَلَّوۡاْ عَلَىٰٓ أَدۡبَٰرِهِمۡ نُفُورٗا﴾ (الإسراء: ٤٦) ـ (تفسير العياشي: ج١، ص: ٢٢).

(٧)

روي عن النبي ﷺ أنه كان يجهر بـ ﴿بِسۡمِ ٱللَّهِ ٱلرَّحۡمَٰنِ ٱلرَّحِيمِ﴾، يرفع صوته بها في الصلاة، فإذا سمعها المشركون ولّوا مُدبرين، فأنزل الله جل ذكره: ﴿وَإِذَا ذَكَرۡتَ رَبَّكَ فِي ٱلۡقُرۡءَانِ وَحۡدَهُۥ وَلَّوۡاْ عَلَىٰٓ أَدۡبَٰرِهِمۡ نُفُورٗا﴾ (الإسراء: ٤٦) (التنزيل والتحريف: ص ٣).

(٨)

عن صفوان قال: صليت خلف أبي عبد الله عليه السلام أياما، فكان يقرأ في فاتحة الكتاب بسم الله الرحمن الرحيم، فإذا كانت الصلاة لا يجهر فيها بالقراءة جهر بـ ﴿بِسۡمِ ٱللَّهِ ٱلرَّحۡمَٰنِ ٱلرَّحِيمِ﴾ وأخفى ما سوى ذلك. (الاستبصار: ج١، ص: ٣١٠).

(٩)

عن ابن عمار قال: قلت لابي عبد الله عليه السلام: إذا قُمت للصلاة أأقرأ ﴿بِسۡمِ ٱللَّهِ ٱلرَّحۡمَٰنِ ٱلرَّحِيمِ﴾ في فاتحة القرآن؟ قال عليه السلام: نعم، قلت: فإذا قرأت فاتحة القرآن أأقرأ ﴿بِسۡمِ ٱللَّهِ ٱلرَّحۡمَٰنِ ٱلرَّحِيمِ﴾ مع السورة؟ قال: نعم(الكافي: ج٣، ص: ٣١٢).

(١٠)

عن محمد بن مسلم عن أبي جعفر عليه السلام قال: سألته عن رجل يفتتح القراءة في الصلاة أو يقرأ بـ ﴿بِسۡمِ ٱللَّهِ ٱلرَّحۡمَٰنِ ٱلرَّحِيمِ﴾ (وفيه بسم الله الرحمن الرحيم) قال: نعم، إذا استفتح الصلاة فليقلها في أول ما يفتتح. (التهذيب: ج٢، ص: ٦٩).

(١١)

عن أبي عبد الله عليه السلام في تفسير الآية ﴿وَلَقَدۡ ءَاتَيۡنَٰكَ سَبۡعٗا مِّنَ ٱلۡمَثَانِي وَٱلۡقُرۡءَانَ ٱلۡعَظِيمَ﴾

قال: ﴿بِسْمِ ٱللَّهِ ٱلرَّحْمَٰنِ ٱلرَّحِيمِ﴾ هو أكبر اسم الله الأكبر والسبع المثاني: الكتاب يثنى بها في كل صلاة. (جامع الأحاديث الشيعة: ج٢، ص: ٢٧٦).

(١٢)

عن الصادق عليه السلام قال: قال النبي صلى الله عليه وآله وسلم: "مَن حزنَه أمر تعاطاه فقرأ ﴿بِسْمِ ٱللَّهِ ٱلرَّحْمَٰنِ ٱلرَّحِيمِ﴾ وهو يخلص لله ويقبل عليه بقلبه إليه لم ينفكّ عن إحدى اثنتين: إما بلوغ حاجته الدنيوية، وإما ما يعدّ له ويدّخر له. وما عند الله خير وأبقى للمؤمنين". (بحار الأنوار: ج٩٢ ص٢٤٥).

(١٣)

عن أبي عبد الله عليه السلام في حديث طويل قال: إنَّ الله عرج بنبيه صلى الله عليه وآله وسلم فاذن جبرئيل عليه السلام ـ إلى أن قال ـ ثم إن الله عز وجل قال: يا محمد! استقبل الحجر الأسود وكبرني بعد حجبي، فمن أجل ذلك صار التكبير سبعا، لأن الحُجب سبعة، وافتتح عند انقطاع الحجب، فمن أجل ذلك صار الافتتاح سنة، والحجب مطابقة ثلاثا بعدد النور الذي نزل على محمد صلى الله عليه وآله وسلم ثلاث مرات فلذلك كان الافتتاح ثلاث مرات، فلأجل ذلك كان التكبير سبعا والافتتاح ثلاثا، فلما فرغ من التكبير والافتتاح قال الله عز وجل: الآن وصلت إليّ فَسَمِّ باسمي، فقال صلى الله عليه وآله وسلم: ﴿بِسْمِ ٱللَّهِ ٱلرَّحْمَٰنِ ٱلرَّحِيمِ﴾، فمن أجل ذلك جعل بسم الله الرحمن الرحيم في أول السورة، ثم قال: إحمدني، فقال: ﴿ٱلْحَمْدُ لِلَّهِ رَبِّ ٱلْعَٰلَمِينَ﴾، قال النبي صلى الله عليه وآله وسلم في نفسه: شُكرا، فقال الله عز وجل: يا محمد! قطعت حمدي فسم باسمي، فلأجل ذلك جعل في الحمد الرحمن الرحيم مرتين، فلما بلغ ﴿وَلَا ٱلضَّآلِّينَ﴾ قال النبي صلى الله عليه وآله وسلم: الحمد لله رب العالمين شكرا، فقال الله العزيز الجبار: قطعت ذكري فسم باسمي، فمن أجل ذلك جعل ﴿بِسْمِ ٱللَّهِ ٱلرَّحْمَٰنِ ٱلرَّحِيمِ﴾ بعد الحمد في استقبال السورة الأخرى. (علل الشرايع: ج٢، ب:١، ح:١).

(١٤)

عن سعد بن الجلاب قال: سألت أبا عبد الله عليه السلام عن قول الله جل ذكره ﴿وَلَقَدْ ءَاتَيْنَٰكَ سَبْعًا مِّنَ ٱلْمَثَانِي وَٱلْقُرْءَانَ ٱلْعَظِيمَ﴾، قال: "هي فاتحة الكتاب"، قلت: ﴿بِسْمِ ٱللَّهِ ٱلرَّحْمَٰنِ ٱلرَّحِيمِ﴾ منها؟ قال: هي أفضلها لفضل منها. (مستدرك الوسائل: ج٤، ص: ١٦٨).

(١٥)

عن جابر قال: قال لي رسول الله صلى الله عليه وآله وسلم: كيف تقرأ إذا قمتَ في الصلاة؟ قال: قلت: ﴿ٱلْحَمْدُ لِلَّهِ رَبِّ ٱلْعَٰلَمِينَ﴾، قال صلى الله عليه وآله وسلم: قُل: ﴿بِسْمِ ٱللَّهِ ٱلرَّحْمَٰنِ ٱلرَّحِيمِ، ٱلْحَمْدُ لِلَّهِ رَبِّ ٱلْعَٰلَمِينَ...﴾ (دعائم الإسلام: ج١، ص: ١٥٩).

(١٦)

عن الإمام جعفر بن محمد عليه السلام قال: قاتلهم الله، عمدوا إلى أعظم آية في كتاب الله، فزعموا أنها بدعة إذا أظهروها وهي ﴿بِسْمِ ٱللَّهِ ٱلرَّحْمَٰنِ ٱلرَّحِيمِ﴾. (البرهان: ج١، ص: ٤٢).

(١٧)

عن جميل بن دراج قال: قال الإمام أبو عبد الله عليه السلام: لا تدع ﴿بِسْمِ ٱللَّهِ ٱلرَّحْمَٰنِ ٱلرَّحِيمِ﴾ وإن كان بعده شعر. (تفسير نور الثقلين: ج١، ص: ٦).

(١٨)

عن سيف بن هارون مولى آل جعدة قال قال أبو عبد الله عليه السلام: أكتب ﴿بِسْمِ ٱللَّهِ ٱلرَّحْمَٰنِ ٱلرَّحِيمِ﴾ من أجود كتابك ولا تمد الباء حتى ترفع السين. (نور الثقلين: ج١، ص: ٥).

(١٩)

عن الإمام الرضا عليه السلام عن آبائه عن الإمام علي عليه السلام أنه قال: سمعت

رسول الله ﷺ يقول: إنَّ الله تبارك وتعالى قال لي: يا محمد! ﴿وَلَقَدْ ءَاتَيْنَٰكَ سَبْعًا مِّنَ ٱلْمَثَانِى وَٱلْقُرْءَانَ ٱلْعَظِيمَ﴾، فافرد الامتنان عليَّ بفاتحة الكتاب وجعلها بازاء القرآن العظيم، وإنَّ فاتحة الكتاب أشرف ما في كنوز العرش، وإنَّ الله عز وجل خصَّ محمدا وشرَّفه بها ولم يشرك معه أحدا من أنبيائه ما خلا سليمان عليه السلام فإنه أعطاه منها ﴿بِسْمِ ٱللَّهِ ٱلرَّحْمَٰنِ ٱلرَّحِيمِ﴾، ألا تراه يحكي عن بلقيس حين قالت: ﴿إِنِّىٓ أُلْقِىَ إِلَىَّ كِتَٰبٌ كَرِيمٌ * إِنَّهُۥ مِن سُلَيْمَٰنَ وَإِنَّهُۥ بِسْمِ ٱللَّهِ ٱلرَّحْمَٰنِ ٱلرَّحِيمِ﴾، ألا فمن قرأها معتقدا لموالاة محمد وآله الطيبين منقادا لأمرهما مؤمنا بظاهرهما وباطنهما، أعطاه الله تعالى بكل حرف منها حسنة كل واحدة منها أفضل له من الدنيا وما فيها من أصناف أموالها وخيراتها، ومَن استمع إلى قارئٍ يقرأها كان له قدر ما للقارىء، فليستكثر أحدكم من هذا الخير المعرض لكم فإنه غنيمة لا يذهبن أوانه فيبقى في قلوبكم الحسرة. (نور الثقلين: ج١، ص: ٥).

(٢٠)

عن ابن مسعود عن النبي ﷺ قال: مَن قرأ ﴿بِسْمِ ٱللَّهِ ٱلرَّحْمَٰنِ ٱلرَّحِيمِ﴾، كتبَ الله له بكل حرف أربعة آلاف حسنة ومحا عنه أربعة آلاف سيئة ورفع الله له أربعة آلاف درجة. (تفسير البرهان: ج١، ص: ٤٣).

(٢١)

عن رسول الله ﷺ قال: مَنْ كتب ﴿بِسْمِ ٱللَّهِ ٱلرَّحْمَٰنِ ٱلرَّحِيمِ﴾ فجوّده تعظيما لله تعالى غفر الله له. (الفضائل، ص: ٢١٧).

(٢٢)

عن النبي ﷺ قال: لو قرأت ﴿بِسْمِ ٱللَّهِ ٱلرَّحْمَٰنِ ٱلرَّحِيمِ﴾ تحفظك الملائكة إلى الجنة وهو شفاء من كل داء، وأوحى الله إلى عيسى عليه السلام أنْ أكْثِر من قول: "بسم الله" وافتح أُمورك به، ومَن أوفاني وفي صحيفته قبضة "بسم

الله" أعتقه من النار، قال: وما قبضة بسم الله؟ قال: مائة مرة، وأنَّ لقمان رأى رقعة فيها ﴿بِسۡمِ ٱللَّهِ ٱلرَّحۡمَٰنِ ٱلرَّحِيمِ﴾ فرفعها وأكلها، فأكرمه بالحكمة. (أنوار اليقين، ص: ٢١٨).

(٢٣)

عن أبي عبد الله عليه السلام قال: إقرؤوا ﴿بِسۡمِ ٱللَّهِ ٱلرَّحۡمَٰنِ ٱلرَّحِيمِ﴾ قبل الدعاء، فإن الله تعالى يقضي حاجاتكم بها ويعطي ما سألتم عنه. (كنوز الرحمة، ص: ٤٥).

(٢٤)

عن الإمام علي عليه السلام قال: لما نزلت ﴿بِسۡمِ ٱللَّهِ ٱلرَّحۡمَٰنِ ٱلرَّحِيمِ﴾ قال رسول الله صلى الله عليه وآله وسلم: أول ما أُنزلت هذه الآية على آدم عليه السلام قال: أمِنَت ذريتي من العذاب ما داموا على قراءتها، ثم رفعت، فأُنزلت على إبراهيم عليه السلام فتلاها وهو في كفة المنجنيق، فجعل الله عليه النار بردا وسلاما، ثم رفعت بعده، فما أُنزلت إلا على سليمان، وعندها قالت الملائكة: الآن تم والله ملكك، ثم رُفعت فانزلها الله تعالى عليَّ. (تفسير الاصبهاني، ص: ١٢٤).

(٢٥)

عن الإمام العسكري عليه السلام قال: إذا قال العبد ﴿بِسۡمِ ٱللَّهِ ٱلرَّحۡمَٰنِ ٱلرَّحِيمِ﴾ قال الله عز وجل: بدأ عبدي باسمي، فحق عليَّ أن أُتمم أُموره وأُبارك له في أحواله. (الشيعة والشريعة، ص: ٢٢١).

(٢٦)

عن النبي الأعظم صلى الله عليه وآله وسلم قال: مَن قرأ ﴿بِسۡمِ ٱللَّهِ ٱلرَّحۡمَٰنِ ٱلرَّحِيمِ﴾ وكان مؤمنا سبَّحتْ معه الجبال، إلا أنه لا يسمع تسبيحها. (خزينة الأسرار، ص: ١٠٠).

(٢٧)

عن الإمام علي عليه السلام قال: كل العلوم تندرج في الكتب الأربعة (التوراة والإنجيل والزبور والقرآن) وعلومها في القرآن وعلوم القرآن في الفاتحة وعلوم الفاتحة في ﴿بِسْمِ ٱللَّهِ ٱلرَّحْمَٰنِ ٱلرَّحِيمِ﴾ وعلومها في بائها. (مصابيح الأنوار: ج١، ص: ٤٣٥).

(٢٨)

عن النبي صلى الله عليه وآله وسلم قال: مَن أراد أن ينجيه الله من الزبانية التسعة عشر فليقرأ ﴿بِسْمِ ٱللَّهِ ٱلرَّحْمَٰنِ ٱلرَّحِيمِ﴾ فإنها تسعة عشر حرفا ليجعل الله كل حرف منها عن واحد منهم. (البرهان في تفسير القرآن: ج١، ص: ٤٣).

(٢٩)

عن الإمام الرضا عليه السلام قال: إنَّ ﴿بِسْمِ ٱللَّهِ ٱلرَّحْمَٰنِ ٱلرَّحِيمِ﴾ أقرب إلى اسم الله الأعظم من سواد العين إلى بياضها. (البرهان: ج١، ص: ٤٢).

(٣٠)

عن الرسول الأعظم صلى الله عليه وآله وسلم قال: لا يُرَدّ دعاء أوله ﴿بِسْمِ ٱللَّهِ ٱلرَّحْمَٰنِ ٱلرَّحِيمِ﴾ (خلاصة الأنوار ص: ٦٦).

(٣١)

عن أبي الحسن الرضا عليه السلام حين سُئل عن أعظم آية في كتاب الله سبحانه وتعالى قال: ﴿بِسْمِ ٱللَّهِ ٱلرَّحْمَٰنِ ٱلرَّحِيمِ﴾. (البرهان: ج١، ص: ٤٢).

(٣٢)

روي عن أبي عبد الله عليه السلام قال: إذا أمَّ الرجل القوم جاء شيطان إلى شيطان الذي هو قرين للامام فيقول: هل ذكرَ الله، يعني قرأ ﴿بِسْمِ ٱللَّهِ ٱلرَّحْمَٰنِ ٱلرَّحِيمِ﴾؟ فإن قال نعمْ هربَ منه، وإن قال لا، ركبَ عنق الإمام ودلّى رجليه

في صدره، فلم يزل الشيطان أمام القوم حتى يفرغوا من صلاتهم. (البرهان: ج١، ص: ٤٢).

(٣٣)

عن الإمام علي عليه السلام قال في جواب مَن سأله عن معنى ﴿بِسْمِ ٱللَّهِ ٱلرَّحْمَٰنِ ٱلرَّحِيمِ﴾: إنَّ قولك "الله" أعظم اسم من أسماء الله عز وجل وهو الاسم الذي لا ينبغي أن يسمى به غير الله ولم يقسم به مخلوق. (التوحيد للصدوق، ص: ٢٣١).

(٣٤)

عن النبي صلى الله عليه وآله وسلم عن جبرائيل عن ميكائيل عن إسرافيل قال الله تعالى: يا إسرافيل بعزَّتي وجلالي وجودي وكرمي مَنْ قرأ ﴿بِسْمِ ٱللَّهِ ٱلرَّحْمَٰنِ ٱلرَّحِيمِ﴾ متصلا بفاتحة الكتاب مرة واحدة فاشهدوا عليَّ أني قد غفرتُ له وقبلتُ منه الحسنات وتجاوزتُ له عن السيئات ولا أُحرق لسانه بالنار وأُجيره من عذاب يوم القيامة والفزع الأكبر. (تفسير نفحات الرحمن: ج١، ص: ٤٧).

(٣٥)

عن النبي الأكرم صلى الله عليه وآله وسلم قال: إذا قال العبد عند منامه ﴿بِسْمِ ٱللَّهِ ٱلرَّحْمَٰنِ ٱلرَّحِيمِ﴾ يقول الله عز وجل: يا ملائكتي اكتبوا نفسه إلى الصباح. (فضائل القرآن، ص: ١٧).

(٣٦)

عن أبي جعفر عليه السلام عن آبائه عن النبي صلى الله عليه وآله وسلم قال: أول كل كتاب نزل من السماء ﴿بِسْمِ ٱللَّهِ ٱلرَّحْمَٰنِ ٱلرَّحِيمِ﴾، فإذا قرأت ﴿بِسْمِ ٱللَّهِ ٱلرَّحْمَٰنِ ٱلرَّحِيمِ﴾ فلا تبالي ألا تستعيذ، أو إذا قرأت ﴿بِسْمِ ٱللَّهِ ٱلرَّحْمَٰنِ ٱلرَّحِيمِ﴾ سترتك فيما بين السماء والأرض. (الوسائل: ج٤، ص: ٧٤٦).

(٣٧)

عن اسحاق بن عمار قال: سألت أبا الحسن موسى بن جعفر عليه السلام: كيف صارت الصلاة ركعة وسجدتين، وكيف إذا صارت سجدتين لم تكن ركعتين؟ فقال عليه السلام: إذا سألت عن شيء ففرغ قلبك لتفهم، إن أول صلاة صلاها رسول الله صلى الله عليه وآله وسلم إنما صلاها في السماء بين يدي الله تبارك وتعالى قدام عرشه جل جلاله، وذلك إنه لما أسري به، فقال: يا محمد! أُدْنُ من صاد فاغسل مساجدك وطهِّرها وصلِّ لربك، فدنا رسول الله صلى الله عليه وآله وسلم إلى حيث أمره الله تعالى فتوضأ فاسبغ وضوءه، ثم استقبل الجبار تبارك وتعالى قائما، فأمره بافتتاح الصلاة ففعل، فقال يا محمد! اقرأ ﴿بِسْمِ ٱللَّهِ ٱلرَّحْمَٰنِ ٱلرَّحِيمِ * ٱلْحَمْدُ لِلَّهِ رَبِّ ٱلْعَٰلَمِينَ﴾ إلى آخرها ففعل ذلك، ثم أمره أن يقرأ نسبة ربه عز وجل ﴿بِسْمِ ٱللَّهِ ٱلرَّحْمَٰنِ ٱلرَّحِيمِ * قُلْ هُوَ ٱللَّهُ أَحَدٌ﴾ . . . إلى آخرها، ففعل. (الحديث)، (علل الشرائع: باب ٣٢، ح: ١).

(٣٨)

عن أبي بردة عن أبيه قال، قال النبي الأعظم صلى الله عليه وآله وسلم قال: ألا أُخبرك بآية لم تنزل على أحد من الأنبياء بعد سليمان بن داود غيري؟ فقلت: بلى يا رسول الله صلى الله عليه وآله وسلم، قال صلى الله عليه وآله وسلم: بأي شيء تستفتح القرآن إذا افتتحت الصلاة؟ فقلت: بـ ﴿بِسْمِ ٱللَّهِ ٱلرَّحْمَٰنِ ٱلرَّحِيمِ﴾، قال صلى الله عليه وآله وسلم: هي هي. (تفسير القرآن للمرعشي، ص: ١٩).

(٣٩)

عن السيدة فاطمة الزهراء عليها السلام قالت: كان رسول الله صلى الله عليه وآله وسلم إذا دخل المسجد يقول: ﴿بِسْمِ ٱللَّهِ ٱلرَّحْمَٰنِ ٱلرَّحِيمِ﴾، وإذا خرج من المسجد يقول: ﴿بِسْمِ ٱللَّهِ ٱلرَّحْمَٰنِ ٱلرَّحِيمِ﴾. (عن مسند أحمد، وسنن ابن ماجة).

(٤٠)

عن الرسول الأعظم ﷺ قال: إذا مرَّ المؤمن على الصراط فيقول: ﴿بِسْمِ ٱللَّهِ ٱلرَّحْمَٰنِ ٱلرَّحِيمِ﴾، طفيت لهب النار وتقول: جُزْ يا مؤمن فإن نورك قد طفى لهبي. (تفسير البرهان: ج١، ص: ٤٣).

فهذه الباقة النورانية من فضائل البسملة عرضناها على القراء الكرام لتكون لنا خير وسيلة روحانية للتقرب إلى الله تبارك وتعالى في هذه الدنيا وذخيرة معنوية في الآخرة، إن شاء الله.

حسن رضا الميثمي الغديري

لندن ـ المملكة المتحدة

٥/ ١٢/ ٢٠٠٥م

المصادر والمراجع
التي استفدنا منها في الكتاب

١ ـ القرآن الكريم، كلام الله المنزل على النبي المرسل ﷺ.

٢ ـ الأمالي، لمحمد بن الحسن الطوسي رحمه الله (٤٦٠هـ)، دار المعرفة، بيروت، لبنان.

٣ ـ أصول الكافي، لمحمد بن يعقوب بن إسحاق الكليني الرازى رحمه الله (٣٢٩هـ)، الموسسة العالمية للخدمات الإسلامية طهران، إيران.

٤ ـ تفسير ابن كثير، لإسماعيل بن عمر القرشي (٧٧٤هـ)، دار القلم بيروت، لبنان.

٥ ـ تفسير القرآن، للإمام الحسن بن علي العسكري عليه السلام (٢٦٠هـ)، مدرسة الإمام المهدي عليه السلام قم، إيران.

٦ ـ التوحيد، لمحمد بن علي الصدوق رحمه الله (٣٨١هـ)، دار المعرفة بيروت، لبنان.

٧ ـ الخصال، لمحمد بن علي الصدوق، ابن بابويه القمي رحمه الله (٣٨١هـ)، دار الكتب الإسلامية بيروت، لبنان.

٨ ـ دائرة المعارف الحسينية (السيرة الحسينية)، لمحمد صادق بن محمد الكرباسي، المركز الحسيني للدراسات، لندن، المملكة المتحدة.

٩ ـ روح المعاني، لنعمان بن محمود الآلوسي (١٢٧٠هـ)، انتشارات جهان، طهران، إيران.

١٠ ـ السُّنن، لأبي داود سليمان بن الأشعث السجستاني (٢٧٥هـ)، دار الفكر، بيروت، لبنان.

١١ ـ السُّنن الكبرى، لأحمد بن الحسين بن علي البيهقي (٤٥٨هـ)، دار المعرفة، بيروت، لبنان.

١٢ ـ الصحيح، لابن خزيمة محمد بن إسحاق النيسابوري (٣١١هـ)، دار التراث العربي، بيروت، لبنان.

١٣ ـ الجامع الصحيح المسند المختصر من أُمور رسول الله ﷺ وسُننه وأيامه، لمحمد بن إسماعيل البخاري، دار الفكر، بيروت، لبنان.

١٤ ـ عيون أخبار الرضا عليه السلام، لمحمد بن علي بن بابويه القمي، الصدوق رحمه الله، دار الكتب الإسلامية، قم، إيران.

١٥ ـ الفقه (العقائد)، لمحمد بن المهدي الحسيني الشيرازي رحمه الله (١٤٢٢هـ)، مؤسسة الإمامة، بيروت، لبنان.

١٦ ـ الكشَّاف، لمحمود بن عمر الزمخشري (٥٣٨هـ)، مكتب الإعلام الإسلامي قم، إيران.

١٧ ـ المستدرك على الصحيحين، لمحمد بن عبد الله الحاكم النيسابوري (٤٠٥هـ) دار النشر، حيدر آباد، الهند.

١٨ ـ المسند، لابن حنبل أحمد بن محمد الشيباني (٢٤١هـ)، دار صادر، بيروت، لبنان.

١٩ ـ معاني الأخبار، لمحمد بن علي الصدوق رحمه الله (٣٨١هـ)، جامعة المدرسين، الحوزة العلمية، قم.

٢٠ ـ المعرفة، لأحمد بن الحسين البيهقي (٤٥٨هـ)، دار المعرفة، بيروت، لبنان.

٢١ ـ منهاج البراعة، لحبيب الله بن محمد الخوئي ﵀ (١٣٢٤هـ)، موسسة الوفاء، بيروت، لبنان.

٢٢ ـ نهج البلاغة، للإمام علي بن أبي طالب ﵇ الهاشمي (٤٠هـ)، مؤسسة الألفين، الكويت.

٢٣ ـ بحار الأنوار الجامعة لدرر أخبار الأئمة الأطهار ﵍، لمحمد باقر بن محمد تقي المجلسي ﵀ (١١١٠هـ)، موسسة الوفاء، بيروت، لبنان.

٢٤ ـ البرهان في تفسير القرآن، لهاشم بن سليمان البحراني ﵀ (٥٥٣هـ) دار النشر آفتاب، طهران

٢٥ ـ تفسير العياشي، لمحمد بن مسعود السمرقندي ﵀ (٣٢٠هـ)، المكتبة العلمية طهران، إيران.

٢٦ ـ رياض السالكين، لعلي خان بن أحمد المدني الشيرازي ﵀ (١١٢٠هـ)، مركز النشر، أصفهان.

٢٧ ـ ثواب الأعمال وعقاب الأعمال، لعلي محمد بن علي دخيّل، دار المرتضى بيروت، لبنان.

٢٨ ـ الحسين والتشريع الإسلامي، لمحمد صادق محمد الكرباسي، المركز الحسيني للدراسات، لندن، المملكة المتحدة.

٢٩ ـ السُّنن الكبرى، لأحمد بن الحسين بن الحسين البيهقي (٤٥٨هـ) دار المعرفة، بيروت، لبنان.

٣٠ ـ الجامع الصحيح، لمسلم بن الحجاج النيسابوري (٢٦١هـ)، دار إحياء التراث العربي، بيروت، لبنان.

٣١ ـ الصحيفة الباقرية لمحمد علي بن علي دخيّل، دار المرتضى بيروت، لبنان.

٣٢ ـ الصحيفة الحسنية، لمحمد علي بن علي دخيل، دار المرتضى، بيروت، لبنان.

٣٤ ـ الصحيفة الحسينية الكاملة، لمحمد صادق بن محمد الكرباسي، المركز الحسيني للدراسات، لندن، المملكة المتحدة.

٣٥ ـ النكت اللطيفة في شرح الصحيفة السجادية، لمحمد علي الطريحي رحمه الله (١٠٥٧هـ)، دار النشر الإسلامية، حيدر آباد، الهند.

٣٦ ـ الصحيفة العسكرية، لمحمد علي بن علي دخيّل، دار المرتضى، بيروت، لبنان.

٣٧ ـ الصحيفة العلوية، لعبد الله بن صالح السماهيجي رحمه الله (١١٣٥هـ)، دار المرتضى، بيروت، لبنان.

٣٨ ـ صحيفة الزهراء، لأسعد عبود، مؤسسة الإرشاد، بيروت، لبنان.

٣٩ ـ الصحيفة الكاظمية، لمحمد علي بن علي دخيل، دار المرتضى، بيروت، لبنان.

٤٠ ـ الصحيفة المحمدية، لمحمد علي بن علي دخيّل، دار المرتضى، بيروت، لبنان.

٤١ ـ الصحيفة المهدية، لعلي محمد بن علي دخيّل، مؤسسة دخيل للمطبوعات، بيروت، لبنان.

٤٢ ـ الطبقات الكبرى، لمحمد بن سعد البصري الزهري (٢٣٠هـ)، دار صادر، بيروت، لبنان.

٤٣ ـ العقد الفريد، لأحمد بن محمد الأندلسي (٣٢٧هـ)، مكتبة الهلال، القاهرة، مصر.

٤٤ ـ الفقه (حول القرآن الكريم)، لمحمد بن مهدي الحسيني الشيرازي ﵀ (١٤٢٢هـ)، دار العلوم، بيروت، لبنان.

٤٥ ـ الكافي، لمحمد بن يعقوب الكليني ﵀ (٣٢٩هـ)، دار التعارف، بيروت، لبنان.

٤٦ ـ كلمة الله، لحسن بن مهدي الحسيني الشيرازي ﵀ (١٤٠٠هـ)، مؤسسة الوفاء، بيروت، لبنان.

٤٧ ـ كنز العمال في سنن الأقوال والأفعال، لعلاء الدين بن علي المتقي الهندي (٩٧٥هـ)، جمعية دائرة المعارف العثمانية، حيدر آباد، الهند.

٤٨ ـ مجمع البيان في تفسير القرآن، للفضل بن الحسن الطبرسي ﵀ (٥٤٨هـ)، مكتبة السيد المرعشي، قم، إيران.

٤٩ ـ المحاسن، لأحمد بن محمد البرقي (٢٧٤ هـ)، المجمع العالمي لأهل البيت، قم، إيران.

٥٠ ـ المُسند، لمحمد بن إدريس الشافعي (٢٠٤هـ)، المكتبة العصرية، بيروت، لبنان.

٥١ ـ الميزان في تفسير القرآن، لمحمد حسين الطباطبائي ﵀ (١٤٠٢هـ)، مؤسسة الأعلمي، بيروت، لبنان.

٥٢ ـ شرح دعاء السحر، لروح الله الموسوي الخميني ﵀ (١٩٨٩م)، مؤسسة الوفاء، بيروت، لبنان.

٥٢ ـ وسائل الشيعة إلى تحصيل مسائل الشريعة، لمحمد بن الحسن الحر العاملي ﵀ (١١٠٤هـ)، دار إحياء التراث، بيروت، لبنان.

٥٣ ـ ينابيع المودّة، لسليمان بن إبراهيم القندوزي (١٢٩٤هـ)، دار الكتب الإسلامية، قم، إيران.

٥٤ ـ الألفين في إمامة أمير المؤمنين علي بن أبي طالب عليه السلام، لجمال الدين الحسن بن يوسف المطهر الحلي رحمه الله (٧٢٦هـ)، مؤسسة الأعلمي، بيروت، لبنان.

دليل الكتاب

مقدمة الناشر ٥

الإهداء ٩

كلمة في البدء ١١

استهلال ١٥

التقديم إلى صاحب النَّعيم ١٧

بين يدي الكتاب ١٩

سورة الفاتحة: مقدمة الكتاب الإلهي ٣١

أفضل آية من أفضل سورة ٦٧

آيات مباركة تحدثت عن التسمية ٩٣

معارف إلهيّة من وحي البسملة ١١٩

الله.. عبادة المعنى أم اللفظ؟ ١٣١

كيف ننزّه الله عن مكونات المادة؟ ١٤٣

قول في بسملة الحمد ١٤٨

التفاتة لطيفة في الباء ١٤٩

القول الحسن في الباب ١٥١

مقولة الإمام الرضا عليه السلام ١٥٣

مقولة الإمام الصادق عليه السلام ١٥٣

التوسل إلى الله باسمه المبارك ١٥٥
الفقر الذاتي يقتضي الاستمداد من الغني بالذات ١٦٥
الفقر والاحتياج معاً ١٦٨
لا يتغير المعنى بتغير الأسلوب ١٦٩
النبي العظيم موسى الكليم عليه السلام ١٧٠
البدء باسم الله يرسم مسيرة الحياة ١٧٣
حرف الباء والنقطة التي تحته ١٨١
نظرة أخرى إلى لفظ الجلالة ١٩٩
جزئيتها مما لا ريب فيه ٢٠٧
ادعوا الله أو ادعوا الرحمن ٢١٥
قبسات من أنوار الأدعية في التوسل باسم الله الأعظم ٢٢٩
ومن أدعية الرسول الأعظم صلى الله عليه وآله وسلم ٢٣١
يمكن استخلاص معان سامية ٢٣٢
من المعارف التي يمكن استخلاصها من الكلمات المباركة ٢٣٢
ما يمكن اسخلاصه من الأحكام ٢٣٣
من المفاهيم التي يمكن استخلاصها ٢٣٤
المعاني المستخلصة من هذا الدعاء ٢٣٥
المستخلص المنظور ٢٣٧
من الأمور المستفادة من الكلمات التوسلية ٢٣٨
من المطالب المستخلصة من الدعاء ٢٣٩
من المعالم الإلهية ٢٤٢
من اللآلئ المستخلصة ٢٤٧
من المعارف النورانية ٢٥١

ومن أدعية أمير المؤمنين عليه السلام ٢٥٢
من المعالم النورانية المستخلصة من الدعاء ٢٥٣
من المعارف الإلهية ٢٥٣
من الأمور التي يمكن استخلاصها من هذه الكلمات ٢٥٤
من الأمور الروحانية ٢٥٤
من المفاهيم العالية والمتعالية ٢٥٥
من أطيب المعاني ٢٥٦
من الإشارات النورانية ٢٥٧
من دعاء السيدة فاطمة الزهراء عليها السلام ٢٥٨
من المعاني السامية ٢٥٩
ما يستخلص من الدلالات على تأثيرات الاسم ٢٦١
ما يستخلص من أطيب الأمور ٢٦١
ما يستخلص من أسنى المطالب ٢٦١
من أدعية الإمام الحسن المجتبى عليه السلام ٢٦١
من أنوار الإمامة المتجلية في الكلمات النورانية ٢٦٢
من أدعية الإمام الحسين عليه السلام ٢٦٢
من المعالم السامية في التوسل الحسيني عليه السلام بالاسم ٢٦٣
من المعاني الروحانية ٢٦٣
من أدعية الإمام السجاد عليه السلام ٢٦٤
من الدرر الثمينة المنتظمة في الدعاء ٢٦٤
من أزكى اللطائف التعبدية وأطيب الطرق التوسلية ٢٦٤
من أدعية الإمام الكاظم عليه السلام ٢٦٥
من أحسن آداب التوسل ٢٦٥

من الإشارات الكريمة ٢٦٦
من لطيف المعنى المخزون في الكلمات الطيبة ٢٦٦
من المعالم القيّمة ٢٦٧
من أدعية الإمام الرضا عليه السلام ٢٦٨
من عظيم المعنى المكنون في الدعاء المبارك ٢٦٨
من أدعية الإمام العسكري عليه السلام ٢٦٨
من أجمل المعاني العرفانية ٢٦٩
من أدعية الإمام المنتظر عليه السلام ٢٦٩
من اللآلئ المخزونة في هذه الكلمات النفيسة ٢٧٠
من الإشارات اللطيفة في الدعاء الشريف ٢٧١
من الأسرار النورانية ٢٧٢
من المعارف القيمة والمعالم العظيمة ٢٧٥
من آثار التوسل باسمه تعالى ٢٧٦
من المعالم العظيمة المخزونة في الكلمات الطيبة ٢٧٧
الملخص والمستخلص ٢٧٨
إشراقات لطيفة من البسملة ٢٨١
من فقه البسملة ٢٩٧
الأربعون حديثاً ٣٢٩
نظرة سريعة إلى الأحاديث الواردة حول البسملة ٣٣١
المصادر والمراجع التي استفدنا منها في الكتاب ٣٤٣
دليل الكتاب ٣٤٩